영웅의 딸

영웅의 딸

인쇄일 1999년 5월 25일 1판 1쇄 인쇄
발행일 1999년 5월 31일 1판 1쇄 발행

지은이 머린 머독
옮긴이 신광인
해제 하웅백

펴낸이 임은주
펴낸곳 도서출판 청동거울
출판등록 1998년 5월 14일 제13 - 532호
주소 (135 - 080) 서울 강남구 역삼동 832 - 52 상봉빌딩 301호
전화 (02)564 - 1091~2
팩스 (02)569 - 9889
전자우편 cheong21@netsgo.com

값 9,000원

잘못된 책은 바꾸어 드립니다.

ISBN 89 - 88286 - 10 - 3

영웅의 딸
The Hero's Daughter

머린 머독 / 신광인 옮김

하응백 해제

청동거울

THE HERO'S DAUGHTER
by
Maureen Murdock

Copyright ©1994 by Maureen Murdock.
This translation published by arrangement with The Ballantine Publishing Group,
a division of Random House, Inc. All rights reserved.
Korean translation rights © 1999 CHEONGDONGKEOWOOL Publishing Co.
This Korean edition is published by arrangement with The Ballantine Publishing Group,
New York through Shin-Won Agency, Seoul.

이 책의 한국어판 저작권은 Shin-Won Agency를 통해 The Ballantine Publishing Group과의
독점계약으로 도서출판 청동거울에 있습니다. 신저작권법에 의해 한국내에서 보호를 받는 저작물이므로
무단 전재와 무단 복제를 금합니다.

나의 아버지를 위하여

차 례

『영웅의 딸』을 시작하며 | 11
감사의 말 | 18

제1부 개인적 배경

제1장 아버지의 딸들 | 27

성인이 된 〈아버지의 딸〉에 대한 소묘 ● 어머니에 대한 거부 ● 아버지와 딸 사이의 관계를 조사하는 일은 어렵다

제2장 자아 정체성: 아버지의 딸이면서 여성이라는 상태는 무엇을 의미하는가 | 51

착한 딸 ● 못된 딸 ● 자아 정체성에 있어서의 성의 역할 ● 딸에게 반영되는 아버지의 감정 구조 ● 아버지—딸—어머니의 삼각구도에서 이루어지는 감정 표현들

제3장 아버지의 딸과 성 | 77

긍정적인 아버지의 모델 ● 이상화된 아버지와 딸의 성 ● 딸을 신랑에게 넘겨 주기, 혹은 그에 대한 거부 ● 경계 허물기 ● 당나귀 껍질

제2부 세상 속의 아버지의 딸들

제4장 영웅으로서의 아버지/운명으로서의 딸 | 111

영웅인 아버지 ● 아버지를 신화 속의 인물로 ● 부재중인 영웅 ● 운명으로서의 딸 ● 아버지가 덧입혀 준 이미지 ● 아들처럼 키우는 딸 ● 영웅화의 대가:여성성의 희생 ● 영웅의 죽음과 진정한 여성 영웅의 탄생

제5장 창조성을 길러 주거나 파괴하기 | 139

스승으로서의 아버지 ● 창조적 모델로서의 아버지 ● 상처받은 예술가로서의 아버지 ● 손 없는 아가씨

제6장 여성과 권력 | 159

외면적(외부적)/내면적 권위 ● 성과 권력 ● 아버지를 위해 일하는 여성들 ● 모델로서의 아버지와 어머니 ● 권력이 있는 아버지와 경쟁하기 ● 유령 아버지 ● 무기력한 아버지에게 재생을 ● 구질서의 몰락:리어왕과 코딜리아 ● 여성의 권력

제7장 여성과 종교 | 201

아버지의 딸들과 종교 ● 신은 종교의 위계 제도를 통해 우리를 버렸다 ● 가부장 제도에서의 영적인 딸들 ● 구체화된 영성 ● 신에 대한 인식에 있어서의 변화

제3부 아버지와 딸의 화해

제8장 더 이상은 아버지의 딸이 아닌 그녀들 | 225

아버지로부터의 해방을 방해하는 장애물 ● 딸을 계속해서 옆에 붙잡아 두려는 아버지 ● 구조되기를 기다리며 ● 새로운 전기를 마련하며:독립된 여자로서 ● 아버지의 지갑으로부터는 멀리, 그러나 아버지의 마음은 다치지 않게 ● 결혼의 종소리:마음은 다른 사람에게로, 그러나 아버지와 여전히 좋은 관계를 유지하기 ● "높이 뛰어내려 봐, 내가 잡아 줄게":배신을 통한 분리 ● 질병을 통한 분리 ● 죽음, 그리고 떠나보내기 ●『미녀와 야수』:독립, 그리고 감정적인 연결

제9장 아버지와 타협하기 | 271

기대와 투사의 그물로부터 벗어나오기 ● 내면의 아버지 ● 낡은 상처 치료하기 ● 아버지의 선물

에필로그:미래의 아버지들에게 | 291

일러두기 | 294
해제 홀로 살아가야 하는 딸들을 위하여(하응백:문학평론가) | 305
역자 후기 〈아버지의 딸〉에서 해방된 인간으로 | 315

『영웅의 딸』을 시작하며

　『영웅의 딸』은 자신과 아버지를 동일시하거나 아버지를 영웅처럼 숭배하는 〈아버지의 딸〉들의 독특한 복합심리를 다루고 있다. 내가 〈아버지의 딸〉에 대해 관심을 가지게 된 최초의 동기는 〈아버지의 딸〉로서의 나의 존재가 내 인생에 어떤 영향을 미쳤는가를 알기 위해서였다. 1990년에 나는 여성의 정신적인 성장 과정을 그린 『여걸의 여정 The Heroine's Journey』이라는 책을 출간하였다. 이 책에서 나는 저명한 신화학자인 조셉 캠벨(Joseph Campbell)의 '영웅 욕망'에서 받은 영감에 힘입어, 새롭게 여성의 '영웅 욕망' 개념을 공식화시켰다.
　이 책의 출판 이후에 나는 세계 각지에 있는 여성들로부터 수백 통의 편지를 받았다. 그중의 많은 편지가 남자처럼 되기 위해 바친 노력으로 인해 이미 지쳐버린 〈아버지의 딸〉들의 편지였다. 그들은 공통적으로 자신들이 사회적, 경제적으로는 상당한 성공을 거두었지만 동시에 깊은 소외감을 느낀다고 표현하였다. 그들은 충성스럽게 가부장적 문화의 규칙과 지침들을 따랐지만, 결과적으로 그들의 내면적인 삶은 혼란에 빠졌던 것이다.

아버지와의 지나친 동일시와 아버지처럼 되고자 하는 〈아버지의 딸〉들의 욕망은 그들이 여성으로서의 정체성에 편안하게 다가가지 못하게 했다.

나는 그 편지들의 내용이 대부분 공통점을 가진다는 데서 깊은 인상을 받았다. 그들은 여성적 본성의 상실을 이야기하면서 소진과 고갈의 느낌도 함께 전달하였다. 컴퓨터 사업에 종사하는 한 여성은 다음과 같이 표현했다.

"하이-테크 회사에 입사하는 여성들은 경쟁이 치열한 남성적인 모델로 들어가는 것이다. 그곳에서는 남성적인 투쟁력이 강한 사람만 생존할 수 있다. 이 회사에서 이해나 동정의 감정, 마음으로부터의 후원 등은 직업상의 경력에 상당히 위험한 요소이다. 내가 실리콘 밸리에서 일한 십 년 동안 나는 자기 자신을 사랑하는 여성이나 혹은 자신의 여성성을 저버리지 않은 여성을 만나본 적이 없다. 뒤돌아보면 내가 소금기둥으로 변하지 않은 것이 신기할 뿐이다."

비록 그녀가 남성들의 세계에서 어떻게 하면 성공할 수 있을지를 배웠다 할지라도, '아버지 중심'적인 가치에 대한 그녀의 지나친 자기 동일시는 내면적인 편안함을 상실하게 했다.

〈영웅의 딸〉이란 아버지와 자신을 동일시하고 성공을 추구하는 가운데 남성을 모방하는 여성을 일컫는다. 그녀는 어린 소녀였을 때 〈아빠의 딸〉로서 아버지를 이상화하고 어머니는 거부한다. 그녀는 아버지의 눈에 넣어도 아프지 않을 만큼 소중한 존재이며 그만큼의 특별한 대우를 아버지로부터 받는다. 그녀는 다른 가족에게는 시기의 대상이 되며, 때로는 아버지와 가까운 관계를 맺지 못하는 다른 친구들의 부러움의 대상이 된다. 〈영웅의 딸〉은 아버지를 마음대로 조종할 수 있으며 그녀가 원하는 것을 아버지로부터 이끌어낼 수 있다는 사실도 알고 있다. 소설가 제인 스마일리(Jane Smily)가 『일 천 에이커의 땅 A Thousand Acres』이란 소설에서 캐롤라인이 아버지와의 관계에 대해 설명할 때처럼 말이다.

"그녀는(캐롤라인) 절대 그를 두려워하지 않았다. 그녀가 무엇인가를 아버지로부터 받기 원할 때에는 곧장 그에게로 천천히 걸어가서 달라고 조용히 요청하였다."

전통적으로 〈아버지의 딸〉은 맏이이거나 무남독녀가 많다. 그러나 이는 필수적인 것은 아니어서 태어난 순서가 반드시 아버지와 딸 사이의 독특한 관계를 결정짓는 요인은 아니다. 〈아버지의 딸〉은 오히려 그녀가 아버지와 맺는 관계의 강렬함에 의해 결정되어진다. 〈아버지의 딸〉은 아버지를 영웅시하고 그와 똑같아지기를 원한다. 그녀는 아버지의 성품을 모방하며 아버지의 걸음걸이와 기호, 그리고 의견을 흉내낸다. 그녀는 아버지가 자신을 자랑스럽게 여기도록 하기 위해 열심이다.

한 여성은 사춘기 소녀였을 때 아버지와 단둘이 저녁을 먹으러 갈 때의 감정을 이렇게 회고한다. "나는 내가 아버지의 여자인 듯이, 마치 아버지의 데이트 상대인 것처럼 느꼈어요. 나는 특별하다고 느꼈죠. 아버지는 분명 그 당시 나의 영웅이었어요. 아버지는 믿을 수 없을 만큼 관대했고 언제나 아주 똑똑한 것처럼 보였죠. 나는 아버지에게 어떠한 것에 대해서도 질문할 수 있었고, 그러면 아버지는 언제나 나의 질문에 명확한 답을 주었어요. 아버지는 사교적이었으며 떠들썩했고 모든 사물에 대해 뚜렷한 의견을 가지고 있었고, 또한 약간은 지배적인 성품도 지니고 있었지요. 아버지는 지나치게 겸손해 하지도 않았어요. 나는 그것이 대단한 일이라고 생각했어요. 그래서 나는 아버지의 성품을 모두 흡수했지요."

이와 같이 〈아버지의 딸〉은 아버지의 완벽함에 매료되고, 그의 결점은 곧잘 눈감아 준다. 대신에 그녀는 어머니의 결점 쪽에 시선을 집중한다. 그 결과 그녀는 남성과 남성적인 가치를 선호하게 되고 종종 여성은 열등한 존재로 치부해 버리고 만다.

아버지를 영웅시하는 이와 같은 행위는 성인이 되어서도 계속된다. 30세인 한 광고회사의 임원은 이렇게 말한다. "아버지를 생각할 때면 나는 좀처럼 믿기지 않는 감정에 휩싸여요. 나는 아버지에게도 결점이 있다는 것과 아버지는 화를 잘 내고 때로는 내 일에 간섭하려고 한다는 사실도 알아요. 그러나 아버지는 나를 너무나 사랑하고 따뜻하며 관대하기 때문에 나는 정말 행운아라는 생각이 들죠. 나는 내가 아버지에게 충분히 감사하고 있는가를 걱정한다니까요."

〈아버지의 딸〉이 아버지와 남자들의 세계를 모방하면서 일찍부터 그녀의 남성적인 성품을 발전시킨다는 사실에 대해서는 의심할 여지가 없다. 그러나 아버지와의 지나친 자기 동일시는 딸에게 자신감과 세상에서의 경쟁력을 심어 주지만, 어머니와의 분리 속에서 그녀는 여성성에 깊은 상처를 받게 된다. 또한 그녀의 영적인 측면이나 창의력, 타인과 친근한 관계를 정립하는 능력, 그리고 심지어 자신의 신체에 대한 관계 설정에도 상처를 입게 된다. 대부분의 여성들은 직업적, 관계적 문제에 부닥치거나 아버지의 병환 혹은 그의 사망을 맞을 때까지는, 위와 같은 문제를 계속해서 회피하고자 한다.

매리온 우드맨(Marion Woodman)은 세상의 모든 딸들은 개인적인 아버지와의 관계에서 〈아버지의 딸〉들이 아닐지 모르지만, 지배적인 가부장적 문화의 측면에서는 대부분의 여성들이 〈아버지의 딸〉이라고 했다. 현대 여성해방운동의 출발 이후로 여성들은 직업 세계에서나 가정, 학교, 그리고 정치적인 분야에서 동등한 권리를 얻기 위해 남성들을 상대로 투쟁해 왔다. 그러나 여전히 많은 여성들은 자신이 얼마나 깊게 그들 아버지의 가치를 반영하고 있는지를 알지 못한다. 〈아버지의 딸〉은 자신 속에 아버지의 시각을 내면화하고 있기 때문에, 아버지와 자신을 강하게 동일시하면 할수록 그녀는 더욱더 개별적인 정체성 수립에 어려움을 겪게 된다.

이 책에서 나는 정신적, 영적, 혹은 신화적으로 다양하게 아버지와 딸의 관계에 접근하였다. 정신요법 치료 전문가로서 나는 가족 시스템을 배경으로 하는 융의 모델을 따랐기 때문에 나의 이론은 융의 논리를 상당 부분 반영하고 있다. 그리고 이 책에는 신화나 동화, 그리고 꿈 등에 대한 나의 관심도 나타나 있다. 융의 심리학에서 동화나 꿈에서의 각 인물과 부분들은 모두 동일한 정신의 다른 측면들이다. 나에게 바람이 있다면 여러분이 독자로서 이 책에 서술된 꿈과 신화와 동화의 각 인물과 풍경들을 여러분 자신이 갖고 있는 정신의 다른 측면들로 인식할 수 있게 되는 것이다.

이 책의 가장 중요한 부분은 다른 여성들이 나에게 보내온 현대적 우화, 혹은 이야기들이다. 나는 독자들이 그들의 삶의 경험과 나의 삶의 경험을, 제공된 이야기의 테두리 안에서 읽어 주기를 희망한다.[1] 아마 이 이야기들은 독자 여러분이 아버지와 맺고 있는 관계를 반영해 주는 이야기가 될 것이다. 더불어 나는 이 책을 읽는 남성 독자들이 자신의 딸을 더 잘 키울 수 있게 되고, 그의 아내와 누이, 여성 동료를 더욱 잘 이해할 수 있기를 희망한다. 그러면 그 결과 남성 독자들은 자기 스스로에 대해서도 무엇인가를 알 수 있게 될 것이다.

이 책을 쓰는 일은 첫눈에 사랑에 빠졌던 아버지와 나의 관계를 많이 닮아 있다. 어느 날 저녁을 먹으며, 나는 책의 초안을 앨리슨에게 보여 주었다. 앨리슨과 나는 이십 년 동안 친구였고, 동부 아일랜드의 카톨릭 집안에서 미국으로 온 이주민들이었다. 우리는 아이들을 함께 길렀고, 앨리슨의 어머니가 아이들을 보살펴 주시는 동안 함께 대학원에 다녔으며, 똑같이 결혼 일 년 만에 각자의 첫번째 남편과 이혼을 하였다. 우리 둘은 모두 아이들을 가르치는 선생님이 되었다가 이윽고 정신요법 치료사가 되었다. 수 년 동안 우리는 서로의 아버지에 대해 이야기를 해왔다.

알코올 중독자인 앨리슨의 아버지는 앨리슨이 열두 살 되던 해에 가족을 버렸다. 그리고 앨리슨은 내가 여전히 아빠를 영웅시한다는 걸 안다. 그녀는 내가 잡은 이 책의 초안을 한참 동안 바라보다가 그것을 내려놓고 깊이 숨을 들이마신 뒤에 나에게 이렇게 물었다. "머린, 너는 정말 네 인생의 다음 삼 년을 이 책을 쓰면서 보내고 싶니? 이 작업이 얼마나 고통스러운 일이 될지 알고 있니?"

나는 그녀의 지적에 약간은 주춤했다. 그러나 언제나 〈아버지의 딸〉이었던 나는 용기를 내서 대답했다. "무슨 소릴 하는 거야? 삼 년씩은 걸리지 않을 거야. 그리고 이 책은 틀림없이 중요한 책이 될 거고. 엄마 이야기는 우리 모두가 그 동안 많이 했어. 이제는 아버지 차례야."

그것이 사 년 전의 일이고, 나는 앨리슨과는 달리 여전히 아버지의 영향력 속에 있었다.

나는 앨리슨의 경고를 무시했고 책의 초안을 계속 수정 보완해서 마침내 한 권의 견본용 책을 완성시켰다(어머니는 내가 아버지를 닮아서 일을 내멋대로 하고 싶어한다고 늘 말씀하셨다). 그리고 나의 대리인 베스는 이 책을 아버지의 광고 대행사로부터 얼마 떨어져 있지 않은 뉴욕의 큰 출판사에 팔았다. 나는 언제나 아버지에게 특별한 인상을 주어서 그의 인정을 받길 원했다. 그래서 이 일은 내가 원하는 바를 이룰 수 있도록 해줄 것이라고 믿었다.

그때까지만 해도 나는 이 책을 완성하는 일이 세 명의 편집자와 두 명의 교열자에게 신세를 지고 또 삼 년이라는 세월을 바쳐야 할 일인지는 미처 깨닫지 못했다. 그리고 이 책을 쓴다는 것이 아버지를 권좌에서 몰아내는 일이며 나 스스로를 굴복시키는 일이라는 것도 깨닫지 못했다.

아버지와 딸의 특별한 관계에 대해서 글을 쓰는 것은 또 다른 종류의 사랑 이야기를 쓰는 것과 같다. 규칙들, 억제, 그리고 금기사항들은 남녀간의 사랑 이야기와는 다르겠지만, 그럼에도 불구하고 이 책은 시작, 중간, 결말이 있는 사랑 이야기이다.

『영웅의 딸』도 서두, 중간, 결말을 가지고 있다. 1부에서는 아버지와 딸 사이의 상호적인 끌림과 자기 동일시를 살펴보고, 동시에 아버지와 딸 사이의 암묵적인 약속으로 이루어지는 어머니 따돌리기에 대해서 살펴볼 것이다. 그리고 2부에서는 세상에서 아버지의 운명을 충족시키기 위해 딸이 겪어야 하는 여성적인 힘과 창조성, 그리고 여성성의 희생 등을 살펴볼 예정이다. 3부에서는 〈아버지의 딸〉이 마침내 아버지로부터 독립하여 홀로 서는 과정이 다루어진다. 이 과정은 고통스런 세 가지 단계를 거쳐야 한다. 첫째 아버지로부터의 독립, 둘째로 아버지를 아버지가 아닌 일반적인 남자로 받아들임, 셋째 여성으로서의 창조성과 힘과 진정한 아름다움을 발견하는 일. 이럴 때 여성의 진정한 홀로 서기가 가능해지는 것이다.

『하나를 대가로 하는 둘』이란 에세이에서 사라 메이트랜드(Sara Maitland)는 아버지와 딸의 위와 같은 관계를 탐색하는 우리 모두를 위해서 다음과 같이 말해 주었다.

"나는 〈아버지의 딸〉이다. 그리고 내가 아버지를 사랑하지 않는다면 나 자신도 사랑할 수 없다."

감사의 말

이 책은 어느 한 사람이 아닌 수천 명이 주인공인 책이다. 『영웅의 딸』은 나의 정신요법 치료 활동과 UCLA의 작문반, 전국에 걸쳐 열린 워크숍, 그리고 아버지와 딸의 관계를 논의하는 주말 여성모임 등을 함께 한 여성들의 이야기를 담고 있다. 그들의 이야기가 없었더라면 아마 우리는 아버지와 딸의 관계에 대한 여성적인 시각을 확보하지 못했을 것이다. 셀레스트 토렌스(Celeste Torerens)는 나와 함께 아버지와 딸들의 모임에 독특한 시각과 애정을 보여주었다. 나의 대리인이며 그 자신이 〈아버지의 딸〉인 베스 베셀(Beth Vessel)은 〈아버지의 딸〉이라는 상황 속에 내재해 있는 모순들을 하나씩 구체화시켜 나가도록 나를 격려해 주었다. 그녀는 또한 이 책을 발렌타인 출판사의 유능한 조엘 델버고(Joel Delbourgo)에게 소개했다. 조엘은 현명하고도 충실한 이 책의 지원자가 되어 주었다. 발렌타인 출판사 편집자 조앤 위코프(Joanne Wyckoff)는 〈아버지의 딸〉과 어머니의 딸 사이의 차이점에 대해 이해해 보도록 나에게 권고하였다. 책의 교열을 맡아 준 마가렛 위안(Margaret Ryan)은 그녀의 레이저처럼 날카로운 식견과 넉넉한 유머로 책 속에 묻혀 있던 또 다른 의미를 발굴해 주었다. 나의 좋은 친구이며 작가인 노라 드보슨(Nora Dvosin)은 약 이 년 동안 화요일 밤들을 나와 함께 보냈다. 우리는 저녁 식사와 함께 각자의 책에 대한 좋은 의견을 나누었다. 여기서 더 큰 도움을 받은 쪽은 물론 나였다. 노라와 함께 우리 작가 모임에 속해 있는 앤 글로버(Ann Glover), 수잔 킹(Susan King), 미셸 코트(Michelle Kort), 앨리다 로드리케(Aleida Rodriquez)도 자신들의 경험을 전해 주었다. 또한 나와 함께 '비전을 가진 단체'에 속해 있으면서 나의 집필 과정을 지원해 주고 어두운 터널 끝에는 밝은 빛이 있음을 상기시켜 주었던 셀레스트 토렌스(Celeste Torreens), 보니 밴(Bonnie Ban), 수지 러드닉(Suzie Rudnick), 테리 빈코비츠(Terry Binkovitz)에게도 고마움을 전한다. 우리 부부와 함께 '부부들의 모임'에 참가했던 마티 글렌(Marti Glenn), 켄 부루어(Ken Bruer), 브라바드 부부(Greg and Judy Bravard), 메이바오 니(Meibao Nee)는 아이들의 아버지로서의 경험과 자신들의 아버지에 대한 경험을 들려주었다. 그리고 베톨 부부(Valerie and Joe Bechtol)와 메이바오 니는 내가 집필을 시작하였을 때 글쓰기에 좋은 환경을 뉴 멕시코에 마련해 주었다. 아이러니컬하게도 내가 성(sexuality)에 관한 장을 집필할 때 나는 타오에 있는 메이바오의 땅 위에서 집시들의 방랑용 마차 안에 칩거하며 지냈다.

 잊을 수 없는 고마움을 『운명으로서의 딸』이라는 자신의 책으로부터 내 책 제목의 일부분을 빌려 준 길다 프란츠에게 전하고 싶다. 로스앤젤레스의 융(C. G. Jung) 도서관에 근무하는 린다 웨들링거(Linda Weidlinger), 바비 요(Bobbie Yow), 로 젤러(Lore Zeller)에게도 고마움을 전한다. 그리고 『정신분석적 시각 Psychological perspective』이란 잡지의 편집자인 샬렌 시에그(Charlene Sieg)는 내가 마가렛 리안을 찾아내는 데 도움을 주었다. 나의 사랑하는 딸인 히더 머독(Heather Murdock)은 중요한 자료를 찾아 주고 편집일을 도와주었으며, 산타크루즈로부터 베니스까지 와서 책의 주석을 정리해 주기도 했다. 나의 아들 브렌단은 내 책의 교정본에 대한 훌륭한 조언과 함께 책에 들어갈 삽화에 대해서도 일러주었다. 앤 글로버는 책의 구성을 도와주었고, 크리스티 앨보이(Christi Albouy)는 원고를 타이핑해 주었다. 나는 아이들의 아버지 존 머독(John Murdock)과 다정한 의붓아버지인 루시엔 월슨(Lucien Wulsin)과 자리를 함께 한 적이 있었다. 그들에게도 감사한다. 이 책이 끝내 결실을 맺도록 지원해 준 나의 '든든한 초석'인 루시엔에게 깊은 고마움을 전한다. 길다 프란츠와 사시코 리스(Sachico Reece)에게도 그들의 통찰과 현명한 지적에 감사한다. 특히 질다는 나의 책을 받아준 산파나 다름없다. 나에게 책을 쓰도록 처음 영감을 준 앤 레빈(Ann Levine)과 나의 스승인 진 휴스튼(Jean Houston), 조셉 캠벨(Joseph Campbell), 그리고 디흐 한(Thich Nhat Hanh)도 기억하고 싶다. 정신요법 공동체 동료인 린다 올센 웨버(Linda Olsen Weber), 플러 퍼난데즈(Flor Fernandez), 앨리슨 애켄(Alison Acken) 그리고 스테파니 마스텐(Stephanie Marsten), 그들의 통찰력과 지혜어린 조언에 빚진 게 많다. 영감을 주는 듯한 음악을 선사한 낸시 럼블(Nancy Rumble)과 에릭 팅스테드(Eric Tingstad)에게 고마움을 전한다. 이 책을 쓰는 동안 내내 나를 도와준 수호자인 스티브(Steve), 베브(Bev), 아델라이드(Adelaide), 폴리(Polly), 엘프(Aleph), 쥬디(Judy), 사라(Sara), 아델(Adele), 헨리(Henry), 루윈(Lewin), 루시엔(Lucien Sr.), 마가렛(Margaret N.), 코니(Connie N.), 팸(Pam), 에이미(Aimee), 그리고 나의 동생 로즈메리와 엄마에게도 감사드린다. 할아버지와 조 삼촌은 내가 소녀였을 때 규칙적으로 나를 양키즈 팀의 경기에 데려가심으로써 가장 좋은 방식으로 할아버지와 삼촌의 역할을 다해 주셨다. 그리고 무엇보다 거대한 창조적인 열의와 아일랜드인다운 위트가 넘치는 아버지가 없었더라면 나는 이 책을 쓸 엄두도 내지 못했을 것이다. 나는 이 책을 나의 아버지에게 바친다. 고맙습니다. 매트(Matt).

영웅의 딸
The Hero's Daughter

제1부
개인적인 배경

제1장 아버지의 딸들
제2장 자아 정체성: 아버지의 딸이면서
여성이라는 상태는 무엇을 의미하는가
제3장 아버지의 딸과 성

아테나, 조앤 배티스트(Joanne Battiste) 작
(카제인, 3¾ × 3¾ 인치, 1987)

제1장
아버지의 딸들

> 마침내 나는 자신을 포기하고 나의 아버지가 되었다……
> — 샤론 오울즈, 『운명』

　오늘날 여성학 분야에서 가장 소홀히 취급되는 분야 중의 하나가 아버지와 딸 사이의 관계이다. 이 관계는 기대와 실망, 숭배와 거부, 사랑과 포기들로 중첩되어진다. 어린 소녀와 아버지와의 관계 형성은 그녀가 어른이 되었을 때 그녀가 맺게 되는 남성과의 관계들, 즉 연인, 배우자, 남자 친구, 직장의 상사, 그리고 동료들의 관계에 오래도록 영향을 남긴다. 가장 초기에 이루어지는 아버지와의 파트너십은 또한 딸의 성적인 문제나 창의력, 정신적인 경향, 자신의 생각을 표현하고 구체화시켜 나가는 능력에도 영향을 미친다. 소홀히 취급되어 온 아버지와 딸 사이의 이러한 관계는 사회 생활 속에서뿐 아니라 그녀의 사생활에서의 자부심, 힘, 권위 등에 영향을 준다.
　물론 세상에는 다양한 아버지의 유형이 있고 각 유형마다 복잡한 문제가 있다. 그 중 가장 바람직한 아버지의 유형은 딸을 사랑하지만 집착하지 않고, 그녀가 자기 충족적인 여성이 되어 남자들 사이에서도 훌륭히 그녀 자신이 될 수 있게 도와주는 '모범형 아버지(good enough father)'의 유형이다.[1] 문제가 되는 것은 감정적으로 혹은 무시, 죽음 등으로 딸을 내버려 두는 '부재형 아버지(absent father)' 유형인데, 이 때 딸은 아버지의 사랑을 간절히 바라게 된다. 다른 유형인 '애지중지형 아버지(pampering father)'는 딸을 어린애 취급하고 계속해서 돌보아 주며 딸이 원하는 모든 것을 들어주고 그녀가 계속해서 그에게 의지할 수 있음을 확신시키는 아버지이다. '수동형 아버지(passive father)'는 제공자와 안내자로서의 아버지의 역할을 포기함으로써 딸이 모든 것을 스스로 하도록 방치하고 그 과정에서 아버지의 권위에 대한 존경심을 잃어버린다. '유혹형 아버지(suductive father)'는 비록 아버지가 딸을 성적으로 대하지는 않지만 둘 사이의 관계를 에로틱하게 함으로써 노골적이진 않으면서도 강요하는 듯한 관계를 통해 그녀를 그의 가까이에 부당하게 묶어 둔다. '지배형 아버지(domineering father)'는 딸에게 복종을 강요하기 때문에 딸을 언제나 두려움에 가득 차고 불안정한 존재로 만든다. '변덕형 아버지(addictive father)'는 그의 변덕이 시키는 대로 딸을 대하기 때문에 딸은 아버지의 변덕에 대비하는 방패로서 완벽함을 찾아 허둥댄다. 마지막으로 '이상형 아버지(idealized father)'는 딸을 아내나 다른 아이들보다 사랑해서 딸이 스스로 자기는 특별하고 남다른 재능을 부여받은 존재로 느끼게 한다. 가족내에서 아버지의 사랑을 독차지하는 인물로 자리매김해서 〈아버지의 딸〉이라 불리우기도 하는 이 딸은, 그러나 아이러니컬하게도 아버지의 사랑에 대한 대가를 치르느라 어려운 시절을 맞게 된다.

위에서 살펴본 아버지와 딸의 관계 유형은 모두 딸의 인격 형성에 영향을 미친다. 비록 어떤 것들은 다른 것에 비해 구별해내기 쉽다 해도 말이다. '부재형 아버지'의 딸인 경우 그녀는 통상 아버지가 자신을 버린 원인은 자신에게 있다고 스스로를 자책하며 다른 사람의 사랑을 얻기 위해 착해지도록 노력한다. '애지중지형 아버지'의 딸은 스스로는 만족스러운 삶을 창조하는 데 부족하다고 여기고 아버지를 대체해 줄 인물을 찾는다. '유혹형 아버지'의 딸은 그녀가 범죄자도 희생자도 아닌 관계에서조차 그녀의 정신적인 고통을 통해 아버지의 정도를 벗어난 행동을 끊임없이 상기한다. '수동형 아버지'의 딸은 누구에게도 의지할 수 없다고 느끼고 일생 동안 아버지에게 부족했던 권위를 지나치게 보상하려 애쓴다. '지배형 아버지'의 딸은 쉽게 순종하거나 일생을 반항하느라 허비하고, '변덕형 아버지'의 딸은 주변의 모든 인물과 사물에 대해 꾸준한 통제력을 잃지 않으려 애쓰느라 스스로를 소진시켜 버린다. 〈아버지의 딸〉은 자신과 아버지를 너무나 동일시해서 자신의 개별적인 자아 정체성을 거의 갖지 못한다. 또한 그녀는 자신이 특별하다는 느낌과 자부심을 가진 채 어른이 되기 때문에, 〈아버지의 딸〉이 될 때까지의 감정적인 비용과 콤플렉스를 살펴볼 필요를 거의 느끼지 못한다. 바로 〈아버지의 딸〉과 아버지를 묶어 주는 대단히 복합적이지만 끈끈한 관계성이 이 책의 초점이 될 것이다.

성인이 된 〈아버지의 딸〉에 대한 소묘

나는 치료활동을 하면서 성인이 된 〈아버지의 딸〉들이 가지는 특징과 일정한 행동양식을 발견하였다. 〈아버지의 딸〉은 어렸을 때 아버지와 강하고 긍정적인 관계를 유지했기 때문에 우선적으로 자신을 아버지와 동일시하고 남성과 남성적인 힘에 대해 호의적인 반면 여성들의 의견과 가치는 이차적인 것으로 간주한다. 어린 시절에 〈아버지의 딸〉은 아버지의 두터운 신임을 받는 믿음직한 인물이며, 딸이라기보다는 마치 아내처럼 행동한다. 성인이 된 후 그녀는 직장에서 주로 남성 상사와 절친한 친구로 지내며(성적이든 아니든) 과거의 아버지와의 관계를 반복한다. 그녀는 권력이 있는 남성의 신임을 받음으로써 어린 시절의 지위를 여전히 누리기는 하지만, 그녀 자신의 권력은 사실 거의 없다. 한 단계 아래의 부차적인 지위를 누리면서도 〈아버지의 딸〉은 제국의 건설자나 최고 경영 책임자, 정치적인 힘을 가지고 세계를 변화시키고자 출발한 이들의 옆에서 훌륭한 보좌관이 된다. 아버지의 애정이라는 유산을 되새기며 그녀는 자신은 특별하며, 따라서 다른 사람들도 그녀를 인정해 줄 것으로 기대한다. 그녀는 자신과 다른 사람들도 모든 것을 다 잘 할 수 있다고 믿으며, 잘 못한다는 것은 있을 수도 있어서도 안 된다고 생각한다. 그녀는 지칠 때까지 일을 하고, 또한 자신의 몸이 아픈 것도 용납하지 못한다. 그녀는 매사를 자신의 의견대로 하기 때문에 결코 타협할 줄 모르며, 따라서 남의 의견을 들어주는 일이나 절충이 필요한 문제들에서 많은 어려움에 직면한다.

〈아버지의 딸〉은 어떤 대가를 치르고서라도 아버지와 경쟁하고자 한다. 그녀는 아버지를 숭배하면서 아버지의 가치를 자신의 것으로 받아들이고, 그 가치에 지배된다. 그녀 스스로 생산적이어야 한다고 되뇌이면서 말이다. 그 결과 〈아버지의 딸〉은 사회적으로 야망이 크고 책임감이 강한 것으로 통한다. 그녀에게는 목표를 성취하는 데 필요한 집중력과 결단이 있고, 때로 능력 이상의 책임을 떠맡으려 한다. 그녀는 스스로 완벽하고자 하며 자신의 연약함에 대해서는 참을 수 없어 한다. 그녀는 또한 자신의 성공을 가부장적이고 목표중심적이며 권력에 근거한 문화의 기준에 비추어 산출한다. 〈아버지의 딸〉은 아버지를 닮으려고 하는 동시에 아버지의 인생과 자신의 인생이 동일시되기를 갈구한다. 때때로 그녀는 실생활에서도 아버지와 같아지기를 희망한다. 그녀는 아버지의 가장 깊은 속마음을 알려고 애쓸 뿐 아니라 그가 갖고 있는 비전과 권력의 종류를 경험하고 싶어한다.

다니엘은 의료 부문의 사회 사업가로서 암환자와 그의 가족들에게 상담을 해주곤 한다. 그녀는 뉴 잉글랜드의 작은 마을에서 그 지방의 고객들에게 조언을 해주는 아버지를 존경하며 자랐다. 그녀는 이십대 초반을 콜롬비아의 평화봉사단에서 보냈고, 그곳에서 아버지와 많이 닮았다고 생각되는 남자와 결혼했다.

"나는 아버지가 마을 사람들에게 안도감을 주는 걸 보았다. 그리고 그 가치는 내 생의 목표가 되었다"라고 다니엘은 말했다. "나는 실지로 아버지와 같은 가치를 가졌다고 생각되는 평화봉사단의 남자와 결혼했다. 나는 아버지와 닮은 사람과 결혼하려고 애썼고, 그 결혼이 실패로 끝나자, 나 스스로 가치로운 일에 몰두함으로써 아버지를 닮으려고 하였다. 아버지는 아버지의 일을 사랑했고, 나는 나의 일을 사랑했다. 그러나 나는 일을 언제 멈춰야 하는지는 몰랐다."

만약 딸이 아버지와 감정적인 관계가 아니라 일이나 지식을 통해 아버지와 동일시하는 방향을 선택한다면, 그녀는 일이나 직업, 혹은 아이디어에서의 성공이 곧 자신의 가치를 평가받는 유일한 길이라는 결론을 내리게 될 것이다. 삼십대 후반이나 사십대에 속해 있는 〈아버지의 딸〉들은 결혼 생활의 실패에 대해 고통받고, 또한 엄마가 될 수 있는 세월을 그냥 보내 버린 것을 슬퍼한다.

마리안은 마흔한 살의 성공한 편집자이다. 아버지는 그녀와 토론하는 걸 즐겼다. 저녁 식탁에서 그녀와 아버지는 곧잘 열띤 논쟁을 벌였고 그때마다 어머니와 자매들은 논쟁할 수 있는 능력이 없다는 이유로 제외되곤 하였다. 마리안의 아버지는 그녀의 재능을 논쟁적인 방식으로 사용할 수 있도록 훈련시켰고, 이 자질이 그녀의 직업에 하나의 재산이 될 수 있도록 하였다. 그러나 알다시피 이 자질은 인간 관계에는 치명적인 것이었다. 마리안이 마흔 살로 접어들었을 때 그녀는 자신이 절대로 결혼할 수 없을 거라는 걸 깨달았다.

"나는 나의 재능이기도 하면서 동시에 천형이라고도 할 수 있는 상당히 강한 남성적인 태도를 가졌습니다. 그것이 천형인 이유는 남자들이 이런 태도를 전투적인 것으로 생각하고 거부감을 느끼기 때문입니다. 이런 나의 여성성은 그들을 위협합니다. 내가 〈아버지의 딸〉로서의 정체성을 너무 굳건히 지키고 있기 때문에 남자 친구들은 결코 내 안의 아버지와 경쟁할 수 없다고 말할 정도입니다. 또한 내가 너무 아버지를 이상화했기 때문인지 그들도 역시 내가 기대하던 모습의 남자들은 아닙니다. 어쨌든 나는 결혼할 수 있다는 희망을 거의 가지고 있지 않습니다."

〈아버지의 딸〉이 짝을 찾고자 할 때, 그녀가 느끼는 아버지에 대한 애착은 하나의 장벽이 될 수도 있다. 그녀는 살아 있는 남자들 중에서 이상화된 아버지의 완벽한 이미지를 닮은 남자를 찾을 수 없을 뿐 아니라, 그 누구도 그녀에게 가까이 다가올 엄두를 내지 못하게 한다. 그녀는 어떤 남자도 그녀에게 걸맞는 관심을 보여주지 않는다고 불평함으로써 남자들과의 가까운 관계를 회피한다. 아버지처럼 무조건적으로 그녀를 사랑해 주어야 할 남자들이 도대체 그녀를 사랑하지 않는다고 그녀는 투덜거린다.

〈아버지의 딸〉은 아버지를 너무나 이상화하기 때문에 다른 남자를 사랑하지도 못할 뿐 아니라 자신의 성취에 대해서도 만족하지 못하게 된다. 아버지에 대한 이상화는 자신의 재능과 사회에 대한 공헌을 불완전하고 가치롭지 못하다고 생각한다. 그녀는 자신의 재능을 폄하하고 자신이 하는 어떤 일도 보잘것 없는 일이라고 스스로에게 확신시킨다. 그녀는 아버지가 자신에게 거는 기대만큼 멋지게 살아오지 못한 것에 대해 의기소침해 한다. 개인적 불만족은 저질의 바이러스처럼 절대로 사라지지 않는다.

"아버지는 나에 대해 기대가 컸어요"라고 마리안은 회고한다. "아버지는 내가 초대 여자 대통령도 될 수 있을 거라고 말했지요. 나에 대한 자부심이 너무나 컸기 때문에, 아버지는 내가 무슨 일이나 다 할 수 있고 또 반드시 어떤 큰 일을 할 거라고 믿는 듯이 보였어요. 그러나 아버지의 깊은 또 다른 내면에는 내가 한 남자의 아내가 되고 아이들의 어머니가 되기를 원하는 마음이 숨겨져 있었지요. 그래서 나는 때때로 생각해요. 내가 사회적으로는 그를 자랑스럽게 했는지 모르지만 감정적으로는 그를 완전히 실망하게 만들고 말았다고요. 왜냐하면 나는 그에게 손자를 안겨 주지 못했으니까요."

마리안의 내부에서 들려오는 아버지의 기대섞인 목소리는 그녀를 잠시도 쉬지 못하게 하였다. 아버지를 기쁘게 해드리려는 노력 속에서도 그녀는 줄곧 자신이 아버지를 실망시키고 있다고 느꼈고, 따라서 그녀는 자신의 성취를 즐길 수 없었다. 이와 같은 방식으로 아버지가 우상화되는 경우 딸은 인생의 많은 결정을 아버지에게 의존하게 된다. 직업과 배우자, 아이들에 대한 그녀의 결정은 대개 아버지의 눈높이에서 이루어진다. 일생 동안 하고자 하는 일에 대한 그녀의 생각은 마치 하나의 중심축처럼 세워져 있는 아버지의 시각 근처를 맴돌고 있을 뿐이다.

어머니에 대한 거부

〈아버지의 딸〉들의 공통된 경험은 어머니에 대한 거부이다. 아버지와 딸의 공조와 어머니에 대한 배제가 함께 일어나는 이유는 다양하다. 어머니는 아마 의기소침한 사람이거나, 언제나 화가 나 있고 무기력하거나, 혹은 알코올 중독자이고 남편과 아이를 거부하거나, 그렇지 않으면 감정적으로 자식들 가까이에 있지 못하는 사람일지 모른다. 또 어머니는 아버지와 이혼을 했거나 병들었고, 혹은 딸이 어렸을 적에 죽어서 어머니와 딸 사이에 있을 수 있는 감정적 교류가 없을지도 모른다. 또 어머니의 배제는 아버지와 딸의 성향이 비슷하여 딸이 아버지를 더 좋아하기 때문에 생길 수도 있다. 이유가 무엇이건 간에 어머니는 아래의 삼각구도에서 점차 약한 연결을 가지게 되고, 딸은 어머니의 역할을 제대로 이해하지 못한 채 지내게 된다. 이러한 기본적인 삼각구도의 모형은 그리스 문화와 아테네의 후견인이었던 여신 아테나의 신화에 가장 생생하게 묘사되어 있다. 아테나는 어머니를 거부하고 아버지와 연합했던 〈아버지의 딸〉의 원형이다.

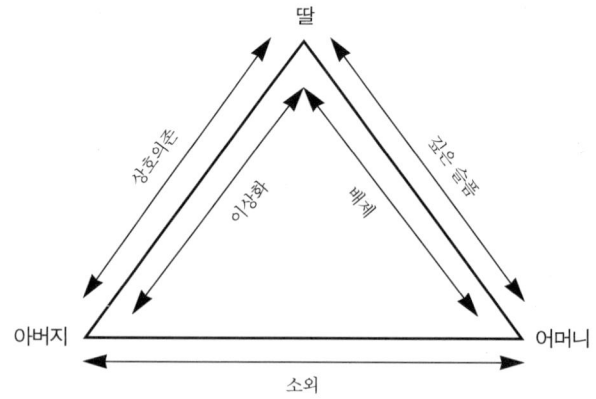

신화는 아테나의 탄생으로 시작되는데 그녀는 다 자란 상태로 금빛 갑옷을 입고 한 손에 날카로운 창을 들고 우렁찬 소리로 전쟁을 선포하며 아버지의 머리로부터 나왔다. 그녀의 아버지인 제우스는 사실 아테나를 그녀의 어머니인 메티스가 임신하고 있을 때 훔쳐 왔다. 제우스는 그의 아내 메티스가 자신만큼 힘이 세고 지혜로운 아이를 낳을까 두려워서 메티스를 작게 만들고 그녀를 삼켜버림으로써 어머니의 운명을 좌절시켰다. 이렇게 해서 제우스는 메티스로부터 아이를 낳을 수 있는 능력을 박탈하고 딸을 훔쳐 온 것이다. 드라마 같은 탄생에 걸맞게 아테나는, 단지 제우스와만 교류하며 그를 자신의 유일한 부모로 여겼다. 비록 구성상으로는 덜 신화적일지 모르지만 〈아버지의 딸〉에게도 이와 유사한 일이 일어난다. 아버지가 자신을 위해 그의 딸을 훔칠 때 어머니는 아버지에 의해 상징적으로 삼켜 버려진다는 것이 바로 그것이다.

〈아버지의 딸〉은 어렸을 때부터 아버지가 어머니보다 자신을 더 사랑한다는 사실을 안다. 그녀는 자신이 어머니보다 더욱 젊으며 매력적이고 어머니보다도 아버지에게 더 신경을 써드린다는 사실을 알고 있다. 그녀는 어머니는 절대로 하지 못할 방식으로 아버지를 기쁘게 해드린다는 사실을 안다. 아버지의 사랑을 계속 받기 위해서 〈아버지의 딸〉은 어머니로부터 돌아서야 한다. 그녀는 어머니와 함께 보낼 시간을 고대하는 게 아니라 아버지와 함께 보낼 시간을 고대한다. 그녀는 어머니의 의견은 무미건조하고 여성적이라고 여겨 무시한다.

사춘기로 접어들면서 〈아버지의 딸〉은 보통 이 시기의 반항심을 모두 어머니에게 돌려 어머니의 권위를 비웃거나 전복시켜 버린다. 아버지가 함께 있을 때 그녀는 어머니에게 보다 미묘하게 저항하고 서서히 어머니의 위치를 약화시켜 나간다. 이와 같이 어머니보다 아버지를 선택하는 행위를 통해 딸은 여러 가지 갈등을 겪게 된다. 〈아버지의 딸〉

은 자신보다 약한 부모를 이겼다는 승리감과 더불어 아버지를 그토록 쉽게 차지할 수 있었던 사실에 대한 조소, 그리고 그렇게 함으로써 자신이 누리는 즐거움에 대한 죄의식, 마지막으로 어머니를 잃어버린 상실감 등을 느끼게 된다.

딸과 아버지 사이의 친밀한 관계는 자동적으로 어머니를 배제하게 된다. 딸은 아버지의 모든 시선을 받게 되고, 그녀는 어머니보다 자신이 더 괜찮은 아내가 될 수도 있다고 비밀스럽게 느낀다. 어쨌든 그녀는 아버지를 이해하고 있고 그의 마음을 읽을 수 있다. 만약 어머니가 화를 잘 내고 비판적이며 의기소침해 있다면 "어머니는 정말 골치덩어리야"라고 쉽게 생각한다. 게다가 "너희 엄마는 행복해지는 방법을 몰라" "난 도대체 너희 엄마를 어떻게 기쁘게 해줘야 할지 모르겠구나"라는 아버지의 말은 딸의 생각을 더욱 굳혀 준다. 아버지와 딸의 연합은 비밀스럽고 만족스럽기는 하지만 어쩔 수 없이 죄의식을 동반하는 고요한 공모로 발전한다. 딸은 아마도 어른이 될 때까지 이 죄의식을 느끼지 못할 수도 있다. 다니엘처럼.

60년대 후반에 결혼식 준비를 위해 다니엘은 어머니, 아버지와 함께 뉴욕의 삭스 5번가에서 드레스를 고르고 있었다. 그녀의 아버지는 능숙하게 일을 잘 처리해 나갔고 석사과정에 있는 딸이 의사와 결혼한다는 것을 자랑스럽게 생각했다. 그러나 다니엘은 비싸기로 유명한 삭스가에서 쇼핑을 하는 데 대해 죄의식을 느꼈다. 왜냐하면 어머니는 이러한 사치를 한 번도 즐겨 본 적이 없기 때문이다. 아버지는 어머니가 간호사 일을 계속할 수 있도록 허락하지 않으셨다. 아버지는 어머니의 진짜 직업은 가정에서 아이들과 함께 있는 것이라고 생각했기 때문이다. 어머니는 아이들이 성장하는 동안 절약하는 생활을 계속했다. 그리고 그녀 자신을 위해서는 늘 싸구려 가게에서 쇼핑하곤 했다. 아버지는 어머니에게 일주일에 십 달러씩만 주었는데, 다니엘이 결혼할 때쯤에 아버지의 경제 사정은 꽤 탄탄해져 있었다.

"나는 웨딩 드레스와 신혼여행 때 입을 옷을 사기 위해 삭스가로 들어갔어요. 그리고 이내 250달러나 하는 푸른색 실크 드레스에 넋을 빼앗겼죠. 내가 그 옷을 입어 보았을 때 아버지는 '당장 사자'라고 말했고 어머니는 '너희 아버진 나에게 한 번도 저렇게 비싼 옷은 사준 적이 없단다'라면서 고개를 떨구었어요. 나는 왠지 모를 죄의식을 느끼며 그 드레스를 선물로 받았죠. 그러나 대체 내가 무슨 말을 해야 하는 걸까요? 나는 우리가 삭스가에서 쇼핑을 하는 것에 대해서, 어머니가 그토록 어려운 인생을 살아오신 것에 대해서, 그리고 아버지는 어머니에게 한 번도 그토록 아름다운 실크 드레스를 사준 적이 없다는 사실 모두에 대해서 죄의식을 느꼈어요. 나는 졸업할 때 받은 파이 베타 카파 열쇠를(대학 우등생으로 조직하는 친목 단체의 회원임을 표시해 주는 것) 어머니에게 주며 말했죠. '이건 어머니 거예요.' 나는 어머니가 자신이 똑똑하다고 느꼈으면 좋겠다고 생각했어요. 왜냐하면 어머니는 여섯 명의 아이들과 늘상 집에 머물면서 자신을 멍청하다고 느껴 왔으니까요."

대부분의 아내들은 아버지와 딸 사이의 공모를 눈치채고 있으며 자신이 밀려나고 있다는 사실도 어느 정도는 알고 있다. 그래도 아내들은 자신의 질투를 인정할 수 없거나, 혹은 남편과 이 문제에 대해 의논하고자 할 때는 '미쳤다'는 소리도 듣게 된다. 한 여성은, 자신의 어머니가 남편이 딸 하나를 편애한다는 사실을 잘 알고 있었다고 인정하면서도, 자신은 부녀의 관계가 좋은 것으로 인해 전혀 피해를 입은 적이 없다고 말한다고 했다. 일이 많거나 아이들에 대한 책임감으로 부담을 느낄 때, 또는 남편과의 사이가 원만하지 않을 때 아내는 남편과 함께 있지 않으려고 할 때도 있다. 또한 그녀는 아버지와 딸 사이의 관계를 일시적으로 지나가는 통과의례 정도로 생각하고, 이런 현상이 그녀 자신에게는 긍정적이지 않을지라도 아버지와 딸에게는 긍정적이 될 거라고 판단을 내리는 경우도 있다. 그러나 다른 사정이야 어떻든 간에 아버지와 딸 사이의 친밀한 관계와 그것의 감정적인 파장은 공개적으로 토론되지도 않았고 또한 인정되지도 않았다.

아버지와 딸의 미묘한 공모의 관계와 그것에 암시된 어머니에 대한 거부는 딸의 여성으로서의 본성에 원초적인 상처를 형성하게 된다. 이 상처는 그녀의 직관에 대한 수용성, 감정에 대한 자제, 그리고 여성으로서의 자신의 신체 리듬의 지혜로움 등을 받아들이지 못하도록 방해하거나 아예 막아 버린다. 〈아버지의 딸〉은 어머니를 거부하면서 여성으로서의 자신도 함께 거부하는 것이다. 시인인 아드리엔느 리치는 "어머니의 빈 자리의 이유가 무엇이든 간에 어머니를 보완하는 게 아니라 어머니를 대신하면서, 즉 어머니를 대가로 내주면서 사랑받는 아버지가 있다는 것은 고통스러운 사실이다"라고 하였다.[2] 〈아버지의 딸〉이 충분히 성숙한 후 지난날 어머니를 배제하며 아버지와 공모했었던 사실을 깨달을 때에야 비로소, 그녀는 자신이 그토록 비판적이었던 한 여성에 대해 동정심을 가질 수 있게 된다. 그러나 캐더린은 아직 이 단계까지는 이르지 못하였다.

삼십대 초반의 작가인 캐더린은 성인이 되어서도 여전히 어머니를 거부하고 있다. 이유는 자신이 다른 사람을 사랑하는 데에 무능력하다는 사실을 인정하고 싶지 않아서이다. "나는 언제나 아버지와 나를 동일시해 왔어요. 아버지는 성공한 작가이고 창조적인 일을 이해하고 있었죠. 만약 내가, 아버지와 내 직업과의 동일시를 포기한다면 나는 어머니와 가까워지게 될 텐데 그런 일은 생각만 해도 눈앞이 캄캄해져요. 어머니는 언제나 나를 질투했죠. 그래서인지 어머니는 설탕처럼 달콤했을 때와 그야말로 비열한 상태 사이를 왔다 갔다 했어요. 나는 어머니에게서 여자는 믿을 수 없다는 걸 배웠죠. 그리고 나 자신이 여자라는 사실을 편안하게 받아들일 수 없었어요. 나는 아이를 낳고 양육하는 등의 큰 일에 준비가 되어 있지 않았어요. 나는 그것이 내가 장기간 존속되는 관계들을 회피하고 아버지에게 계속해서 매달리는 이유라고 생각하고 있어요."

캐더린은 아직도 어머니의 양극화된 행동에 타당한 이유가 있을 수도 있다는 생각을 하지 않고 있다. 그녀로서는 아버지로부터 물려받은 뚜렷한 재능에 집중하는 것이 더 쉬웠을 것이다. 이러한 여성들은 일의 세계에서 자신감을 세워 나가는 데에는 아버지와의 결탁이 훨씬 이롭다는 것을 안다. 그러나 그 과정에서 그녀는 사랑과 애정에 대한 욕구를 거부해야만 한다. 아버지와의 관계에 대해 정밀하게 조사할 때에만 〈아버지의 딸〉들은 그들이 사랑받는 자리를 지키기 위해 치르는 희생에 대해 이해하게 될 것이다.

아버지와 딸 사이의 관계를 조사하는 일은 어렵다

비록 〈아버지의 딸〉들 모두에게 해당되는 것은 아니지만, 나는 성년에 이른 〈아버지의 딸〉들의 인생에는 몇 가지 공통된 패턴이 있다는 걸 발견했다. 〈아버지의 딸〉은 이십대에 곧잘 아버지와 사랑에 빠진다. 여전히 아버지의 사랑받는 딸이기 때문에 그녀는 아버지에 대해 이상화된 기억의 표면을 들추어내고자 할 때마다 자신이 마치 배반자인 것처럼 느낀다. 그녀는 일을 망치는 것을 두려워하고 무엇보다도 아버지를 잃게 될까봐 두려워한다.

    삼십대가 되면 〈아버지의 딸〉은 그녀가 소중히 여겨 왔던 아버지와의 관계에서 불안을 느끼게 된다. 그러나 여전히 그녀는 아버지의 간섭에 화를 내는 자신의 태도를 부정하거나, 반대로 어른이 되자 서서히 약해져 가는 아버지의 지지 때문에 생기는 분노도 부정한다. 그녀가 느끼는 모든 분노는 내면화되며, 그 분노는 적법한 표적에 도달할 때까지 계속해서 남편, 어머니, 자녀, 직장의 상사, 혹은 정신요법 치료사에게 분출된다.

    〈아버지의 딸〉이 자신은 아버지에게 모든 것을 받은 듯하지만 실지로는 잃은 것도 있었음을 알게 되는 시기는 그녀가 잃어버린 것들, 즉 어머니, 자아 정체성, 성숙한 여성이 되는 일은 어떤 것일까를 궁금히 여기던 어릴 적 소녀의 꿈 등을 곰곰이 되짚어보는 사십대부터다. 어떤 〈아버지의 딸〉들은 그들의 감정을 이야기하지만 대부분은 그렇지 못하다. 오십대를 넘으면 〈아버지의 딸〉은 외면적으로는 아버지의 가르침과 가치를 받아들임으로써, 그리고 내면적으로는 그의 실수와 한계를 수용함으로써 아버지의 유산을 인정하게 된다. 모든 여성은 오랜 시간 동안 자신의 고통을 치유해 줄 유일한 길을 찾는다. 완벽이란 계속 지속되는 하나의 과정이니까. 그들의 관계성을 치유하는 데 아버지가 동참하든 그렇지 않든 간에 아버지의 정체성으로부터 그녀의 정체성을 떼어내 오는 일은 딸의 임무이다. 그 일이 비록 너무나 하기 싫은 일일지라도 말이다.

    정신요법 치료사로서 나는 그들의 인간 관계와 개인적인 성취, 그리고 창조력 등에 곤란을 느끼면서도 아버지와 연관되는 문제는 다루기 싫어하는 여성들을 계속해서 만나 왔다. 어머니를 쫓아내 가며 아버지와 깊은 관계성을 유지했던 딸일수록, 아버지와 자신의 관계의 이면을 들여다보기를 꺼린다. 향수, 정신적인 부담과 분노에 대한 거부 등이 그들의 행동을 방해하는 요인들이다. 아버지가 노동쟁의 조정가이든 농부, 트럭 기사, 의사, 혹은 상인이든 딸은 아버지와 자신을 너무나 동일시하기 때문에 그녀가 아버지와의 관계를 재평가하는 것은 대단히 힘든 일이다. 나는 다음과 같은 말들을 종종 듣는다.

"아버지가 내 인생에 미친 영향은 너무나 커서 그가 어디에서 끝내고 나는 또 어디에서 시작해야 하는지를 모르겠어요."
"나는 아버지의 인정을 너무나 받고 싶었고, 그것을 얻기 위해 정작 하는 일에 대한 나 자신의 느낌은 거의 없었지요. 중요한 건 아버지의 느낌이었으니까요."
"아버지는 언제나 나의 영웅이었어요. 아버지와 같은 사람은 어디에도 없었지요."
"아버지는 자신이 아프다는 걸 전혀 인정하지 않았어요. 그래서인지 저도 다른 사람이나 제 자신의 나약함을 받아들이는 것이 상당히 힘들었어요."
"아버지는 언제나 일을 열심히 하셨는데 지금은 나도 똑같은 길을 가고 있죠."

이와 같은 언급을 했던 많은 여성들은 아버지와의 독특한 관계의 결과로 무언가 잘못되었다는 걸 알면서도 굳이 정확한 실체를 규명하려 들지 않는다. 대부분의 〈아버지의 딸〉들은 삼십대 혹은 사십대가 되어서 대인 관계 문제나 직업적 성취의 막다른 골목에 다다르기까지 혹은 아버지의 질병이나 죽음과 마주하게 되기까지는 자신들의 문제가 바로 아버지와의 독특한 관계 때문이라는 사실을 계속해서 피해 가려 한다.

과거에 대한 향수는 딸이 아버지와의 관계를 직시하는 걸 거부하게 하는 데 톡톡히 한몫 한다. 아버지와 함께 지냈던 시간이 대체로 짧았던 40, 50, 60년대의 가정에서 자란 〈아버지의 딸〉들은 아버지와 함께 했던 어린 시절의 즐거운 기억에 매달리거나, 스스로 만들어낸 아버지의 환상에 매달린다. 그러나 아버지와 함께 보냈던 시간과는 상관없이 〈아버지의 딸〉들은 자신과 아버지의 관계를, 자신이 현재 맺고 있는 다른 사람들과의 관계가 시시하고 열등하다고 느낄 정도로 이상화한다. 이 아버지와의 소중한 기억들은 이후에 맺게 되는 관계들을 판단하는 기준이 되는 셈이다.

대부분의 〈아버지의 딸〉들은 아버지를 기쁘게 하면서 성장한다. 그들은 이러한 행동으로 따뜻하게 보상받기 때문에 아버지와 분리되고 싶다는 욕구는 사실상 너무나 멀리 있게 된다. 소설가 메리 고든은 『작품에 나타난 작가』에서 다음과 같이 쓰고 있다.

> 아버지에게 기쁨을 전해드리는 것이 고독한 성취에 대한 기쁨을 발견하는 것보다 더 쉬운 일이에요. 아버지를 즐겁게 하는 일이 나에게는 쉬웠죠. 그리고 이러한 기억은 남자들을 기쁘게 해주고 싶다는 생각을 갖게 했어요. 착한 여자에 대한 보상같은 거 말인데요. 그 보상이란 절대로 작은 것들이 아니지요. 안전함과 인정, 따뜻하고 비할 데 없는 분위기가 한 남자를 기쁘게 해주면 생겨나는 거예요. 나의 노력에 대한 보상으로 문으로부터 늑대를 지켜 주는 그 남자를 말이에요.[3]

어린 시절의 딸과 아버지의 편안하면서도 암묵적인 동의는 그 뒤에 이어지는 일련의 사건들로 인해 두 사람을 강력히 묶어 주는 하나의 계약이 된다. 전통적으로 이 계약은 아버지의 사랑받는 자녀가 되기 위해 딸이 지녀야 하는 미묘하고 암시적인 경고들—"내 권위에 도전하면 너는 나의 인정을 잃을 거야" "나와 경쟁하면 너는 나의 보호를 받지 못하게 된다" "나의 약점을 드러내면 나는 영원히 너를 떠나고 말 테다"—을 담고 있다.

어른이 되어서도 〈아버지의 딸〉은 그녀가 받는 보상을 위해 이 경고들을 항상 기억한다.

그래픽 아티스트로서 경력을 쌓아 가고 있는 스물여덟 살의 미혼녀인 게리는 아버지가 물질적인 도움을 주기 때문에 아버지에게서 독립해 나오는 일이 너무나 어렵다고 얘기한다. "나는 아버지가 새 차를 사는 데 도움을 주었기 때문에 아버지에게 지나치게 비판적이 되는 건 원하지 않아요. 아버지의 지나친 관심이 부담스럽기도 해요. 하지만 지금의 내 생활 속에는 발렌타인 선물을 보내 줄 다른 사람은 없어요. 나는 이런 아버지와의 관계를 포기하긴 싫어요."

〈아버지의 딸〉은 가부장적 제도의 불공정함에 대항해서 시위를 할 수는 있지만, 정작 자신의 아버지는 모든 희생을 치르고서라도 자신의 묻혀진 분노로부터 보호하려 한다. 한 여성은 "나는 내 아버지에 대해서 화를 내고 싶지 않아요. 왜냐하면 아버지가 무슨 일을 하더라도 나는 그를 이해할 수 있기 때문이죠. 사실 아버지의 행동 중에 어떤 부분은 받아들이기 곤란한 점도 있어요. 그러나 나는 계속해서 아버지를 사랑하고 아버지의 딸로 남아 있길 원해요. 그리고 화를 낸다는 것은 그런 사랑을 부인하는 게 될 거예요"라고 말한다.

이러한 단순한 태도가 그녀를 감정적으로는 여전히 어린아이인 채로 남아 있게 한다. 〈아버지의 딸〉이 자신의 인생에 미친 아버지의 영향을 조사해 보기로 마음먹었을 때, 그녀는 얼마나 많은 그녀의 생각과 감정, 소망, 가치관, 그리고 행동들이 아버지를 기쁘게 하기 위해, 또는 아버지를 닮기 위해 출발되었는가를 깨닫고 놀라거나 심지어 충격을 받을 수도 있다. 나 또한 얼마나 충격을 받았었는가를 잘 기억하고 있다.

아주 어릴 때부터 나는 어머니와 부모님의 친구들이 "너는 정말 아버지랑 똑같다. 너는 〈아버지의 딸〉이구나" 하는 소리를 들어 왔다. 나는 그것이 의미하는 바를 잘 몰랐었다. 어린아이의 눈에 나는 아버지와 닮지도 않았을 뿐더러 그의 능력을 가지지도 못했기 때문이었다. 나는 아버지의 금발머리와 푸른 눈이 아닌 어머니의 검은 머리와 갈색 눈을 닮았고, 내가 가장 부러워했던 아버지의 그림 솜씨도 타고나지 못했다. 그렇지만 나는 사람들의 평가에 상당한 자부심을 느꼈다. 왜냐하면 나는 정말 아버지를 닮고 싶었기 때문이었다.

소녀 적의 나는 다른 이들이 그런 것처럼 아버지를 거의 신과 같은 존재로 여겼다. 아버지는 재미있었고 매력적이며 창조적이고 강하며, 또한 지적이고 활동적이며 거기에다 광고대행사의 최고 책임자로서의 권력도 가지고 있었다. 아버지의 야망은 컸고 그는 회사를 발전시키기 위해 열심히 일했다. 나는 아버지가 직장에서 돌아올 때까지 기다릴 수 없었다. 나는 아버지를 기쁘게 해주고 싶었고, 나의 그날의 성과를 아버지에게 보고함으로써 아버지가 자랑스러워하도록 애썼다. 의식적이든 무의식적이든 나는 어머니보다는 아버지를 선택했고, 아버지는 조용히 나의 선택을 승인해 주었다. 아버지는 나의 동맹자가 된 것이고 나는 아버지의 동맹자가 된 것이다.

사춘기 시절에 나는 아버지가 어머니나, 나보다 아홉 살이나 어린 여동생보다도 나를 더 좋아한다는 사실을 깨달았다. 나는 아버지의 사랑을 독차지하는 것에 대해 스릴을 느꼈다. 아버지는 나를 주목하고 있으며, 나는 아버지의 시선을 모두 흡수할 수도 있었다. 나는 아버지가 말하는 모든 것에 관심을 가졌다. 나는 아버지의 일과 아이디어와 아버지의 고객에 대해서 듣기를 원했다. 반면 어머니는 생활에 쫓겨 아버지에게 관심을 가질 시간이 없었다. 어머니는 요리하고 청소하고 아버지의 셔츠를 다리고 이웃들과 카풀시간대를 정하느라 바빴다. 어머니는, 어느 쪽인가 하면, 아버지의 일에 대해서 무관심하거나 때로는 적대적이기까지 한 편이었다. 또한 아버지가 그녀의 데코레이터가 되려는 꿈을 거절한 사실을 내가 몰라서인지, 어머니는 나에게 약간은 부당할 정도로 부정적이었다. 나는 어머니가 우리를 위해 애쓰는 아버지의 노고에 대해 충분히 고마워하지 않는다고 생각했다. 그리고 나는 집안의 권력을 쥐고 있는 아버지와 동맹을 맺었기 때문에 나에게도 힘이 있다는 잘못된 생각을 가졌다. 비밀스럽게 나는 어머니를 평범하다고 간주하면서 어머니를 무시하고 있었다. 그러나 나는 이런 감정을 숨겼는데 이것은 혹시 내가 어머니의 마음에 상처를 주거나 어머니의 분노에 불을 당길까 두려워서였다.

사춘기 시절 내내, 그리고 성인이 되어서도 초기까지는 나의 행동과 가치관, 그리고 태도 등이 아버지를 모델로 삼아 형성되었고 아버지의 칭찬을 받을 수 있게끔 맞추어져 있다는 사실을 깨닫지 못했다. 아이들을 키우고 작가와 정신분석 치료사로서의 능력을 어느 정도 인정받은 삼십대 후반과 사십대 초반에 이르러서야 나는 내가 여전히 아버지의 시선에 목말라 하고 있음을 깨달았다. 사회적으로 성공하고 싶은 나의 바램은 내 자신의 내면적인 욕망이라기보다는 아버지의 인정을 받고자 하는 필요에서 나온 것이었다.

내가 아버지와 같은 광고업계에서 일하는 것은 아니지만, 내 인생의 다른 면들이 아버지의 칭찬과 인정을 얻어내는 도구 역할을 해주었다. 나는 책을 내고 전국 각지를 돌며 워크숍을 개최하고 나의 활동들이 활자화되어 나오는 것을 보며 만족을 얻는다. 나는 점점 시네 하이머가 『열정적인 사랑 Passionate Attachments』에서 묘사했던, 사랑을 위해 일하는 사람인 "절망적인, 성공한 사람"이 되어 갔다. 그러한 여성은 아버지의 자부심에 핵심이 되기를 원하고 그의 시선을 잡기 위해 무의식적으로 자신의 인생을 그의 인생의 연장선으로서 계획한다.

나는 언제나 예술의 세계를 아버지의 영역으로 생각했었다. 마흔이 되었을 때 사진작가로서의 나의 기술을 향상시켜 볼 요량으로 예술학교에 시간제로 등록을 했다. 나의 이런 행동은 사실 나의 예술가적 재능을 결코 인정하지 않았던 아버지에게 나의 능력을 증명해 보이고 싶은 마음에서 일어났다. 하지만 〈자연 속에 나타난 '전례(典禮)의 공간'〉이라는 제목의 내 사진은 한 학기 동안 내내 부정적인 비평을 들었고, 이것은 나의 창조력에 결코 도움을 주지 못했다. 마침내 나는 학교를 그만두었다. 내가 예술학교에 등록하게 된 경위를 되짚어보다가 처음으로 나는 나의 창조성에 가치를 부여하기 위해 아버지의 인정을 열망했음을 알았다. 그러나 예술학교는 아버지만큼이나 냉혹했고, 비로소 나는 아버지의 인정을 받기 위해 내가 경쟁을 벌였던 상대는 어머니나 다른 자매가 아닌 바로 아버지였음을 깨달았다.

이러한 발견은 나를 전율케 했다. 나는 내 자신이 어리석고 무가치하다고 느끼기 시작했고 끝내는 슬퍼지기까지 했다. 내가 사십 년의 세월을 '나를 좀 봐주세요, 나를 좀 봐주세요!'라고 외치며 뛰어다녔지만 결코 내가 원했던 지속적인 관심과 인정을 얻지 못했다는 사실은 굴욕감을 주기에 충분했다. 아버지에게는 아버지 자신보다 더 흥미로운 존재는 없었다. 그때서야 나는 내가 그토록 얻고자 했던 많은 것들이 단지 아버지의 사랑을 얻기 위한 것이었음을 깨달았다. 아주 어린 나이에 나는 내 삶을 아버지에게 의존하기로 결정했을 것이다. 그리고 아버지의 사랑을 얻기 위해서는 아주 특별한 방식으로 행동해야 했다. 그런 행동을 하지 않는다는 것은 곧 내가 독립해야 한다는 걸 의미하니까.

〈아버지의 딸〉은 아버지의 감정을 상하게 하는 일을 꺼려 한다. 왜냐하면 그녀는 아버지의 사랑을 잃는 걸 두려워하기 때문이다. 아버지의 감정을 상하게 하는 것은 곧 그의 사랑을 잃는 것으로 등식화된다. 정말로 그녀는 아버지와 의견이 다르거나, 그와 동맹 관계로 남아 있기를 거부하게 되면 아버지가 사랑을 거두어 들이거나, 더욱 나쁘게는 그의 분노를 터뜨릴 수도 있다고 짐작해서, 아버지와의 갈등을 상상하는 것만으로도 몸에 마비를 일으킨다. 어떤 여성들은 그런 갈등이 아버지의 죽음을 초래할 수도 있다고 믿는다. 아버지의 상실에 대한 두려움이 실제로는 아버지와 딸 사이의 진정한 의사소통을 가로막고 있다.

이 책을 쓰기 시작했을 때 나는 아버지가 죽는 선명한 꿈을 꾸었다. 그 꿈은 너무나 사실적이었고 고통스러웠기 때문에 나는 책을 쓰는 일을 계속하고 싶지 않았다. 아버지의 죽음에 관한 위협을 견뎌낸다는 것은 나로선 너무나 버거운 것이었다. 내가 만약 계속해서 쓴다면 어느 순간엔가 아버지는 죽게 될 것이었다. 다음은 내가 기록장에 적어 놓은 내 꿈의 일부분이다.

아버지는 돌아가셨고 나는 혼자 남았다. 나는 어머니에게 아버지의 죽음을 알리러 갔지만 어머니는 아무런 관심이 없는 듯했다. 어머니는 플로리다에 새로 짓고 있는 집을 살펴보러 가야 했다. 어머니는 마치 아버지의 죽음이 별일 아닌 듯이 행동했다. 나는 딸에게 이야기를 하려 했다. 그러나 그녀는 나를 위로하지 않고 그냥 떠나 버렸다. 나는 열세 살에 아버지를 여읜 내 친구 폴린에게 전화를 했지만, 그녀는 이미 캔사스로 이사를 간 상태여서 연결되지 않았다. 내 주변의 누구에게도 나는 아버지의 죽음에 대해 이야기할 수 없었고, 이내 버림받았다고 느꼈다. 이제는 아버지의 날이 되어도 축하드릴 분이 계시지 않았다. 내가 그토록 당연히 받아들였던 아버지의 존재가 이제는 없는 것이다.

내가 잠에서 깨고 나서, 이것이 현실이 아니라 한낱 꿈이라는 것을 알아내는 데는 꽤나 오랜 시간이 걸렸다. 처음에 나는 이 끔찍한 기분을 떨쳐내느라 안절부절했다. 그리고 나는 나를 주로 부양해 준 분도, 또한 내가 비밀을 털어놓을 수 있고 내 이야기를 들어주었던 부모도 어머니가 아닌 아버지였다는 사실을 깨달았다. 아버지가 없었더라면 나의 이야기를 들어줄 분도 이 세상에는 없었을 것이다. 만약 아버지가 죽는다면 나의 일부분도 함께 죽게 될 것이다.

꿈 속에서 어머니는 아버지의 죽음에 대한 나의 감정에 그다지 신경 쓰는 것 같지 않았다. 어머니는 나의 슬픔에 무관심하고 새 집의 공사를 감독하는 일에만 바빴다. 어머니는 마침내 그녀가 항상 하고 싶었던 일을 하게 된 것이다. 나는 나의 딸에게로 눈길을 돌렸지만 그녀의 경계는 분명했다. 그녀는 이제 인생의 출발점에 있었고, 따라서 나의 슬픔은 그녀에게 전달되지 못했다. 나는 아버지를 잃는다는 것이 어떤 일인지를 아는 친구에게 전화하지만, 그녀는 이미 다른 도시로 이사 가고 없었다. 나는 아버지를 여읜 채 절망적이게도 외로운 상태로 남겨졌다. 위로해 줄 사람이 아무도 없는 상태에서 나는 마치 다시 어린 아이가 된 듯한 감정을 느꼈다.

그 꿈은 나를 얼어붙게 만든다. 그것은 마치 금지된 영역임을 알리는 사이렌 소리와 같았다. 내가 '아버지와 딸' 사이의 관계를 연구하면서 깨뜨리는 타부란 도대체 무엇일까? 나는 정말로 '아버지의 날'이라는 집단적 의식의 향수 이면에 감추어진 것을 들여다보려 하는가? 나의 언술들이 과연 아버지와 나의 관계를 깨뜨리고 아버지의 죽음을 가져올까? 나는 이제 더 이상 아버지의 사랑을 받지 못할 것이며 그의 죽음을 불러들이는 도구가 될지도 모른다는 생각에 몸을 떨었다. 비록 아버지의 죽음이 상징적인 것이 될지라도 나는 아버지의 죽음이 남겨 놓을 공허를 견디지 못할 것이다. 그리고 만약 아버지와의 이처럼 강력하고 원초적인 관계가 없었다면, 나는 내 인생을 제대로 펼쳐 보지도 못했을 거라고 생각한다.

캐시—아버지의 날, 6월 셋째 일요일

제2장
자아 정체성: 아버지의 딸이면서
여성이라는 상태는 무엇을 의미하는가

우리는 독립과 자율, 그리고 개성을 얻기 위해 아버지에게 의존한다. 그러나 이보다 더 자주 우리는 우리가 떠나온 바로 그곳, 아버지의 무릎에서 멈추어 서고 만다. 왜냐하면 아버지는 세상을 향해 난 다리가 아니라 바로 세상 자체이기 때문이다.
— 시네 하이머, 『열정적인 사랑』

아버지들의 꿈은 강하다. 그들은 딸이 자신들의 이미지에 따라 남성적인 담력과 성취감, 그리고 독립심을 구현하기를 희망한다. 많은 여성에게 사회적으로 잘해 나간다는 것은 그들이 아버지의 시선을 끌기 위해 할 수 있는 유일한 방법이다.
— 올리비아 해리스, 『아버지 신』

아버지는 분명히 어머니와 다르다. 딸이 이 사실을 감지해내는 것은 그녀가 어머니로부터 자신을 차별화하는 데 커다란 도움을 준다. 하버드 대학의 브래즐튼 박사는 생후 육 개월된 여아가 이미 아버지의 목소리와 신체에 대해 어머니일 때와는 다른 반응을 보인다는 사실을 밝혀냈다.[1] 딸은 아버지의 반응에서 여성이 되는 것이 좋은가 그렇지 않은가를 알아내고, 심지어는 여성이 되는 것은 무엇을 의미하는가도 어머니와 아버지의 상호반응을 통해서, 혹은 그녀와 아버지의 상호반응을 통해서 알아낸다고 한다. 아버지가 딸아이의 여성성에 대해 보이는 반응이 그녀가 건강한 자아를 발전시켜 나가는가 그렇지 못한가를 결정짓는 중요한 인자가 되는 것이다.

딸은 어떤 자질이 아버지를 기쁘게 하는지를 관찰함으로써, 여성이 되는 것이 무엇을 의미하는지에 대한 특별한 이해를 가지게 된다. 아버지는 딸이 강하고 유능하고 독립적일 때만 사랑한다는 걸 보여줄 수도 있고, 또는 순종적이고 온순하고 매력적일 때만, 아니면 바쁘고 생산적일 때만 사랑한다고 느끼게 해줄 수도 있다. 또는 아버지의 사랑은 그녀가 전적으로 아버지에게 매달릴 때에만 가능한 것임을 알려줄 수도 있다. 어떤 것이 되든 딸은 아버지에 의해 좋게 생각되는 바가 무엇인지를 알게 된다. 만약 그녀가 〈아버지의 딸〉이라면 그녀는 아버지의 은밀한 기준에 맞추기 위해 온 힘을 다할 것이다. 아버지를 내내 기쁘게 하려는 그녀의 욕망은 일생 동안 자율과 의존의 문제를 다루는 데 상당한 영향을 미치게 된다.

착한 딸

태어나서 처음 몇 개월 안에 대부분의 딸들은 '착한 딸'이 '못된 딸'보다는 더 사랑받는다는 걸 알게 된다. 착한 딸은 조용하고 순종적이며 의존적이고 충성스럽고 아버지의 시선과 포옹을 받게 된다. 어린 소녀지만 그녀는 벌써 눈을 맞추는 것와 미소, 동의의 뜻으로 보내는 끄덕임을 알고 있다. 간단히 말해서 딸들은 어떻게 아버지를 기쁘게 하는지를 알고 있다.

아버지는 딸이 사랑스럽고 순종적이며 자신을 희생할 줄 안다고 추켜세움으로써 그녀의 고분고분함을 더욱 강화시킨다. 딸은 편안한 품성과 집안의 평화를 유지시키는 대가를 받는 셈이다. 그녀는 아버지를 기쁘게 해주기 위해 열심이다. 아주 어린 나이에도 그녀는 아버지의 이상적인 완벽한 여성상에 맞추기 위해 노력한다. 그녀는 아버지가 정해 주는 반경 이외에서는 그와 거의 논쟁을 벌이지 않으며 대신 어머니와는 강한 의견의 차이를 보인다.

착한 딸은 규칙을 깨거나 거짓말을 하는 법이 거의 없다. 만약 불가피한 경우라면 들통나지 않도록 확실하게 손을 써둔다. 학교에서 그녀는 성실한 학생이고 정해진 시간내에 꼭 숙제를 제출한다. 만약 아버지가 집에서 그녀의 지적 발달을 강화시켜 준다면, 학교에서 그녀는 꽤나 자기 주장이 강한 떠들썩한 학생이 될 것이다. 그러나 만약 그녀가 아버지로부터 착한 딸은 보여지는 것이지 자기 주장이 강한 게 아니라는 메시지를 받았다면, 호명이 되기 전에는 수업시간에 말을 잘 하지 않을 것이며, 질문도 하지 않고, 선생님과 다른 생각은 하지 않으려 할 것이다.

아버지의 착한 딸은 어른이 되어서야 자신의 순종이 그녀를 눈에 띄지 않고 들리지 않는 존재로 만들어 버렸음을 알게 된다. 그녀는 계속해서 어린아이인 것처럼 느낀다. 그녀는 자신의 존재가 두드러져 다른 사람의 비평과 조사를 받는 것을 원하지 않는다. 그녀는 또한 자신의 목소리를 찾는 데 어려움을 느낀다. 이는 오랜 세월 동안 주로 듣기만 하거나 아버지의 의견을 반복만 해왔기 때문이다. 〈아버지의 딸〉은 순종의 외관을 벗고 싶어하지만, 아버지가 기대한 대로 행동하지 않을 경우에 오는 결별도 대단히 두려워한다. 비록 그녀의 계속되는 순종과 침묵이 그녀를 슬프게 할지라도, 그녀의 얼굴 위에는 여전히 남에게 보이기 위한 얼어붙은 미소가 남아 있다.

못된 딸

　순종하지 않고 반항적이며 시끄럽고 성적으로 조숙하다는 특징을 가지는 못된 딸은 보통 다루기에 버겁다는 이유로 거부된다. 그러나 아버지가 관습을 무시하고 약간 삐딱한 것과 심지어 저항에 가치를 부여한다면, 딸은 아마 못된 딸이기 때문에 사랑받게 될 것이다. 만약 아버지가 규칙을 깬다면 그녀도 또한 깰 것이다. 이와 같은 아버지는, 겁이 없고 반대로 나가며 높은 기개를 가진 딸이 어떤 권위에 도전할 때 은밀한 동조를 보냄으로써 찬성의 뜻을 표한다. 특히 그녀가 어머니에게 대항할 때는 더욱 그렇다.
　어린 〈아버지의 딸〉로서 나는 가정내에서의 아버지의 역할을 반항적인 것으로 규정했다. 아버지는 스스로를 짓궂은 장난은 좋아하지만 해를 끼치는 행동은 하지 않는 '나쁜 소년'으로 간주하는 걸 좋아했다. 아버지는 군에 복무중일 때 짜릿한 주말을 보낸 일에 대해 언제나 들떠서 이야기했다. 아버지는 언제나 어머니와 트러블이 있었다. 어머니는 집안에서 주로 엄격한 원칙주의자나 깐깐한 어머니와 같은 무거운 역할을 담당하신 데 반해, 아버지는 장난기 많은 소년의 역할을 맡으셨기 때문이다.
　아버지는 규칙깨기를 좋아했고, 나는 이러한 아버지와 친밀했기 때문에 직접적이진 않았지만 나도 규칙을 깨도록 권고를 받았다. 못된 것은 그런대로 괜찮은 일이었고, 사실 좋아할 만한 일이기도 했다. 또한 기분을 들뜨게 하는 일이기도 했다. 아버지는 언제나 말하기를, 흥미있고 창조적이며 함께 있기에 재미있는 사람은 항상 약간은 '못된' 사람이라고 말했다. 그러나 너무 나쁘지는 않은 사람 말이다. 나쁨의 정도는, 내가 스무 살 초반에 대학 졸업자로서 결혼도 하지 않고 아이를 임신해서 어머니와 마찰을 겪을 때까지 규정되지 않은 채로 남아 있었다. 이러한 나의 행동은 아일랜드 카톨릭 집안의 딸로서는 굉장한 비행이었다. 비록 곧 결혼을 하기는 했지만 어머니는 아버지가 무기력하게 옆에 서 있는 동안 나에게 온갖 화를 다 풀어 놓으셨다. 아버지는 어머니와 나 사이에 끼어들지도 않았고 나를 보호하려 하지도 않았다. 아버지는 가정내에 도덕적인 문제를 일으키지는 않았고, 비록 대부분의 아버지들이 결혼도 하지 않은 딸이 임신하는 걸 환영하지 않는 줄 알면서도, 나는 아버지가 편들어 주기를 바랬다. 어쨌든 아버지는 그동안 나의 비밀과 잘못을 너그러이 용납해 주지 않았던가! 그러나 아버지의 침묵은 용납치 않음을 의미했고 어머니로부터 나를 보호해 주지 않는 것이 나에게는 배신처럼 느껴졌다.

가정의 정신 건강을 연구하는 베티 카터는 딸이 어머니에 대항해서 아버지와 정신적인 동맹 관계를 맺을 때, 딸은 아버지가 전혀 시도하지 않았던 방식으로 자신의 어머니에게 대항한다고 썼다. 그녀는 자신과 어머니의 마찰이 아버지를 혼란스럽게 하지 않는다는 걸 안다. 아버지는 비밀스럽게 그들의 갈등을 조장하고 있다. 그러나 딸이 여전히 이해하지 못하는 것이 있다면, 그것은 부부간의 잘 드러나지 않는 강력한 의존성일 것이다. 만약 어머니가 지나치게 자극을 받으면 이는 아버지에게도 문제가 된다. 그럴 때 그는 아내와 협조하여 딸이 넘지 말아야 할 선을 넘었음을 알게 한다.[2] 아버지의 감정적인 거부는 딸이 그 선을 넘었음을 알려준다. 그리고 그녀는 아버지에게 버림받았다고 느낀다. 아버지의 특별한 사랑을 당연하게 여겨 왔던 〈아버지의 딸〉이 그토록 소중하게 간직했던 이와 같은 가정을 다시 살펴보는 일은 아버지가 마침내 어머니와 연합하였을 때 일어난다.

아래의 예에서 팜은 아버지의 돌발적인 행동을 모방했을 뿐 아니라, 그녀는 계속해서 관습에 얽매이지 않는 남자들과 결혼해 왔다. 그러나 불행하게도 '못된 소년'들은 의지할 만한 파트너가 되지 못한다.

팜은 자선 사회사업기구의 마흔세 살난 관리부장이다. 그녀는 언제나 자신이 아버지의 장난기어린 행동을 모방했던 〈아버지의 딸〉이라고 공표하고 다녔다. 어린아이일 때 그녀는 아버지가 삐딱한 친구들과 함께 했던 나쁜 짓들을 신이 나서 들었다. 그 일로 해서 아버지나 아버지의 친구들은 어떤 제재도 받지 않았다. 그녀는 "나는 천성적으로 그들과 같은 부류인 듯했어요. 나는 아버지의 외향적인 면이나 장난을 좋아하는 성격을 많이 닮았어요. 아버지가 언제나 '그런 일은……'이라고 말할 때마다 그것은 나에게 가장 좋은 도전의 기회였죠."

팜은 자신의 삐딱한 성격을, 아버지가 죽자마자 바로 유부남인 사업 파트너와 데이트를 시작하는 일로 증명해 보였다. 그녀는 아버지가 이미 둘의 관계를 어느 정도는 알고 있다고 추측했지만, 아버지가 살아있을 때는 그들의 관계를 본격적으로 발전시키지 않았다. 팜은 아버지가 "이 녀석! 너는 내가 죽을 때까지 기다렸구나!"라고 말하는 듯한 생각이 들었다. "그래요, 아버지. 나는 기다렸어요." 그녀는 아버지와의 이런 관계를 사랑한다.

팜에게 남자는 즐거움의 근원이었다. 그래서인지 이십대 후반에 이혼을 한 후로 그녀는 일상사에 더 이상 흥미를 느끼지 못했다. 아버지의 장난기어린 행동에 대한 모방이 그녀의 인간 관계의 폭을 제한시킨 이유이다.

자아 정체성에 있어서의 성의 역할

〈아버지의 딸〉에게만 특별히 나타나는 감정적인 발달의 양상을 살펴보기에 앞서, 우리는 일반적으로 성별의 차이가 감정적인 발달에 어떤 영향을 미치는가에 대한 보다 큰 사회적인 문제를 고찰해 볼 필요가 있다. 대부분의 가정에서 여자 아이는 보다 예민한 것으로 여겨져서 울거나 두려움을 표현하는 행위를 허락받은 반면, 남자 아이들은 분노와 공격성을 표현하도록 은근히 권고받는다. 글리슨(Jean Berko Gleason)과 그녀의 보스톤 대학 동기들이 최근에 발표한 연구는, 부모들이 남자 아이와 여자 아이에게 각각 다른 기준의 언어 모델을 사용함으로써 각각 다른 전형적인 기대 모델을 강화시키고 있음을 보여준다. 부모들은 남자 아이에게는 보다 직설적이다. 예를 들면 아버지는 남자 아이에게는 "없애 버려!"라고 말하는 반면 여자 아이에게는 "괜찮다, 애야! 자, 이제 저쪽에 작은 벌레가 아직 있나 볼까"라고 말한다.[3] 이런 식으로 딸아이는 직설적이고 분명한 표현은 남성을, 간접적이고 에두르는 방법의 표현은 여성을 연상하게 된다.

딸은 여자 아이에게 어울리는 감정이란 긍정적이고 사랑스러운 다양성이라고 생각한다. 사랑스럽고 고마워할 줄 알며 만족해 하고 조용하고 행복해 하는 유순한 성품이 적어도 아버지의 인정을 받아낼 수 있는 품목이라는 걸 알아낸다(어머니의 인정도 함께). 비록 아버지의 사랑을 얻어내지 못하는 경우가 있더라도 말이다. 너무 많은 슬픔이나 분노, 저항, 두려움, 성적인 측면을 표현하는 딸은 곧 자신의 감정이 받아들여지기에는 곤란한 면이 있다는 걸 알게 된다. 이러한 딸들은 '어려운' 딸로 여겨지게 된다.

오늘날 아버지가 되어 있는 대부분의 남성들은 남자 아이가 자신의 감정을 드러내지 않는 것이 미덕으로 간주되던 때 자라난 세대이다. 사내아이는 울거나 겁내거나 불안을 드러내거나, 혹은 너무 기뻐서 날뛰는 행동도 허락받지 못했다. 두려움이나 공포, 슬픔에 싸여 있을 때 어린 사내아이는 "남자답게 행동해라" "이겨내야지" 또는 "그런 것쯤은 한번 씩 웃고 참는 거야!"라는 말을 들으며 자랐다. 그는 고통을 연기로, 두려움은 다른 상대에 대한 학대로, 그리고 외로움은 바깥 활동을 함으로써 감추는 방법을 배웠다.

아이는 또한 즐거움을 삼키는 것도 배운다. 그는 불안에 맞서 항상 대처할 수 있는 법을 배웠으며 슬픔을 분노와 유머로써 감추는 법도 배웠다. 그러므로 많은 아버지들이 딸의 감정을 받아들이는 데 그토록 어려움을 겪는 것도 놀라운 일이 아니다.

만약 아버지의 감정이 딸의 감정과 연결되지 않았다면 그는 딸이 표현하는 감정을 제대로 듣고 답해 줄 수가 없다. 예를 들어 아버지 자신이 슬픈 감정에 빠져 있다면, 딸이 울더라도 그는 그녀를 경시하거나 무시해 버리고 말 것이다. 혹은 다른 이야기로 그녀를 더욱 산만하게 할지도 모른다. 그는 아마 딸에게 휴지를 들고 그녀의 방으로 들어가라고 할지도 모른다. 이제 그녀는 아버지 주위에서 그녀의 감정을 털어놓는 게 마땅치 않다는 걸 알게 된다. 왜냐하면 자신의 이야기는 아버지에게 잘 전달되지 않을 테니까.

이러한 종류의 역할은 〈아버지의 딸〉에게서 더욱 강화된다. 아버지가 자신을 딸과 동일시하는 덕택으로 〈아버지의 딸〉은 바람직하지 않다고 생각하는 감정도 표현할 수 있게 된다. 그러나 이때 그녀의 아버지는 딸의 바람직하지 못한 감정들, 즉 분노나 슬픔, 두려움 등을 이성적인 논쟁으로 해결하려 한다. 그녀가 친구들로부터 따돌림을 받을 때 아버지는 "슬퍼하지 마라! 걔네들은 뭘 모르는 애들이잖니"라고 말하거나 그녀가 친구에게 화가 나 있을 때는 "그런 어리석은 아이들과 시간 낭비하지 마라. 네 일에 몰두해"라고 말한다. 또 그녀가 미래에 대해 불안해 하면 "걱정하지 마라. 너는 무슨 일이든 다 할 수 있어"라고 말한다. 그녀의 감정은 폭발되지도 못하고 달래지지도 못한다. 자신이 고립되었다는 느낌과 함께 그녀가 배우는 것은 감정을 숨기는 일이다.

마치 아무것도 그녀에게 상처를 줄 수 없다는 듯이 말이다. 그러나 감추어진 감정은 사라지지 않는다. 그것들은 그녀의 마음속 어두운 곳에 잠복해 있다가 마침내 자신의 모습을 드러낸다.[4]

딸 아이가 반복해서 그녀의 감정을 감춘다면, 그녀에게는 독특한 성격이 생겨나게 된다. 그녀는 부정과 비판, 억압, 그리고 저항에 익숙하게 되고 어른이 되어서는 그녀의 감정을 일이나 섹스, 음식, 알코올 등으로 마비시키려 한다. 그런 식으로 그녀는 고통이나 혼란을 피해 가려 한다. 그녀는 때로 친구에게 "네가 내 상황에 처해 있다면 어떻게 느꼈겠니?"라고 물어서 자기 감정의 정당성을 확인받고 싶어하기도 한다. 그녀는 오래도록 타오르는 적개심을 통해 자신의 상처를 표현한다. 그녀는 자신이 다른 사람과 친근한 관계를 맺는 데 실패한 원인을 모두 다른 사람에게 돌림으로써 자신의 분노를 다른 이들에게 투사한다.

〈아버지의 딸〉은 아버지를 자신의 불편한 감정으로부터 보호해야 할 뿐 아니라, 아버지가 느끼는 감정에도 책임이 있다는 강력한 메시지를 얻게 된다. 그녀는 절대 아버지가 분노, 실망감, 패배감 등을 느끼게 해서는 안 되며 그의 불안과 회한—특히 아버지와 어머니 사이의 불편한 관계에 대한—을 흡수해 주어야 한다. 그녀는 이야기를 들어주거나 유쾌하고 완벽해지려고 노력함으로써 아버지를 나쁜 감정으로부터 구해낸다. 그녀는 아버지의 기분이 가라앉으면 자신이 비참해지기 때문에 무의식적으로 아버지를 즐겁게 해주려 한다.

나는 아버지가 할아버지를 잃은 슬픈 기억으로 가끔 괴로워한다는 걸 발견하고는, 아버지의 상실감을 채워 드려야만 한다고 생각했다. 할아버지는 아버지가 열세 살 때 돌아가셨다. 아버지는 이미 그때부터 할머니와 형제들, 그리고 어린 누이를 부양하기 위해 일을 해야 했다. 아버지가 집안의 가장이 된 것이다. 아버지는 한 주간은 일을 하고 한 주간은 공부를 하는 직업학교에 다녔다. 아버지는 학교를 졸업한 열일곱 살 때부터 일흔이 되기까지 한번도 일을 놓아 본 적이 없었다. 아버지는 틈만 나면 내게 "나는 놀 시간이 없었단다"라고 이야기를 하곤 했다. 그래서 아버지는 어떻게 노는지도 몰랐다. 아버지는 일을 해야 하는 어른인 자신이 골프나 테니스를 배울 시간을 쪼개낼 수 있다고는 전혀 생각지 않았다. 따라서 아버지는 은퇴하자마자 자신이 다른 사람만큼 여가 활동을 즐기지 못하는 데 열등감을 느껴야 했다. 아버지의 책임감은 평생 동안 일에 집착하게 했고 아버지의 고립은 생산성을 높여 주었다. 일은 아버지에게 상당한 만족을 주었지만 자신의 감정을 처리할 기회를 주지는 않았다.

나는 어렸을 때 아버지가 할아버지의 금장식 시계를 보여줄 때마다 가슴 저미는 슬픔을 느꼈다. 아버지를 일찍 여읜 소년이었던 그는 이제는 아들이 없는 아버지가 되었다. 아버지는 할아버지 얘기를 할 때마다 슬픔은 내보이지 않고 존경과 자부심만을 보여주었다. 하지만 나는 아버지의 상실감의 깊이를 눈치챌 수 있었다. 자신에게 아들이 없다는 사실이 아마 아버지의 상실감을 더욱 깊게 해주었으리라. 따라서 나는 내가 마치 사내아이인 듯이 거칠게 행동해서 아버지의 슬픔과 상실감을 덜어 주는 것을 중요하게 생각하였다. 아버지는 여성적인 감정인 두려움과 나약함 등을 받아 주지 못했다. 내가 아버지에게 어머니가 화를 낼 때 어떻게 해야 할지 모르겠다고 말하면, 그때마다 아버지는 "그냥 신경쓰지 마라"거나 "좀 참으렴"이라고 말해 왔다. 이렇게 해서 나에게는 고통의 배출구가 없었다. 나의 아버지는 훌륭한 스승이었다. 나는 아버지에게서 외로움과 나약함을 생산성으로 채우는 방법을 배웠다. 남성적인 아편인 그 생산성으로 말이다.

딸에게 반영되는 아버지의 감정구조

〈아버지의 딸〉은 어릴 때 자신의 감정을 어떻게 다루도록 배우는가에 따라 어른이 되었을때 자신의 감정 조절을 달리한다. 대부분의 〈아버지의 딸〉들은 나약함을 분노로, 두려움을 남성다움으로, 그리고 외로움은 일 중독증으로 덧씌우는 아버지의 감정구조를 그대로 받아들인다. 그들은 외로움을 바깥 활동으로 어떻게 채우는지를, 느끼는 방법보다는 행동하는 방법을, 자신의 한계를 받아들이기보다 나약함을 부인하는 방법을 배운다. 그들은 또한 자신의 건강을 무시하는 법도 배운다.

서른한 살의 낸시는 슬픈 감정은 아버지에게 용납되지 않지만 분노의 감정은 용납된다는 걸 배운 〈아버지의 딸〉이다. 아버지는 그녀의 분노에 대해서는 무언가를 할 수 있었고 논리적인 설득을 통해 풀어 주기도 했다. 그런데 낸시는 아버지가 한번도 슬픔이나 불안한 감정을 보이는 모습을 보지 못했다. 그녀가 만약 슬픈 감정을 표현하면 아버지는 "듣기 싫다! 네 방으로 올라가서 문을 닫으렴" 하곤 했다. 아버지는 딸의 나약함을 보는 걸 참지 못했으므로 감정적으로 딸을 버린 것이다. 그러나 만약 그녀가 화를 냈다면 그것은 다른 이야기가 되었을 것이다. "분노는 괜찮았어요. 왜냐하면 우리는 이성적으로 그에 대항해서 싸울 수 있었으니까요. 슬픔은 어린아이 같은 감정이었기 때문에 아버지는 절대로 슬픈 감정은 표현하려 하지 않았지요"라고 낸시는 회상한다.

변호사였던 낸시의 아버지는 그녀가 열한 살일 때 돌아가셨다. 그녀는 일찍부터 아버지를 따라 법에 입문하기로 결심했었다. 그녀가 법률회사에 취직해서 발견한 것은, 그곳에 있는 대부분의 남자들이 아버지의 감정구조를 복사하듯 반영하고 있는 현상이었다. 그들의 공격성과 바위 같은 확실성을 유지하기 위해서 말이다.

"회사의 남자 동료들은 절대로 불안해 하거나 슬퍼하지 않았어요. 그들은 모든 것에 대한 해답을 알고 있었고 대부분 슬픔을 분노로 억눌러 버렸죠. 그들은 화를 무척이나 많이 냈죠. 그러니까 나는 사람을 다루는 방식으로 투쟁과 분노가 권장되고 슬픈 감정은 무시되는 환경에 있었던 거예요. 그리고 변호사로서 언제나 확신에 차 있기 위해서는 자신이 아는 것만 인정해야 하는데 그들은 그렇지 못했어요."

낸시는 아버지의 감정구조에 맞부딪쳐 보기 위해 그와 비슷한 남자들로 둘러싸여 있는 환경을 선택하였다. 감정을 드러내는 자신만의 고유한 표현법을 찾기 위해서 먼저 그녀는 아버지의 감정표현법과 익숙해질 필요가 있었기 때문이었다. 낸시의 아버지는 분노에 오히려 편안해 했기 때문에 그녀도 곧잘 화를 냈었다. 그녀는 자신의 정체성을 샅샅이 찾아보려 결심했고, 오랫동안 묻혀 있었던 감정들을 찾아내기 위해 글을 쓰는 방식을 선택했다.

낸시의 아버지가 자신의 감정을 분노로 표출시킨 데 반하여 루엘라의 아버지는 일을 통해 감정을 지워 버리려 했다. 그래서 사십대 초반의 화가인 루엘라는 언제나 바쁜 일이 자신의 인생을 좀먹지 않도록 다양한 노력을 기울였다.

루엘라의 아버지는 남부 출신으로서 2차 세계대전 중 필리핀에 주둔해 있었던 전투기 조종사였다. 아버지는 언제나 무슨 중요한 임무라도 부여받은 듯이 행동했으며, 전설적인 클린트 이스트우드와 비슷한 외모를 가졌다. 아버지는 너무도 부주의해서 어떤 상황에서든 사고를 저지를 수 있는 위험한 인물이지만 어느 누구도 그것을 지적하지 않았다. 루엘라는 물론 아버지의 가치관을 전적으로 지지했다. 인생에서 아버지가 가장 중요시하는 것은 계속 활동하는 것이었다. 아버지는 바쁜 걸 좋아했으며 생산성과 구체적인 계획들을 선호했다. 아버지는 새벽부터 저녁까지 기획자, 혹은 진행자로 일했으며, 여가도 농장에서 일하며 보냈다. 루엘라도 아버지와 경쟁하듯이 자신이 몸담고 있는 광고회사에서 모든 사람이 그녀의 생산성에 의존하고 있다고 끊임없이 되뇌이면서 매우 늦은 시간까지 일했다. 그녀의 일 중독증은 정신과적인 증상을 일으켰고, 마침내 병원을 찾아 나서게 했다. 그녀가 아버지와의 관계를 다시 한 번 회상할 때 다음과 같은 경험을 떠올렸다. "내가 아버지와 가장 커다란 감정적인 교류를 이룬 것은 스물여섯되던 해였어요. 그때까지 나는 단지 아버지의 윤리관을 비추어 주는 거울에 불과해서 계속해서 내 자신을 더욱 몰아치고 있었지요. 추수감사절에 나는 개와 두 명의 여동생을 데리고 집과 마을에서 한참 떨어진 아버지의 농장으로 올라갔어요. 아버지는 쓰레기까지도 뒤져대는 여우와 곰 때문에 농장 주변에 스트리크닌(strychnine: 마종류의 식물의 씨앗에서 추출한 맹독성의 알칼로이드)을 뿌려 놓았어요. 아버지는 독이 묻어 있는 고기에 대해 내게 경고해 주는 걸 잊었고, 또한 농장에는 전화도 없었죠. 그 후 무슨 일이 일어났는지는 누구나 상상할 수 있을 거예요. 내가 사랑하던 개는 죽었고 이웃집 아저씨 코울맨과 함께 개를 묻어 주었어요. 코울맨 아저씨는 평소에 아버지를 미워했기 때문에 이번 기회를 이용해서 화를 한번 터뜨려 보려고 마음먹었던 모양이에요. 그러나 나는 여전히 아버지를 변호하고픈 마음이 들었지요. 그런데 내가 이런 마음으로 집에 도착했을 때 나는 그만 충격을 받고 말았어요. 글쎄, 아버지가 길가에 서서 흐느끼며 날 사랑한다지 뭐예요."

그것이 루엘라가 아버지의 눈물을 처음 본 경우였고, 또한 그때가 아버지의 행동에 대해서 뭔가 보답해야 한다고 처음으로 느낀 때였다. 개의 죽음은 그녀에게 깊은 영향을 주었고, 그녀는 아버지의 행동을 하나의 모델로 생각하기 시작했다. 아버지는 매사를 마치 긴급상황이 발생한 듯이 대처했고, 그녀도 상당히 충동적으로 살아왔다. 그녀는 이십대와 삼십대를 일과 알코올로 자신의 감정을 숨기며 보냈고, 아버지가 돌아가시고 나서야 보다 폭 넓은 감정들을 자유롭게 경험했다. 어린 시절과 사춘기를 통해 루엘라가 아버지를 어느 정도까지 영웅시 했었는가는 아버지가 돌아가신 뒤에도 아버지의 행동을 모방함으로써 그를 살아 있게 할 수 있다고 느꼈던 사실에서 추정해 볼 수 있다.

아버지-딸-어머니의 삼각구도에서 이루어지는 감정 표현들

〈아버지의 딸〉과 아버지, 어머니로 구성된 삼각구도에서 어머니의 감정은 주로 아이들의 아버지이자 남편에게 제대로 전달되지 못한다. 어머니는 의기소침해지거나 화가 나 있고, 감정적으로 멀리 있거나 냉정하며, 신경이 날카롭거나 바쁘고, 무력감에 빠져 있을 수 있다. 이때 딸은 좀더 '편한' 부모로서, 좀더 '좋은' 부모로서 자신이 모방해야 할 부모로 아버지를 선택하게 된다. 그녀는 절대로 어머니처럼 되지는 않겠다고 결심한다.

대부분의 아버지들이 분노나 기쁨 이외의 감정은 잘 표현하지 않기 때문에 우울이나 실망, 비애, 불안 등은 주로 어머니가 표현하는 것으로 비친다. 남편들은 이와 같은 감정들을 아내에게 떠맡겨 버린다. 대인 관계에서 만약 가족이나 그룹의 한쪽이 어떤 감정을 표현하면 다른 한쪽은 똑같은 감정을 표현해야 하는 필요를 덜 느끼게 된다. 예를 들어 만약 어머니가 특정 상황에서 안전에 대해 불안을 느끼면, 똑같은 상황에서 같은 불안을 느끼는 다른 가족들은 어머니를 돌보거나 비웃으며 자신의 불안한 감정을 삭여 버린다. 이런 식으로 그들은 받아들이기 곤란한 불안의 감정을 어머니에게 미루어 버린다. 각각의 가족들은 자신이 표현하도록 허락받은 서로 다른 특정한 감정들을 할당받는다. 아들은 화도 낼 수 있고 뚱해 있을 수도 있지만, 딸은 밝은 성격의 일손을 도와주는 인물로 기대된다. 만약 아버지가 집안을 다스린다면 그는 누가 어떤 감정을 할당받게 될지를 결정하는 데 지대한 영향을 미치게 된다.

또 딸이 아버지와 동맹을 맺는다면 그녀는 어머니의 바람직하지 않은 감정들을 거부한다. 그녀는 자신의 분노, 두려움, 비애, 그리고 외로움과도 결별한다. 어머니의 '부정적인' 감정들을 혐오스러운 것으로 생각하는 그녀는 어머니와 같은 감정을 경험하거나 표현하려 하지 않는다. 아버지는 밝고 순수하고 우수해 보이는 반면, 어머니는 어두운 감정을 가지고 자주 뚱해 있으며 왠지 열등한 것처럼 보인다. 아래의 예에서는 이상화된 아버지와 의기소침하고 화나 있으며 샘이 많고 수동적으로 보이는 어머니가 각각 〈아버지의 딸〉에게 어떻게 영향을 미치는지를 알아볼 것이다. 그리고 각각의 예에 나타난 여성들은 아버지와 동맹을 맺고 그의 감정구조를 모방하는 반면, 어머니에 대해서는 경멸의 감정을 가지게 된다.

의기소침한 어머니

어머니가 의기소침해질수록 아버지는 더욱 낙천적으로 된다. 아버지는 때로 아내의 기분을 북돋아 주는 척하면서 동시에 그녀의 의기소침한 기분을 후원해 주기도 한다. 아버지는 딸에게 어머니가 별로 기분이 좋지 않으므로 '사려깊게' 대하라고 하거나 '도움을 주는' 딸이어야 한다고 당부한다(그러나 그의 윙크는 그와 딸은 유능하지만 어머니는 그렇지 못하다는 감정도 실어 보낸다). 딸은 착하게 행동하는 방법을 배우기는 하지만 어머니에 대해서는 점차 참을 수 없어 한다.

다니엘은 사십대 여인처럼 보이는 매력적이고 활동적인 오십대 여성이다. 그녀는 네 명의 아이들을 키웠고 가족과 친구들, 사회사업가로서 자신이 일하는 곳의 암환자들에게도 늘 유쾌한 기분을 불어넣어 주는 인물이다. 그녀는 노스이스트에서 자랐고, 그래서인지 강한 양키의 직업 윤리를 가지고 있다. 그녀의 어머니는 네 명의 딸과 두 명의 아들을 키운 평범한 가정주부였고, 변호사인 아버지는 상대적으로 묶인 데 없이 자유로운 사람이었다.

다니엘은 그녀의 가족을 정기적으로 주저앉는 낡은 자동차에 비유했다. "사실대로 말하자면, 어머니가 바로 낡은 자동차였죠. 아버지는 그 차를 모는 기사였고, 나는 조수석에 앉아 있었죠. 나머지 형제들은 뒷좌석에서 놀고 있었구요. 그 낡은 차는 어머니가 아프거나 우울할 때면 망가지곤 했어요. 그러면 나머지 탑승객은 모두 하던 일을 멈추고 그녀를 돌보아야 했죠. 어머니의 요구는 점점 많아졌어요. 그녀는 '부정적인' 감정들을 표현하고 발산할 수 있는 유일한 가족 구성원이었죠. 아버지는 의무를 다해 어머니를 돌보았고 나머지 가족은 자급자족하는 법을 배웠어요. 나는, 언제나 상냥하고 유쾌하며 다른 사람을 행복하게 해주려고 노력하는 아버지를 닮기로 결심했죠. 사실 나는 할머니가 돌아가셨을 때 말고는 아버지가 슬퍼하는 모습을 보지 못했어요. 반면에 어머니는 모든 불쾌한 감정들을 다 쏟아내셨죠. 마치 불쾌한 감정들이 어머니를 모두 소진시켜 버리는 것처럼 말이에요.

분명히 아버지가 더 매력적으로 보였어요. 아버지는 언제나 나비 넥타이를 맸고 항상 말쑥하며 깔끔했죠. 그는 작은 마을에서 알아주는 프로였어요. 언제나 오울드 스파이스의 향기가 나는 아버지와 집에서

허드렛일을 하며 양말을 종아리까지 올려 신은 가정부 같은 어머니를 비교해 보세요. 어머니는 언제나 스트레스를 받는 듯했고 항상 우울했어요. 그런 어머니와 동맹을 맺는다는 것은 곧 부정적인 감정들, 슬픔이나 죽음, 우울 등과 동맹을 맺는 거나 다를 바가 없는 거지요. 반면에 아버지와 동맹을 맺는 것은 의기충천한 에너지와 동맹을 맺는 것과 같았어요. 오십이 되어서야 나는 분노의 감정이 가져올 수 있는 것들을 인지할 수 있게 되었어요. 내가 내 목소리를 발견하기 시작한 거죠. 아버지에게 화를 낼 줄도 알게 된 거구요. 나는 아버지의 늘상 행복한 듯한 태도가 얼마나 거짓된 것인 줄 알게 되었어요. 어머니를 지배한 사람은 사실 아버지였죠. 아버지는 어머니가 간호사 일을 계속할 수 없도록 어머니를 막았어요. 어머니는 자신에게 자아 존중의 감정을 가져다 줄 어떤 것도 모두 빼앗겨 버린 셈이죠. 아버지와 어머니 모두는 그 당시의 문화에 사로잡혀 있었던 거예요. 나는 이제 어머니를 당시 현실이 빚어낸 비운의 인물, 혹은 희생자로 바라봅니다."

다니엘은 아버지처럼 상냥하고 호감이 가는 성격을 가지려고 노력했다. 그리고 무엇보다 그녀는 어머니처럼 되는 걸 원하지 않았다. 오늘날까지 그녀는 자신이 유쾌하지 않으면 불안을 느끼곤 한다. 어머니는 자식들에게 무시당하고 배척당했었다. 그리고 그녀도 만약 '충분히 착해지지' 않는다면 역시 아이들에게 버림을 받을 것이다. 다니엘은 그녀 자신이 '부정적인' 감정을 표현하지 않기 위해 '착한 소녀'처럼 행동해야 했지만, 늘 화를 내는 남자와 결혼하고서야 비로소 자신의 왜곡된 감정구조를 깨달았다. 그리고 이혼은 그녀가 자신의 목소리를 찾는 걸 도와주었다.

질투하며 화내는 어머니

　우리 어머니 세대들은 사회에서 거의 힘을 발휘하지 못하고 남편과 딸에게 소외당했다. 어머니들은 가족과 사회내에서 지위를 상실하고 조절력을 상실했다는 데 대해서 화를 냈고, 또한 상대적으로 좋은 위치에 있는 자신의 딸과 그녀가 가진 잠재력을 부러워했다.
　부분적으로는 바로 이와 같은 어머니들의 분노가 여성운동에 힘을 더한 요소도 되었다. 〈아버지의 딸〉들은 아버지가 가진 힘을 자신도 성취함으로써 절대로 어머니처럼 살지는 않으리라고 맹세했었으니까.
　아래의 예에 등장하는 어머니들은 남편의 애정을 얻는 데 치명적으로 위험한 두 명의 경쟁자를 갖게 된다. 자신의 딸과 시어머니인 이 경쟁자들은 모두 그녀에게 질투와 분노를 일으키는 존재들이다. 더욱이 딸은 아버지를 어머니로부터 멀리 떼어내기 위해 이 두 여성들, 즉 어머니와 할머니의 경쟁을 조절하는 법도 배우게 된다.

　엘리자베스는 낮에는 은행원으로 밤에는 희극배우로 일하는 여성이다. 그녀는 아름다운 얼굴에 긴 금발을 가진 무남독녀였다. 그녀는 외국에 주재하고 있는, 매력적이며 카리스마적인 외교관 아버지의 사랑을 독차지하는 딸이었다. 엘리자베스가 아주 어렸을 때부터 아버지는 아내는 무시한 채 딸에게만 온갖 애정을 퍼부었다. 엘리자베스는 어머니를 무시하고, 때로는 그녀에게 복종하기를 거부하면서 아버지를 모방해 나갔다. 아버지와 함께 있을 때는 마치 완벽한 숙녀인 양 행동하면서 말이다. 이런 식으로 어머니와 딸은 일찌감치 서로의 적이 되었다. 어머니가 "아빠가 오실 때까지 기다리렴" 하고 말할 때마다 그녀는 자신의 방에서 아버지가 나타날 때까지 꼼짝도 않고 기다렸다. 그리고 아버지가 오자마자 그녀는 아버지를 설득하여 산책을 나갔다. 친구 이야기를 하면서 아버지를 기쁘게 해줄 뿐 아니라 아버지를 빼앗긴 어머니의 불평도 최소화할 수 있게 나름대로 조절을 하면서. 아버지는 어머니의 불평을 대수롭지 않게 받아들임으로써 엘리자베스의 음모를 은근히 권장했다. 그리고 아버지는 곧잘 엘리자베스에게 윙크를 하곤 했는데, 이를 본 어머니는 그들의 공모에 비참함과 분노를 동시에 느꼈다.

엘리자베스의 할머니는 그녀가 어머니에게 반항하는 걸 방조함으로써 상황을 더욱 악화시켰다. 할머니는 언제나 엘리자베스의 어머니가 자신의 사랑하는 아들을 빼앗아 갔다고 느꼈기 때문에 그녀는 가끔 '사악한 용(엘리자베스의 어머니)'으로부터 아들을 데려올 수 있으면 얼마나 좋겠느냐고 손녀에게 말하곤 했다. 어른들의 감정의 드라마 안에 놓여 있었던 엘리자베스는 이런 이유로 아주 어려서부터 다른 사람을 조정하는 방법을 배우게 된다. 그 결과 엘리자베스의 자아 정체성은 언제나 자신에게만 초점이 맞추어져 있고 자신만을 생각하는 이기적인 것이 되었다. 다른 사람을 조정하려고만 들고 자신은 양보할 줄 모르는 그런 인격을 가진 사람으로 말이다.

그녀는 하버드에서 전공한 수학을 활용하여 자신과 어머니, 아버지가 경험했던 감정의 삼각구도를 수학 공식처럼 설명한다. 엘리자베스는 다음과 같이 말한다. "삼각형은 세 개의 꼭지점으로 구성돼요. 한 꼭지점에는 나에게 인생보다 더 중요한 아버지가 계시고 그와 매우 가까이 닿을 것 같은 지점에 내가 있어요. 그리고 아버지의 반대편 저 멀리에 어머니가 계시죠. 그러면 삼각형은 마치 하나의 직선처럼 쭉 뻗어 있는 게 되지요. 결국 어머니는 아버지와 정반대에 위치하고 있는 거죠."

그러나 불행하게도 엘리자베스의 통찰은 자신을 제대로 살피지 못하는 이론으로만 남게 된다. 그녀는 아버지의 이상화된 이미지를 포기하기 싫어했고, 그래서 자신의 감정도 제대로 살피지 못하였다. 삼십대 초반에 그녀는 벌써 두 번의 이혼을 경험했고, 여자 친구들과의 관계도 원만하지 못하였다. 〈아버지의 딸〉들은 엘리자베스의 경우와 같이 여자를 부정적이고 별 가치 없는 존재로 생각하고, 또 남자들을 조정해서 그녀가 얻고자 하는 바를 얻어내려고 한다. 엘리자베스는 여자를 싫어하며 여전히 아버지의 영향 아래 묶여 있었다. 베티 카터는 이러한 딸들이 "나이는 먹지만 절대로 성장하지는 못한다"고 밝히고 있다.[5]

수동적인 어머니

이전의 예들에서는 아버지들이 대체로 긍정적이며 매력적인 가족 구성원이었다. 그들은 딸들에게 애정을 주고 그에 대한 보답으로 그들의 우상이 되었다. 이제 우리는 비판적이며 지배하려는 듯한 아버지와 이에 수동적으로 반응하는 어머니에 대해 살펴볼 것이다.

이런 유형의 아버지는 보통 자기가 좋아하는 딸을 제외하고, 아내와 다른 아이들은 공격적으로 지배한다. 이처럼 아버지의 분노로부터 면제받은 〈아버지의 딸〉은 어머니에게 무언가 잘못이 있다고 생각한다. 그녀는 어머니가 비효율적이며 나약하다고 느끼고, 어머니의 수동성에 대해 분개하며 점차 모든 여성에게까지 매우 비판적이 된다. 아버지로부터 사랑받는 딸은 절대로 어머니와 자신을 동일시하지 않으며, 대신 힘을 가진 아버지와 자신을 동일시한다. 그녀는 심지어 아버지가 보여주는 가차없는 성격까지 내면화해서 이를 어머니에게 퍼붓거나 다른 가족들에게, 심지어는 친구들에게까지 풀어 놓는다. 아버지의 분노에 대해서는 맞서기보다는 달램으로써 〈아버지의 딸〉은 아버지의 권력이 손상되지 않도록 돕는다. 아래의 예는 아버지의 분노가 직접적으로, 그리고 주로 어머니에게만 향해서, 마침내 어머니가 알코올 중독자가 되어 버린 집안의 예이다. 그런데 어린 시절 내내 겉으로만 아버지와 손을 잡았던 이 가정의 딸은 아버지가 어머니를 홀대하는 모습을 어느덧 내면화해서 마침내 스스로에게 폭군처럼 군림하는 인물이 되고 말았다.

로렌은 비록 아버지가 폭군 같았지만, 그래도 그녀 자신은 〈아버지의 딸〉이라고 생각하는 서른아홉 살 난 간호사이다. 그녀의 아버지는 교외의 작은 지역 공동체에서는 뛰어난 의사로 알려졌지만, 집안에서는 가족을 분노로 다스리는 인물이었다. 만약 한밤중에 차고에서 문소리가 나면 아버지는 가족 모두를 깨워서 집 안 구석구석으로 보내 빗장을 잠그도록 시켰다. 자폐증 증세를 보이는 로렌의 오빠조차 차고의 문소리에는 숨는 반응을 보였다. 다른 가족들이 모두 흩어질 때 로렌만은 문가에 서 있는 아버지에게 다가가 아버지의 날카로워진 신경을 달래 주려고 노력하였다.

"어머니는 아버지가 집에 돌아오는 게 두려워 술을 마시곤 했어요. 집에 돌아오면 아버지는 무엇이든 흠을 잡았죠. 우리가 하는 모든 일이 아버지의 마음에 들지 않았던 거예요. 나는 아버지를 진정시킬 유일한 가족이었죠. 그러나 그것도 그렇게 오래가지는 못했어요. 아버지는 언제나 어머니가 술 마시는 것에 대해 불평했어요. 하지만 진심으로 어머니가 술 끊는 것은 바라지 않았죠. 아버지는 언제나 불 같이 화를 내며 어머니에게 말했어요. 제발 이웃집 여자들처럼 자신의 인생을 잘 꾸려 가라구요. 그런 아버지가 매일 밤 자신이 술을 마실 때 언제나 어머니의 잔에도 술을 가득 부어 주었지요. 그러면서도 아버지는 어머니가 술에 취해 늘어질 때면 잔뜩 뒤틀려서 어머니는 쓸모없는 사람이라고 비난했어요. 만약 어머니가 술을 끊으면 어머니는 자신의 인생을 꾸릴 만큼 충분히 강해질 거예요. 그렇게 되면 아버지는 힘을 행사하지 못하게 되겠지요."

로렌은 한 번도 아버지에게 적대감을 표현하지 못했다. 그러나 그녀가 어른이 되었을 때 그녀는 어머니를 보호해야겠다는 생각을 했다. 하지만 수십 년 동안 묵혀 온 아버지에 대한 분노는 어느새 슬픔으로 바뀌어 있었고, 이 때문에 그녀는 자신을 제대로 추스르지도 못한 채 오랫동안 우울하게 보내야 했다. 이제 그녀는 어떤 상황에서도 화를 내지 못하게 되었고 계속해서 남을 돌보아야 한다는 강박감에 시달렸다. 그녀 자신을 위하는 대신에 그녀는 다른 사람에게 친절을 베풀어야 자신이 안전하다고 느꼈다. 친구들은 로렌이 사랑하는 것과 베푸는 것을 혼동한다고 말한다. 그녀는 결혼하지 못했고 계속해서 남자들을 동생처럼 다루었다.

로렌은 아버지의 카리스마적인 목소리를 내면화해서 자기 자신에게 매우 엄격했다. 그녀는 완벽을 추구했으며 아버지의 인정을 받지 못했다는 것을 극복하는 데 어려움을 겪었다. 그녀는 침술을 연구하고 싶어했지만, 아버지는 그녀가 약물 이외의 것에 대해 관심을 가지는 걸 비판했다. 아버지는 자신이 가진 지식 이외의 학술적인 접근은 무시하는 경향이 있었다. 결국 로렌은 자신의 선택에 대해 불안해 하면서도 그녀가 근무하는 병원의 의사들과 호흡을 맞추려 애를 쓰곤 했다. "나에게는 다른 사람이 인정해 주지 않을 때 끈질기게 밀고 나갈 힘이 없었어요. 이런 성향은 아버지에게로 거슬러 올라가죠. 병원에서 내가 하고자 하는 걸 경시하는 의사들은 사실 모두 아버지처럼 보였어요. 그 사람들은 바로 가장 강력한 힘을 가진 나의 아버지였어요."

아버지의 불인정과 분노에 대한 두려움은 꿈 속에서도 그녀의 목소리를 잠재워 버렸다. 로렌이 자신과 아버지의 관계성에 대해 치료를 받기 시작할 때 그녀는 다음과 같은 꿈을 꾸었다.

어느 휴일에 나는 아버지 집에 갔다가 거기에서 그만 아기를 출산하고 말았다. 꿈은 너무나 현실 같아서 나는 아직도 따뜻한 피의 솟구침과 나른한 느낌, 팔에 들어가는 힘 등을 여전히 느낄 수 있다. 나는 임신한 경험이 없기 때문에 아이가 살아 남기에는 너무나 어릴 것 같다고 생각하며 누워 있었다. 나는 침대 시트가 온통 피로 물들었을 걸 걱정하면서도 잘하면 아버지 모르게 숨길 수 있을 거라고 생각했다. 그런데 아기가 움직이지 않았다. 나는 마침내 용기를 내서 아기를 조용히 들어 올려 살펴보았다. 아기는 딸이었다. 깨끗하게 씻겨져서 작은 셔츠를 입고 기저귀까지 찬 예쁜 아기였다. 그렇지만 아기는 파랬다. 그런데 내가 바라보고 있자 아기는 곧 분홍빛으로 변하더니 눈을 뜨고 마치 새로 인생을 시작하려는 듯이 울어대기 시작했다. 나는 갑자기 아기의 울음소리를 아버지가 들을지도 모른다는 공포에 휩싸였다. 미처 제대로 생각할 겨를도 없이 나는 아기를 조용히 시키기 위해 아기의 입에 엄지손가락을 가져갔다. 그러자 이내 한 생명이 사라져 갔다. 아기는 다시 파랗게 변했고 죽어 있었다.

꿈 속에서 로렌은 그녀 자신의 새로운 자아를 탄생시켰지만, 아버지가 이를 발견할 거라는 생각은 그녀를 공포로 몰고 갔다. 아이를 침묵시킴으로써 그녀는 사실 자신의 자아를 죽인 셈이다. "나는 아버지가 발견하지 못하게 하기 위해 아기를 죽여 버렸죠. 그리고 꿈에서 깨어나 여전히 떨고 있는 나에게 스스로 계속 되뇌었어요. 나는 아버지로부터 삼천 마일이나 떨어져 살기 때문에 안전하다고요." 다른 많은 〈아버지의 딸〉들처럼 로렌도 자신이 정말 원하는 것이 무엇인지 잘 모를 정도로 아버지의 목소리를 내면화해 버렸다.
위의 예들에서 알 수 있듯이 가족의 감정적인 범위를 결정하는 데 아버지는 중대한 역할을 하는 반면, 어머니는 별 영향을 미치지 못한다. 딸들은 아버지와 가까워지려 하고 어머니로부터는 멀리 떨어지려 하였다. 이제 〈아버지의 딸〉과 아버지의 유형에는 딱 한 종류만 있지는 않다는 게 확실해졌다. 이 책을 읽어 나가면서 독자 여러분이 이 사실을 기억하는 건 상당히 중요한 일이다. 〈아버지의 딸〉은 자신과 아버지를 지나치게 동일시하는 결과로 참으로 다양한 행동양식을 보여준다. 비록 그들이 일반적으로 자신의 감정을 부정하는 공통점을 보인다고 해도 말이다.

다니엘의 아버지는 매력적이고 긍정적으로 보이는 반면, 그녀의 어머니는 화가 나 있거나 늘 우울했다. 다니엘은 아버지가 편안하게 받아들이는 유쾌한 감정만을 표현하려고 애썼기 때문에 아직도 여전히 그녀는 분노나 슬픔 같은 어두운 감정을 감당해내려고 애쓰고 있다. 쉰세 살이 되어서야 다니엘은 자신의 모든 감정을 표현할 수 있었다.

엘리자베스의 아버지는 정치적, 경제적 힘을 가진 카리스마적인 사람으로 가족으로는 어머니와 아내, 외동딸만을 두었다. 엘리자베스는 아버지를 조정해서, 마치 일식 현상이 일어나는 것처럼 어머니를 가리우는 방법을 알고 있었다. 그녀는 남자의 관심을 끄는 대화 방법을 알고 있었는데, 그래서인지 오늘날까지도 다른 여성들의 시기를 사고 있다.

로렌의 아버지는 집안을 분노로 다스렸고, 알코올 중독자인 어머니는 그에게 맞서 싸울 힘이 없었다. 아버지는 매우 위협적이었고, 로렌만이 그를 달래는 방법을 알고 있었다. 살아 남기 위해서 그녀는 필요와 욕구에 따라 자신의 감정을 잠재우면서 '상냥한 딸'이 되어 갔다. 그녀의 해방은 아버지와 자신을 동일시하는 행위를 멈추고 자신의 삶을 선택하는 데 있어서 아버지의 승낙 여부에 관심을 갖지 않을 때에야 비로소 생겨날 수 있다.

딸들은 그들의 관심의 중심인 아버지에 대해 각각 다른 양상의 행동으로 반응한다. 딸들은 지나치게 착해지거나, 남을 조정하려 들고, 일에 빠져 살거나, 아니면 다른 사람의 걱정, 근심을 모두 받아 주려 든다. 그러나 이 모든 경우에 하나의 공통점이 있다면 그들이 모두 어떤 감정은 표현해야 하고, 또 어떤 감정은 억누르고 부정해야 하는지를 아버지로부터 배운다는 것이다. 그러므로 딸의 정체성 발전은 아버지가 딸에게 느낄 수 있도록 허락하는 감정의 범위에 의해 제한된다는 결론이 도출될 수 있는 것이다.

그가 열쇠를 가지고 있어요, 조앤 배티스트 작
(유화, 40 x36인치, 1991)

제3장
아버지의 딸과 성

아버지는 딸이 여성이 되는 법을 가르친다. 즉 그들이 남자를 어떻게 사랑하며 돌보고, 때로는 자신이 원하는 방향으로 그들을 몰아가며, 또 어떻게 한 여성이 거슬리지 않는 방식으로 한 남성을 희망하게 하는지에 대해서도 말이다. 좋은 아버지는 딸을 훌륭하게 교육시켜서 그녀가 스무 살 남짓 되었을 때 그녀를 잘 닦여진 상태로 다른 남자에게 넘겨 주는 아버지이다. 그러나 나의 아버지는 그렇게 하기를 거절했다. 어쩌면 나를 다른 남자에게 넘겨 줄 마음이 아버지에게는 없었는지도 모르겠다.
— 셜리 애보트, 『책 만드는 사람의 딸』

아버지로부터 여성들을 해방시키는 사람은 어머니가 아니다. 그들은 자신의 딸들을 아직도 덜 깨어난 상태로 남겨 두고 만다.
— 캐롤린 G. 헤일브런, 『여자의 일생』

딸은 아버지와의 상호작용을 통해 여성성의 많은 측면을 배운다. 그녀가 자신의 성에 대해 어떻게 느끼는가, 남자와 함께 있을 때는 어떻게 행동해야 하는가, 그리고 그녀가 남성에게 원하는 것들의 대부분은 아버지와의 상호작용을 통해 배운 것들이다. 그녀는 아버지를 기쁘게 하기 위해 여자로서 어떻게 행동해야 하는가를 배우며, 그리고 아버지의 반응에 따라 일반적으로 남자들의 마음에 들기 위해서는 어떻게 해야 하는지도 알아낸다.[1] 만약 딸이 아버지와 함께 있을 때 그가 어떤 식으로든 자신에게 해를 입히지 않을 거란 사실을 확실히 느낀다면,

그녀의 성적 발달은 매우 순조로울 것이다.

아버지에 대한 어린 시절의 기억에 대해 질문을 받으면 대부분의 〈아버지의 딸〉들은 '아버지의 냄새' '커다란 체구' '아버지의 따뜻함' '아버지의 가슴' 또는 '아버지와 가까이 있다는 것에 대한 스릴' 등을 떠올린다. 여기에는 분명 아버지의 몸에 대한 본능적인 갈망이 있다. 아버지에게 사로잡혀 있고 사랑받고 싶다는 욕망 말이다. 아버지의 몸에 대한 이러한 갈망은 딸의 초기 성감의 씨앗이 된다.

한 여성은 아버지 손에 대해 설명하면서 아버지가 그녀의 머리를 쓰다듬을 때나 그녀의 턱을 잡을 때 얼마나 그 손을 사랑했었는지 모른다고 덧붙였다. 또 다른 여성은 화장실 변기에 앉아서 얼굴을 씻고 면도를 하느라 웃옷을 모두 벗어 버린 아버지를 보았던 기억을 떠올린다. 그녀는 아버지의 몸에서 '반짝이는 금빛' 털에 매료되었다고 한다. 그리고 그녀는 세 살 때의 기억을 떠올리는 것만으로도 기절하고 말았다. 또 다른 여성은 아버지가 자신을 배 위에 올려놓고 자장가를 불러주던 모습을 기억하고 있다. 아버지가 숨을 쉴 때마다 느껴지던 그 느린 리듬도 함께. 그리고 또 다른 여성은 아버지와 어머니가 잠자는 사이로 기어올라가 아버지에게 바싹 달라붙어 있었던 기억도 떠올렸다. 그녀가 어른이 되어서 설명한 바에 의하면, 이는 상당히 성적인 측면과 관련이 있는 것이었다. 다른 여성은 아버지와 함께 샤워를 하면서 그의 벗은 몸을 호기심과 혼란스러움이라는 상반된 감정을 지니고 바라보았다.

대부분의 딸들은 어린 시절에 아버지를 향해 무의식적으로 성적인 감정을 느꼈다는 사실을 인정하지 않을 것이다. 실지로 대부분의 여성은 그런 가능성조차 혐오스러워한다. 그러나 이런 딸들의 대부분은 어른이 되었을 때, 그 자신들이 어렸을 때 아버지를 대상으로 성적인 꿈을 꾸었었다는 기억을 인정하게 된다. 혼란스러운 감정을 가지고 꿈에서 깨어났었던 기억도 함께 인정하면서 말이다. 어떤 여성들은 성적으로 아버지에게 매력을 느끼는 것이 아니라, 그가 가진 힘과 창조성에 강하게 끌리기도 한다. 딸이 어린 시절에 아버지에게 매력을 느끼는 일은 자연스럽고 건강한 감정이다. 특별히 아버지가 정상적인 부녀간의 관계를 파괴시키지만 않는다면 말이다. 아버지는 딸의 첫사랑이다. 딸은 아버지의 반응을 통해서 자신이 타인에게 받아들여질 만하다는 걸 알게 된다. 그러므로 아버지와 딸 사이의 긍정적인 경험은 그녀가 미래에 겪게 될 이성적인 교류의 기초가 된다. 이제까지 우리가 보아왔듯이 어린 딸이 아버지를 차지하려는 행위는 자연히 어머니를 밀어내는 일을 수반한다. 나는 내 딸 히더가 십사 개월되었을 때 아버지와 산책하면서 생기에 충만해 있던 모습을 기억한다. 어느 일요일 아침 우리 부부는 이제 막 걸음마를 시작한 딸과 그녀의 오빠를 데리고 바닷가로 산책을 나갔다. 이는 물론 히더에게 모래 위에서 걷는 방법을 알게 해주기 위해서였다. 히더는 칠십 년대에 유행했었던 작고 빨간 꽃무늬가 박히고, 가장자리는 레이스 처리가 된 긴 나염 드레스를 입고 있었다. 그녀의 부드럽게 곱슬거리는 검은 머리 위에 달린 빨간 리본은 바닷바람에 가볍게 나부꼈다. 처음에 그녀는 이 새로운 땅 위에서 어떻게 해야 할지를 모르는 것처럼 무심히 서 있었다. 그러나 아빠가 몇 걸음 더 나아가 모래 위에 서서 팔을 벌려 그녀를 부르자, 히더는 아버지의 얼굴을 쳐다보고는 기쁨의 괴성을 지르며 단숨에 그에게 달려갔다. 남편이 히더를 공중 높이 쳐들었을 때 그들은 함께 킥킥거렸다. 그 순간 그 둘의 사랑은 마치 시간 속에 수정처럼 아로새겨지는 것 같았다. 그것은 아내와 어머니로서는 느낄 수 없는 아버지와 딸 사이의 공감이었다.

그리고 그들을 바라보면서 남편에게 히더가 느꼈을 감정을, 그토록 기쁘게 받아들여지고 사랑받는다는 감정을, 히더처럼 나 역시 나의 아버지에게서 느꼈었던 사실을 기억해냈다. 그리고 어쨌든 나의 어머니 역시 소외당했었다는 희미한 기억도 함께 떠올렸다. 나는 어머니가 거기 함께 계셨을 거라고 생각한다. 그러나 어린 나는 내 시야 속에서 어머니를 지워 버렸다. 내 마음속에는 오직 아빠와 나만 있었다. 우리가 뉴저지의 교외로 이사를 했을 때 나는 세 살이었다. 내 기억으로 미루어 보면 우리는 황혼녘에야 낡은 자동차를 타고 새 집에 도착했었던 것 같다. 그리고 반쯤 잠들어 있는 나를 아버지가 뒷좌석에서 들어 올려 안고 정문 앞의 계단을 올라갈 때, 나는 아버지의 강하고 근육질인 팔뚝이 참으로 포근하다고 느꼈다. 또 아버지와 그토록 가까이 있다는 사실이 나를 전율케 했다. 나는 내가 새로운 성으로 옮겨지는 공주이거나 이제 막 신혼집으로 돌아오는 신부같다는 생각을 했다. 그때의 어머니는 문가에 서 있는 그림자에 불과했다.

아버지는 딸이 어머니로부터 자신을 차별화하는 행위를 돕는다. 그리고 이 과정에서 딸이 느끼는 아버지와의 동일시는, 그녀가 미래에 다른 사람을 사랑하게 되는 능력에 지대한 영향을 미친다. 어쩌면 딸이 성숙해 가면서 치루어야 할 일들 중의 하나는 그녀가 어린 시절에 아버지에게 느꼈던 이와 같은 애정을 그녀가 사랑하게 될 다른 남성에게로 옮기는 일일 것이다.[2] 그리고 아버지는 딸이 다른 남자를 자유롭게 사랑할 수 있도록 그녀를 기꺼이 놓아 주어야 할 것이다. 융 심리학자인 앤드류 사무엘에 의하면 아버지는 딸에게 이중의 임무를 갖게 된다. 즉, 아버지의 첫번째 임무는 딸아이를 세상에 나오게 하는 것이고, 그의 두 번째 임무는 성인이 된 딸이 세상에 발을 내딛게 해야 한다는 것이다. 아이가 성인이 되었을 때는 자신이 원하면 언제든지 아버지를 떠날 수 있게 배려하면서.[3]

〈아버지의 딸〉은 자신이 이상화한 아버지를 평범한 인간으로 변화시켜야만 한다. 그리고 이러한 과정은 보통 사춘기에서 일어난다. 만약 이러한 과정에서 실패하면 그녀는 어른이 되어서도 자신의 성적인 감정을 아버지에게 묶어 놓은 채 여전히 아버지를 숭배하며 그에게 의존하게 된다. 그렇지 않으면 그녀는 아버지로부터 자신이 독립되는 유일한 길은 아버지를 거부하는 것이라고 생각할 것이다. 그러나 두 가지 중 어떤 방법도 그녀가 건강한 성적 경험을 하는 데 방해가 된다.

사춘기란 소녀들에겐 위험한 시기이다. 대부분의 소녀들은 커지는 가슴과 생리와 그 밖의 성적인 성숙의 다른 징후들에 대해서 민감해하고 불안해 한다. 특별히 〈아버지의 딸〉은 그녀의 성적인 징후에 대해 아버지가 어떻게 생각할까로 고민한다. 그녀는 아버지가 자신이 더 이상 어린 딸이 아니어도 여전히 사랑해 줄까에 대해 궁금해 한다. 그녀는 또래의 소년들에게 육체적으로, 성적으로 매력적으로 보이기를 원하지만, 한편으로는 아버지의 사랑도 잃고 싶어하지 않는다.

〈아버지의 딸〉은 자신의 신체, 몸무게, 외모에 대해서 아버지가 내리는 평가에 특히 민감하다. 어른이 되어서도 신체에 대해 부정적인 생각을 가지는 경우는 대부분 아버지가 생각없이 놀리는 데에서 기인한다. 반대로 딸에 대한 아버지의 건강한 찬사는 딸로 하여금 자신의 육체적 성장을 정상적이고 바람직한 것으로 받아들이도록 한다. 아버지의 찬사는 그녀가 어른이 되어 이성과 사귀게 될 때 자신은 성적으로 매력적일 거라는 확신을 주면서 동시에 그녀가 이러한 세계로 들어가도록 아버지로부터 허락을 받았음을 암시해 준다.

긍정적인 아버지의 모델

아버지는 변함없는 마음과 보호, 분명한 의사 전달과 관심, 그리고 적절한 애정으로 딸과의 건강하고 친밀한 관계를 발전시킨다. 그녀는 아버지와 함께 있을 때 안전하다는 걸 느낄 필요가 있다. 그녀는 아버지가 그녀에게 감정적으로나 신체적으로, 성적으로 상처를 주지 않는다는 것을 알 필요가 있다. 성에 대해 편안하게 느끼는 아버지는 딸이 성을 자연스럽게 받아들일 수 있는 환경을 만들어 준다. 그리고 이러한 환경에서 딸은 자신의 성적 성장을 건강한 현상으로 받아들일 수 있게 된다. 이러한 아버지가 사춘기의 딸을 도와줄 수 있는 긍정적인 아버지의 모델이다. 아버지는 딸이 남자 친구를 사귀는 데 관심을 가지고 이야기를 들어주며 가끔은 조언도 해주지만 결코 둘 사이에 끼어 들려고 하지 않아야 한다. 또한 긍정적인 모델의 아버지는 딸의 방에 노크도 하지 않은 채 막 들어가지도 않고 함부로 딸의 가슴 사이즈에 대해 평가하지 않으며 그녀를 부당하게 만지지 않아야 한다. 딸의 지적 성취나 혹은 운동에 초점을 맞추며 그녀의 신체적인 변화는 인정하지 않음으로써 딸의 성을 중성화시키려는 아버지와는 달리, 긍정적인 모델의 아버지는 딸의 성적 발달을 눈치채고 이를 인정해 주어야 한다.

팻은 남자 형제나 여자 형제 모두 자신의 육체에 대해 편안하게 느끼는 가정 환경에서 자라난 예순여섯의 의사이다. 그녀의 집안은 벌거벗는 일을 매우 자연스럽게 여겼기 때문에 그녀는 기숙사에 들어가서 다른 여학생들이 탈의실에서 옷을 갈아입는 걸 볼 때까지 자신의 집안 분위기가 독특하다는 사실을 몰랐다. 팻은 자신의 몸에 대해 아주 편안하게 느꼈기 때문에 오히려 다른 사람들이 그녀를 보고 놀라는 것이 신기했다. 그녀의 집안에선 성이라는 게 어떤 금기사항도 아니었고 따라서 아무런 문젯거리도 되지 않았다.

"아버지와 나는 모든 것에 대해 이야기를 나누었죠. 우리는 일부러 성에 대해 깊은 이야기를 나누진 않았지만, 주제가 자연스럽게 그리로 흘러가더라도 대화는 언제나 편하게 진행됐어요. 아버지는 따뜻했고 육감적이었고 내가 아는 다른 누구보다 섹시했지만 나에게는 한 번도 그런 식으로 대하지 않으셨죠. 아버지와 나 사이에는 그런 면이 전혀 없었어요. 희미하게나마도 성적인 부분은 없었어요. 실지로 우리 둘은 상당히 성적인 사람이었음에도 불구하고 말이에요. 내가 아버지 무릎에 마지막으로 앉아 본 것이 스물네 살 때였어요. 나는 그때 실연의 상처로 괴로워하고 있었죠. 아버지는 무릎 위에 앉은 나를 꼭 껴안고는 말해 주었어요. '모든 게 괜찮아질 거란다'라고요."

팻은 어머니, 아버지와 모두 건강한 관계를 맺고 있었고 팻의 아버지도 자신의 감정적인 필요 때문에 딸에게 의존하지는 않았다. 아버지의 감정적인 필요는 여성 참정권자이며 대단히 독립적인 어머니를 통해서 충족되었다. 사실 이런 경우는 〈아버지의 딸〉이 아니다. 1장에서도 언급했듯이 〈아버지의 딸〉은 일반적으로 아버지의 이상화된 아내의 역할을 해내기 때문이다.

이상화된 아버지와 딸의 성

〈아버지의 딸〉은 아버지를 완벽한 남성으로 이상화시킨다. 그리고 그녀는 사춘기를 통해서 이 완벽한 남성의 이미지를 받아들이고, 어른이 되어서는 데이트를 하는 다른 남자들에게 결혼을 저울질하며 아버지의 이미지를 투영시킨다. 물론 어떤 남자도 이 이미지를 충족시킬 수는 없다. 왜냐하면 그 이미지야말로 현실에는 없는 이상 세계의 것이기 때문이다.[4]

아버지와 딸의 강력한 유대 관계 때문인지 〈아버지의 딸〉은 종종 자신이 아버지의 이상적인 아내인 듯이 행동한다. 이는 아버지와 어머니 사이에 감정적, 성적 교류가 제대로 이루어지지 않을 경우에 더욱 그렇다. 아버지가 어머니와 건강한 성적 관계를 맺지 못하는 데에는 여러 가지 요인이 있을 수 있다. 성에 대해 남편이 가진 정신적인 태도, 성장시에 어머니와의 관계, 혹은 여성에 대한 그의 생각, 그만의 성적인 문제점, 그리고 일에서 받는 스트레스 등이 그 요인이 될 수 있다. 또 아내 쪽에 성적인 문제가 있거나 아내가 부부 관계를 제대로 조절하지 못하는 수도 있다. 만약 아내가 남편을 거부한다면 남편은 동료로서 딸을 선택하고 관심을 딸에게 쏟을 것이다. 딸은 아버지가 마음을 터놓고 얘기할 수 있는 친구가 되고, 그는 딸에게 그의 일에 대해 얘기할 것이며, 아내와의 사이에 어떤 곤란한 점이 있는지와 다른 자식들에 대한 걱정까지도 털어놓을 것이다.

딸이 받는 이러한 과도한 애정은 그녀에게 너무나 많은 책임감과 자신에게는 힘이 있다는 잘못된 생각, 그리고 궁극적으로는 깊은 죄의식마저 느끼게 한다. 딸이 아버지의 절친한 상대가 되면, 딸은 정상적인 어린 시절과 사춘기를 빼앗기게 된다. 아버지와 나누는 대화들은 딸에게 일의 세계나 남녀 사이의 관계, 부모가 된다는 것, 그리고 아버지가 생각하는 방식에 대해 알게 해주기는 하지만, 이는 어린 딸에게는 너무 이른 지식이다. 그리고 아버지와 딸 사이의 믿음은 마땅히 가정내에서의 아내의 위치를 마치 딸이 가진 듯이 착각하게 한다. 둘이 나누는 비밀과 토의, 심지어 논쟁까지도 아버지와 딸 사이에는 금기시되는 성적인 에너지를 대체하거나 발산시키며 성적인 접촉을 대신하는 또 다른 친밀감을 주게 된다.

어떤 환자는 이런 회상을 했다. "나는 남자 친구와 나눌 만한 사랑을 아버지와 나누었던 걸로 기억해요. 물론 우리 둘 사이에 성적인 일은 어떤 것도 일어나지 않았죠. 그러나 내 마음속에는 아버지를 향한 성적인 감정이 있었어요. 생각만 해도 끔찍한 그런 기억이죠. 이제 아버지는 돌아가셨지만 아직도 아버지는 내게 영향을 미치고 있어요."

〈아버지의 딸〉은 자신이 받는 분에 넘치는 사랑에 죄의식을 느끼지만 어떻게 일을 처리해야 할지 모른다. 그녀는 어머니가 받아야 할 대접을 받고 있다. 마치 그녀가 '내연의 여인'이나 된 것처럼. 그 결과 딸은 어머니와 가까운 관계를 맺지 못하게 되고 인생에서의 훌륭한 여성 안내자를 잃어버리게 된다. 더욱이 어머니는 아내로서의 자신의 지위에 또 다른 위협이 될 딸의 성적인 발달을 제대로 도와주고 싶어하지도 않는다.

첼시아는 멋진 갈색 머리카락을 가진 삼십대 초반의 매력적인 여성으로서 출판업계에서는 상당한 성공을 거둔 커리어 우먼이다. 그녀가 여덟 살 때 어머니는 석사 학위를 따기 위해 집에서 멀리 떨어져 있는 학교로 다시 돌아가서 밤에도 종종 집을 비우곤 했다. 이 사이에 첼시아는 아버지와 저녁도 함께 먹고, 아버지의 일과에 대해서 들으면서 둘은 매우 절친한 사이로 발전하였다. 첼시아가 열세 살 때 아버지와 어머니의 결혼 생활은 심각한 갈등을 겪고 있었다. 그러나 아버지는 그 사실을 인정하려 들지 않았다. 그는 갈등을 무시했고 그 무렵부터 학생들을 가르치기 시작한 어머니는 점점 더 자주 집에 오지 않았다.

"내가 아내가 된 셈이지요. 아버지는 내게 점점 더 성숙한 이야기를 꺼내셨고 내가 어른처럼 행동하기를 기대하셨어요. 그렇지만 그때 나는 어렸고 사실은 상당히 반항적이었죠. 그때가 내게는 굉장히 혼란스런 시기였어요. 나를 책임감이 강한 어른처럼 취급하던 아버지는 오히려 내가 성적으로 성장하고 있다는 사실을 느낄 때마다 극도로 불편해 하셨으니까요. 아버지는 내 남자 친구들 중에 그 누구도 좋아하지 않으셨어요. 그리고 내가 그들을 좋아하는 것도 원하지 않으셨죠. 아버지는 그들을 노골적으로 비판했고 모두 당신 딸을 강간이나 할 것처럼 대하셨어요.

나는 아버지와 내 방에 놓을 작은 옷장을 사러 가구점에 갔었죠. 그런데 그곳의 판매원이 우릴 부부로 본 거예요(사실 나는 내 나이보다는 훨씬 조숙해 보였죠). 아버지는 판매원에게 고쳐 말하지 않았죠. 나는 부끄러움과 죄의식, 지저분하다는 느낌을 한꺼번에 느꼈어요. 그리고 이런 혼란스런 감정은 사춘기 내내 계속됐었죠.

열여섯 번째 생일날, 아버지와 나는 외식을 했어요. 아버지는 내게 와인 한 잔을 시켜 주셨죠. 나는 아버지의 사랑을 받는다는 것은 참 멋진 일이라고 생각했어요. 그 당시에는 누구도 아버지와 비교할 수 없었거든요. 스물한 살이 되어서야 아버지의 사랑이 이기적이고 잘못된 것임을 알았죠. 그것은 마치 정신적인 근친상간 같았어요. 나는 아버지에게 믿을 수 없을 만큼의 분노를 느꼈죠."

첼시아가 치료를 시작했을 때 그녀는 그 당시 외식할 때 보여준 아버지의 행동은 부적절하다고 생각하며 그녀는 아직도 아버지에게 불편한 감정을 느낀다고 말하였다. 그러나 그 후에 솔직한 대화를 기대하며 만난 아버지는 전혀 변하지 않은 그대로였다. 아버지는 오히려 그녀가 어렸을 때를 회상하며 향수에 젖어 버렸다. 아직 딸을 포기할 준비가 안 된 것이다.

"나는 지금 아버지가 좋아하는 남자와 약혼한 상태예요. 아버진 짐과는 정말 사이가 좋죠. 그가 날 사랑해 주는 걸 알고 우리 모두 상대에게 신중하다는 것도 아세요. 하지만 아버진 날 있는 그대로 인정하려 하지 않고 있어요. 이제는 기대도 하지 않는답니다. 언젠가는 내가 결혼을 하고 아이를 갖게 되면 아버지도 내가 어른이란 사실을 인정하실 수밖에 없겠죠. 그렇지만 나는, 아버지가 나에 대한 환상과 자신을 함께 돌아보고 우리가 얼마나 다른 개체인지를 깨닫는 일은 절대로 일어나지 않을 거라고 생각해요."

딸이 아버지가 생각하고 있는 환상 너머까지 자라나는 걸 아버지가 거부한다면, 그들이 성숙한 부녀 관계를 가진다는 것은 매우 어려운 일이 된다. 〈아버지의 딸〉은 여전히 아버지의 가치를 받아들이며 그가 원하는 방식으로 자라기를 희망하고 자신이 진정 누구인가에 대해서는 자신이 없다. 그녀가 자아의식을 가지기 위해서는 정신뿐만 아니라 거리상으로도 아버지를 멀리 떠나 있어야 한다. 첼시아는 아버지를 떠나 삼천 마일이나 멀리 이사를 가서 자립의 과정을 시작했다. 그녀는 아버지가 자신의 삶을 지배하려 한다고 느꼈고 아버지로부터 독립하기 위해서는 먼저 직업을 가져야 한다고 생각했다.

만약 딸이 아버지에게 몹시 집착한다면 그녀는 성적인 에너지를 인간 관계에 투자하는 대신, 사회적인 성취를 추구하는 데 모두 써버릴 것이다. 이런 상태의 딸은 아버지의 아내 역할을 가장하는 순간부터 감정적으로나 성적으로 이미 아버지의 포로이다. 그렇지만 그녀가 성적, 감정적으로 자신이 성숙하지 못한 것이 아버지와의 관계 때문이라는 사실을 인정하는 일은 흔치 않다. 딸은 아버지에게 깊은 회한의 정은 느끼지만 아버지가 자신의 인생에 너무 많은 영향력을 행사했다는 것은 인정하지 않으려 한다. 만약 아버지가 그녀를 부르면 그녀는 숨이 찰 정도로 달려올 것이다.[5]

〈아버지의 딸〉이 맞닥뜨리게 되는 어려움 중의 하나는 아버지 이외의 모든 남성과의 관계가 만족스럽지 않기 때문에 아버지와 가졌던 이상적인 관계를 다시 가질 수 없다는 점이다. 그녀가 아버지와 닮은 남자에게 매력을 느끼더라도, 그 남자가 그녀의 기대치와 그녀를 만족시키기는 매우 힘들 것이다. 그녀는 아예 아버지와 전혀 닮지 않은 남자를 파트너로 선택할 수도 있다. 무의식적이든 아니든 간에 딸은 아버지 이후로 그녀에게 적절한 파트너는 있을 수 없다고 느끼는 것이다. 우리가 2장에서 만났던 엘리자베스는 다음과 같이 말한다. "나는 아버지를 이상화시켰어요. 모든 사람이 그걸 알고 있었죠. 내가 찾아다닌 사람은 아버지와 닮은 사람이 아니라 바로 아버지였죠. 아버지처럼 살지 못했던 나의 두 남편은 모두 그걸 알고 있었어요. 그리고 실패가 점점 뚜렷해짐에 따라 우리가 이혼하는 것도 그만큼 쉬워졌죠. 나는 그냥 '아빠' 하고 소리쳐 부르면 아버지가 달려와서 모든 걸 바로잡아 주었어요."

위의 예는 너무나 극단적인 것일지도 모른다. 그러나 엘리자베스의 아버지와 같은 타입은 딸의 인생에서 자신이 첫번째의 자리를 차지한다는 사실을 즐긴다. 그리고 이를 포기하려는 마음을 전혀 가지고 있지 않다.

융 심리학자인 린다 레오나드는 이상화된 아버지에게 집착하는 딸과 가상의 '유령 애인'에게 집착하는 여성의 유사점에 대해 연구하였다. 아버지에게 집착하는 딸은 비록 아버지가 없더라도 정신적으로 '이상화된 남편상'에 집착한다.[6] 이상적인 남편을 찾는 몇 번의 실패 후에 딸은 아버지와 비슷한 사람은 없다고 생각하고 독신으로 남아 있거나 아니면 아버지와는 경쟁도 안 되는 상대와 결혼한다. 이런 방식으로 그녀는 아버지와 자신에게 무의식적으로 아버지를 대체할 사람은 아무도 없다고 확신시킨다.

2장에서 언급되었던 화가인 루엘라는 지적이지만 아버지 같은 활동성이나 건강미, 창조적인 능력은 없는 남자와 결혼했다. 아버지는 남편을 별로 좋아하지는 않았지만 루엘라는 아버지가 자신을 쏙 빼닮은 남자가 아니면 그 누구도 좋아하지 않을 거라는 사실을 알고 있었다.

"아버지가 '이번엔 심각한 것 같구나. 하지만 너도 알다시피 이 남자가 일등 신랑감은 아니다'라고 말씀하시던 걸 기억해요. 나는 아버지가 남편을 평범하게 본다는 사실을 알고 있었죠. 하지만 나는 어디에서든지 아버지와 똑같은 사람은 찾을 수 없다는 사실도 알고 있었어요.

오래도록 아버지는 나의 백마탄 왕자님이었죠. 린다의 '유령 애인'에 대한 글을 읽고 나는 아버지에 필적하는 상대를 찾느라 벌이는 수고를 포기하기로 했어요. 어차피 그런 애인은 없을 테니까요. 이미 아버진 어떤 의미에서 거창한 계약서를 써놓았고 아무도 거기에 서명할 만큼 훌륭한 사람은 없었어요. 내 남편 아담은 덜 남성다웠고 나를 휘어잡는 매력도 덜했죠. 하지만 그게 바로 내가 그와 결혼한 이유예요." 루엘라와 아담은 11년 동안 결혼 생활을 유지했지만 결국은 이혼했고 루엘라는 이번에는 같은 여성을 사랑의 대상으로 선택했다.

환자들을 치료하면서 나는 많은 〈아버지의 딸〉이 어른이 되어서도 성이 발달하지 못하고 아버지에게 여전히 묶여 있는 상태라는 사실을 발견했다. 아버지는 딸의 성적 발달을 억누르거나 침범하거나 지성을 강조함으로써 중성화시킨다. 질투심을 느끼는 것이다. 위의 각 예는 딸의 건강한 성적 발달에 필요한 도움을 주지 못하는 경우들이다

억압적인 아버지

긍정적인 아버지의 모델과는 달리 자신이 어렸을 적에 성적인 억압을 받았던 아버지는, 사춘기에 딸의 성적 발달이 눈에 띄면 남자 친구와 못 만나게 하거나 엄격한 규율을 통해서, 혹은 까닭없는 신경질이나 딸의 신체에 대한 놀리는 듯한 발언을 함으로써 딸에게 나쁜 영향을 준다.[7] 그 자신의 성이 억압되었었기 때문에 아버지는 딸의 성적인 본능이 밖으로 표현되는 것에 공포를 느낀다. 그리고 이 두려움은 아

버지가 옳다고 생각하는 행동을 딸에게 강요하기도 한다. 실지로 아버지는 딸의 매력에 자신이 끌리고 있다는 사실을 알고 있거나, 또는 그런 자신의 감정에 공포를 느끼고 있는지도 모른다. 아버지는 딸을 일부러 미워함으로써 이런 감정을 표출시키거나 성경에 나오는 구절 등을 인용함으로써 딸을 강제로 굴복시킨다.

실비아는 15년은 젊어 보이는 매우 섹시한 마흔다섯 살의 여성이다. 작가이며 미혼모인 그녀는 다음과 같이 회상한다. "우리 아버지는 매우 매력적이었죠. 그러나 자신의 성에 대해 불편해 해서인지 아버지는 성을 복잡하고 비밀스러운 금기처럼 생각했어요. 성적인 감정은 내가 가져서는 안 되는 것이었죠. 아버지는 나의 장래에 대해 두려워했어요. 아버지의 노여움은 억압적이었고 편집증적이었죠. 열세 살이 되어서야 아버지가 나의 여성적인 징후에 대해 화를 내신다는 걸 깨달았어요. 하지만 아버진 내게 어떤 대안도 주지 않았죠. 그때가 아버지와 내게는 가장 힘든 시간들이었던 것 같아요. 아버진 친구와 함께 있는 나를 잡으러 거리로 뛰쳐나오시곤 했지요. 우리는 무조건 도망쳤어요. 아버지의 등 뒤에서 살살 도망다니면 아버진 정말 미친 듯이 성을 냈어요. 이제야 나는 깨달아요. 사실 아버지와 나는 쫓고 쫓기는 일종의 성적인 게임을 즐겼다는걸요."

억압적인 아버지를 둔 딸에게 사춘기는 매우 혼란스러운 시기이다. 이는 지금까지 딸의 사랑과 존경을 받아오던 아버지가 갑자기 지배적인 감옥의 간수로 바뀌어 버리기 때문이다. 그러면 딸은 아버지가 그녀의 성적인 징후를 싫어하기 때문이라고 생각하고 자신도 이를 숨기려 하거나 또는 아버지에게 반항한다. 어른이 되어서도 그녀는 성적인 감정으로부터 움츠러들거나 혹은 반대로 다른 사람들에게 자신의 매력을 받아들이라고 강요하는 행동을 취하게 된다.

지성으로 중화시키는 아버지

지성적인 아버지는 '신체'라는 위험한 부분은 슬쩍 비켜서 정신적인 방법으로 딸을 지배한다. 딸을 지성으로 감화시키려는 아버지의 최대 목적은 사춘기 시절에 딸을 성적으로 중화시키는 것이다. 아버지는 여전히 딸과 가까운 관계를 유지하길 원하기 때문에 그는 딸에 대해 가질 수 있는 성적인 감정을 무시하거나, 아니면 감정의 채널을 바꾸어 버린다. 규칙이나 종교, 적대감 등으로 딸을 지배하려는 억압적인 아버지와는 달리 지성적인 아버지는 딸에게 여전히 친절하며 온갖 관심을 딸의 지적 발전이나 예술적 성장, 또는 둘이 함께 하는 취미 등에 집중시킨다. 아니면 이런 타입의 아버지는 딸을 마치 아들처럼 취급한다.

그러나 딸은 은연중에 아버지가 자신의 성적인 발달에 불편을 느끼고 있으며, 그래서 성적인 징후는 아버지와 자신의 관계에 하나의 위협이 된다고 생각한다. 그녀는 자신의 성적인 발달을 달가워하지 않고 또래의 소년들에게도 관심을 갖지 않으려 한다. 그녀는 '남자에 관심 있는' 또래의 친구들을 무시하고, 데이트를 피하며 자루 같은 옷으로 그녀의 신체를 감추려 한다. 그녀는 이 모든 것들 '위'에 있기 때문이다.

그녀의 아버지는 사춘기 시절에 그녀와 논쟁을 즐김으로써 지적인 쪽에 쏠리는 그녀의 마음을 더욱 강화시켜 주었다. 아버지와 딸 사이에는 창조적이고 정신적인 유대감이 더욱 충만했고 에로틱한 감정들은 이성적인 대화를 통해서 승화되었다. 이러한 상황에서 딸도 아버지가 금기시하는 성적인 감정을 피하고 그의 지적, 예술적인 능력에만 관심을 가진다. 따라서 이러한 〈아버지의 딸〉의 성적인 발달은 사춘기에서 멈추고, 딸은 지적인 측면으로만 남성에게 접근하게 된다.

"아버지와의 관계의 기본은 아이디어를 교환하는 것이었어요. 우리는 소위 에로틱한 머리를 가진 셈이죠. 나의 성은 지성화 작업으로 약화되었어요. 아버지는 나에게 '너는 정말 똑똑해. 뭐든지 할 수 있을 거야' 하고 말하고는 때로는 '너 그 옷을 입으니까 정말 아름답구나. 머리색도 근사하고 말이야' 등의 말을 해주셨죠. 하지만 뒤의 말은 앞의 말을 통해서만 겨우 들렸어요"라고 마리엔은 아버지에 대해 말했다. 그녀의 아버지는 딸이 아름답긴 하지만, 그녀가 더욱 힘써야 할 것은 지적인 측면이라고 은밀히 딸에게 일러준 것이다.

그 결과 마리엔은 자신의 성을 중성화시키기 시작했고, 만나는 모든 남자를 그냥 친구로 만들어 버렸다. "아버지와 함께 나누었던 역동적인, 살아 있는 관계는 성을 중성화시키겠다는 내 계획을 더욱 확고하게 해주었어요. 열세 살까지 나는 성과 남자들의 성욕을 두려워했죠. 정신적인 생활은 이런 면에선 하나의 보상 역할을 했어요. 나는 점차 동양의 종교로 빠져들어 갔고 이, 삼십대에 나는 성에 대해 전혀 신경쓰지 않을 때도 있었어요. 그 나이에 말이에요."

어른이 되어서 마리엔은 아버지와 맺었던 관계와 똑같은 관계를 그녀가 다니는 회사의 사장과 맺었다. 비록 그 두 사람 사이에는 어떤 신체적인 일도 일어나지 않았지만, 그녀는 사장의 애인이고 친구며 정부였다. 마리엔은 여전히 순결한 채로 남아 있었지만 직장내의 모든 동료들은 그녀와 사장의 관계를 부러워했다. 예전에 어머니와 언니가, 아버지와 그녀의 관계를 부러워했듯이 말이다.

질투하는 아버지

질투하는 아버지는 사춘기에 다다른 딸에게 나머지 일생 동안 그녀가 자신의 성을 편안히 느끼는가 그렇지 못하는가에 영향을 미칠 중대한 선택을 하도록 강요한다. 이러한 타입의 아버지는 사랑하는 딸을 다른 남자에게 빼앗길 생각은 꿈에도 하지 않기 때문에 남자 친구와 자신 중에 한 명만 선택하라고 딸에게 종용하곤 한다. 구체적으로 아버지는 다음과 같이 말하는 것이다. "네가 계속 나에게 충실하게 남아 있든지, 아니면 남자 친구를 선택하든지 해라. 둘 다 가질 수는 없어. 만약 그 애를 선택한다면 너는 내 사랑을 잃게 될 거다." 그러나 이 두 가지 대안 모두 사실은 불가능한 것이다. 이는 아버지의 질투가 만들어낸 이중의 질곡으로서 만약 딸이 아버지에게 충실하게 남아 있다면 그녀는 다른 남자와는 만족스러운 관계를 유지하지 못할 것이고, 다른 남자와 사귀면서 자신이 여성임을 발견한다면 그녀는 아버지를 잃을 것이다.

전위예술가인 바바라는 긍정적이고 매사를 쉽게 생각하는 아버지와 차갑고 정을 잘 표현하지 않는 스칸디나비아 태생의 엄마 밑에서 자랐다. 아버진 그 지역의 재계와 정치계에서는 알아주는 유력한 인사였기 때문에 딸은 자연히 아버지를 존경하게 되었다. 함께 있으면 언제나 즐거운 아버지와 언제나 침울해 있는 어머니는 매우 대조적이었다.

바바라는 모든 올바른 일은 다 해내는 전형적인 '착한 딸'이 되었다. 그녀는 학교에서 공부도 잘했고 리더십도 있었다. 아버지는 그녀를 인정해 주었고 그녀가 원하는 것은 뭐든지 들어줌으로써 그녀의 행동에 보상했다. 이런 식의 아버지와 딸의 관계는 바바라가 사춘기 후반에 이를 때까지 정말 완벽하게 유지되었다.

당시 바바라는 자기보다 나이가 많고 성적인 매력이 물씬 풍기는 한 남자와 사랑에 빠졌었는데, 아버지는 그를 혐오스러워하면서 다시는 만나지 말라고 바바라에게 명령했다. 처음으로 아버지에게 '노우'라는 답변을 들은 바바라는 아버지의 단호함에 몸이 마비되는 듯함을 느꼈다. 아버지와 그녀는 의견의 불일치를 볼 때면 언제나 이성적인 대화로 풀어 나가곤 했었는데, 이 주제에 관해서 아버지는 마치 바위가 되어 버린 듯했다. 아버지는 바바라의 눈물에도 아랑곳하지 않고 그녀가 남자 친구인 에드와 끝내지 않는다면 부녀간의 인연을 끊을 거라고 으름장을 놓았다. 그녀는 차마 이런 위험마저 감수할 수는 없었다. "나에게는 어머니보다 아버지가 훨씬 가깝게 느껴졌어요. 만약 아버지와 인연을 끊는다면 나는 모든 걸 잃는 것이지요." 바바라는 결국 에드와의 관계를 끊어 버리고 말았다.

그 후 바바라는 일년 반 동안 우울증에 시달렸다. 대학에 들어가서 그녀는 아버지가 인정한 남자와 결혼을 했고, 그 후 반 년 만에 아버지는 돌아가시고 말았다. 지금까지 유지된 바바라의 17년에 걸친 결혼 생활이 진실된 것은 아니었다. 그녀는 자신이 마치 방랑자가 된 듯이 느꼈다고 말한다. "자아에서 떨어져 나온 채, 미로 속을 헤매는 듯이."

그녀는 에로틱한 관계를 가질 수 있는 애인하고, 좀더 안정적인 파트너가 될 수 있는 남자와 함께 늘 삼각 관계를 유지했다. "나는 그 이중성을 깰 수가 없었어요. 왜냐하면 나는 둘 다를 실현시킬 수 있는 남자를 만나지 못했으니까요."

처녀의 몸으로 지옥의 신 하데스에 의해 지하 세계로 끌려간 페르세포네처럼 바바라의 때묻지 않았던 세상에 대한 시각은 '내 말을 듣지 않으면 사랑을 거두어 버리겠다'는 아버지의 위협 때문에 그야말로 거두어져 버렸다. 그녀의 인생은 빛났고 그녀는 금빛 아이 같았었다. 그런데 갑자기 세상이 뒤집혀 버렸다. 세상은 더 이상 행복하지도 따뜻하지도 않았고, 믿었던 아버지도 그녀를 배신해 버렸다. 아버지는 완벽하지 못했고, 아버지의 사랑도 그녀가 자신의 전적인 감정과 성적인 동료의식이라는 대가를 치루고 얻은 것이었다. 아버지가 그녀에게 강요한 선택은 자신의 성을 금기시하고 위험한 것으로 인식해야 한다는 것이었다.

아버지가 딸에게 아버지의 사랑과 다른 남자에 대한 사랑 중에 하나를 선택하라고 하면, 딸의 성은 억압되거나 혹은 지옥의 신, 하데스와 같이 위험하고 모험을 즐기는 사회의 추방자와 사랑을 나누는 것으로 현실화된다. 그러나 이 경우 모두에서 그녀의 성은 자신과 분리되고 만다. 성의 억압은 성적인 에너지를 실현할 수 없는 것으로 만들기 때문에 그녀는 내면적으로 통합되지 못한 상태로 남아 있게 된다. 한편 반항적으로 현실화된 성은 〈아버지의 딸〉을 성적으로 정숙한 여자와 아버지가 전혀 인정해 주지 않을 듯한 남자를 유혹하는 헤픈 여자로, 즉 이중적인 성격으로 자라나게 만든다.

바바라는 완벽했던 아버지가 자신이 생각해낸 이상형이 아니라는 사실을 깨달았을 때 어떤 일이 일어났는지를 아래와 같이 시로 쓰고 이를 연기로 표현했다.

내가 어렸을 때 나는 아버지가 완벽하다고 생각했었지요.
그는 옳은 일은 모두 했으니까요.
아버진 나를 넘치게 사랑해 주었고 무척이나 가깝게 대해 주셨지요
그리고 무슨 일인가를 성취하려는 나의 노력에도 언제나 답해 주셨어요.
그는 나를 남자처럼 대했고 소녀처럼 취급했지요.
　　　　　　이리 와서 네 볼을 내 볼에 대 주렴
　　　　　아버지와 딸의 이런 정은 신성한 거니까
그는 장례식 연출가였고
모든 슬퍼하는 사람들에게 따뜻한 말을 건네는 사람이었지요.
아버지는 죽음과 슬픔을 다루었어요.

그리고 그는 잘 나가는 회사의 경영도 책임지고 있었지요.
이리 와서 네 볼을 내 볼에 대 주렴
아버지와 딸의 이런 정은 신성한 거니까
나는 그의 모든 꿈에 보답해 주었어요.
내가 사랑과 성에 눈뜨게 될 때까지
나보다 나이도 많고 카톨릭 교도이고 섹시한 내 남자 친구를 보자
히스테리컬해진 어머니는 내 뺨을 때렸어요.
아버지와 어머니는 나를 학교로 보내 버렸지요
이리 와서 네 볼을 내 볼에 대 주렴
아버지와 딸의 이런 정은 신성한 거니까
어느 운명적인 날 밤에 내가 그토록 숭배했던 아버지는 내게 이렇게 말했어요.
"다시 한번 에드 마틴을 만나면 더 이상 생각지 마라,
너 자신을
내 딸이라고."
나는 받아들였지만 내 속에는 엄청난 분노가 끓고 있었지요.
나는 마치 마법에 걸린 것 같았어요.
이리 와서 네 볼을 내 볼에 대 주렴
아버지와 딸의 이런 정은 신성한 거니까[8]

바바라의 아버지는 그녀를 마치 아내처럼 여기며 질투하는 애인처럼 행동했다. 바바라의 어머니는 감정적으로 남편과 가까이 있지 않았기 때문에 아버지는 모든 애정과 신경을 바바라에게 쏟았다. 아버지의 질투는 딸에게 아내와 연인의 역할을 할당함으로써 부모와 자식 관계의 경계를 침범하고 말았다. 실지로 이는 정신적인 근친상간에 다름 아니다.[9] 비록 이러한 근친상간이 물리적인 상처는 남기지 않는다고 해도

이는 부모와 자식이라는 강력한 유대 관계를 저당잡고 출발하는 것이기 때문에, 아이는 후유증으로 다른 사람을 깊게 불신하게 되거나 올바른 자아 발전의 단계를 밟지 못하게 된다. 바바라는 몇십 년 전에 아버지가 가했던 자신에 대한 지배가, 어른이 되고 많은 세월이 흐른 지금 그녀가 영위해야 할 정상적이고 건강한 성생활에까지 영향을 미칠 정도로 강력했다는 사실을 오랫동안 인식하지 못하고 있었다. 다른 〈아버지의 딸〉들처럼 바바라는 아직도 남자와의 관계에서 절친함과 자율이라는 두 가지 요구를 충족시키기 위해 투쟁하고 있다.

루엘라처럼 〈아버지의 딸〉은 아버지와 비교될 수 있는, 그러나 현실에는 존재하지 않는 '가짜 애인'에게 집착해 있거나, 아니면 아버지의 이상화된 아내로서 그녀가 느꼈던 감정의 강렬함을 다시 느끼기 위해 매우 힘이 센 남자를 계속해서 찾아다닐 것이다. 이에 더해서 우리가 주의해야 할 것은 비록 딸들이 각자 아버지와 맺었던 감정적인 의존의 유형을 탈피하고자 노력해도 그녀들은 남편감을 고를 때 단지 위장된 형태로서 아버지와의 감정적인 유대감을 잠깐 숨길 뿐이라는 사실이다. 예를 들어 억압적인 〈아버지의 딸〉은 자신의 성을 편안하게 받아들이는 듯이 보이는 사람과 결혼은 하지만, 오히려 이러한 편안함은 더욱 큰 성적인 긴장을 감추기 위해 가장된 것이다. 지적인 〈아버지의 딸〉은 만족스러운 성관계를 유지할 수 있는 남자를 선택하지만, 그가 지적으로나 창조적으로 그녀에게 자극을 주지 못한다고 그를 늘 비난하게 된다. 질투하는 〈아버지의 딸〉은 개인적인 자유를 허락하는 남자를 선택하지만, 이런 남자는 그의 사랑 안에서 그녀가 우선권을 가졌음을 절대로 확신시켜 주지 않는다. 아마도 〈아버지의 딸〉에게서 지속적으로 반복되는 문제점 중의 하나는 그녀가 감정적인 가까움으로 아버지와 맺었던 동맹을 수 년이 흐른 뒤에 성적으로 다른 남자들과 맺는 동맹과 혼동한다는 것이다.[10] 〈아버지의 딸〉은 진정한 가까움이란 무엇인지, 또래와 함께 인간적인 나약함을 나눈다는 게 무엇인지를 잘 모른다. 왜냐하면 아버지는 또래가 아니었고 늘 그녀보다 많은 권력을 가지고 있었으니까.

딸을 신랑에게 넘겨 주기, 혹은 그에 대한 거부

결혼식장에서 아버지가 '신랑에게 딸을 넘겨 주는' 의식은 만인이 보는 앞에서 아버지와 딸의 관계의 돈독함을 보이고 또 그것을 끊을 필요를 의식화하는 것이다. 영국인 교수인 린다 부스는 "결혼식은 사실 신랑과 신부의 결합 의식이 아니라(이는 결혼식날 밤에나 가능하고) 딸과 아버지의 이별 의식이다. 서구의 결혼의식은 아버지와 딸 사이의 유대 관계의 독특함을 단절하는 특별한 장치가 포함되어 있다"[11]고 말한다.

원형(原型)적인 측면에서 보면 신랑측 부모하고 신부의 어머니는 조금은 어색한 인물들이고 극의 주인공은 아버지와 딸인 것이다.[12] 아버지는 순결한 딸의 손을 잡고 복도를 걸어가 그녀를 제단 앞에서 기다리고 있는 남자에게 인도한다. 그리고 그는 면사포의 베일을 벗기고 마지막으로 딸에게 키스한다. 그리고 나서 딸의 손을(혹은 성을) 더욱 젊고 성적으로 강한 남자에게 넘겨 준다. 이제 딸은 그 낯선 남자의 성을 따서 불리우게 될 것이다. 신부의 아버지는 제단에서 홀로 내려오고 사람들은 젊은 부부에게로 눈을 돌린다.

딸의 결혼은 아버지의 '잃음'이다. 그는 딸의 결혼식을 위해 대가를 치르는 것이다. 부스가 지적했듯이 아버지는 딸의 '잃음'을 드라마처럼 연기하고는 자신의 자리로부터 물러나서 그의 딸이 자신의 이름과 그밖의 모든 것을 버리겠다고 서약하는 장면을 지켜보아야 한다. '그

밖의 모든 것'에는 아버지도 포함되어 있다.[13]

〈아버지의 딸〉을 제단에서 장인으로부터 넘겨 받으면서 신랑은 그녀 이외에 감추어진 선물 하나를 더 받게 된다. 만약 딸이 아버지에 대한 집착을 깨닫지 못하고 있다면 그는 이제 신부의 어린 시절의 아버지도 되는 것이다. 그리고 그녀는 자신이 한때 그랬던 것처럼 다시 어린아이가 될 것이다. 신부의 아버지에 대한 마무리짓지 못한 감정은 그대로 새 신랑에게 투사될 것이다. 신랑은 신부의 로맨틱한 환상과 보호받고 싶고 무언가를 제공받고 싶어하는 욕망을 함께 넘겨 받을 것이다. 탐욕과 시기와 경쟁심도 없이 말이다. 결국 이 모든 것이 결혼 서약서의 작은 인쇄물 안에 감추어져 있는 것이다.

많은 아버지는 그들이 딸을 데리고 결혼식장의 복도를 내려갈 때까지 딸을 합법적인 성인으로 봐주지 않는다. 이런 아버지는 딸을 아이 취급하며 그녀의 성을 완전히 부인하고 그녀의 인생을 심각하게 받아들이려 하지 않는다. 그리고 가끔 딸도 아버지가 생각하는 대로 행동한다. 그러면 오히려 아버지는 그녀의 선택을 무시하고 그녀가 아직 독신인 것과 아이가 없는 상태를 여자로서의 직무유기라고 생각한다.

로렌은 다음과 같이 말한다. "내가 결혼하지 않았기 때문에 아버지는 내 인생을 심각하게 받아들이려 하지 않았어요. 아버지는 나와 어떤 식으로 관계를 유지해야 하는지를 몰랐어요. 나는 이런 상황이 이미 어른이 되었고 여성이 되었기 때문에 아버지가 나를 편안히 대하지 못하시는 것이라고 생각했어요. 아버지는 내가 어떤 상황에 처해 있는 줄을 잘 몰랐죠. 아버지는 종종 언제 결혼을 할 건지, 아니면 언제쯤이면 되지도 않는 독신 생활을 마무리하고 집으로 돌아올지를 묻곤 하셨어요. 아버지는 내가 나 자신만의 삶을 꾸려 나가고 있다는 걸 깨닫지 못하시는 거예요."

루엘라의 아버지는 그녀가 이혼 후에 혼자 사는 것을 수상하게 여겼다. 어느 날 아침 일찍 아버지는 예고도 없이 루엘라의 집에 들렀다가, 자신이 짐작했던 대로 그녀가 여자 애인과 함께 있는 것을 발견했다.

"나는 침대에 누워 있었어요. 그리고 계단을 올라오는 무거운 발자국 소릴 들었죠. '분명히 아버지 같은데 침실로 올라오고 계셔.' 바로 그때 침실 문이 벌컥 열리고는 아버지가 들어오셨어요. 아버지는 '어머니 차 때문에 너에게 이야기할 게 있구나'라고 하셨어요. 나는 아무 대답도 하지 않았죠. 그는 '빨리 일어나, 이 멍청아'라고 외쳤고 나는 그대로 복종했어요. 나는 떨면서 줖의 머리를 침대 시트로 얼른 가리고 가운을 걸치고 아래로 내려왔죠."

루엘라의 아버지는 절대로 그녀의 동성애를 인정하지 않았다. 그러나 그는 가끔 딸의 동성애 상대자가 개들을 잘 돌보는지를 묻는다. 그는 딸이 삼십이 넘었는데도 여전히 아이 취급하는 것이다.

결혼을 하지 않고 아이도 갖지 않은 여성은 자신이 아버지를 좌절시켰다고 느낄 것이다. 비록 그녀가 창조적인 자아를 탄생시켰다고 해도 여자로서의 상실감은 언제나 그녀를 따라다닐 것이다. 코니 지웨그는 「아버지를 실망시키고 자아찾기」라는 글에서 다음과 같이 썼다.

아버지는 결혼식장의 복도를 천천히 우아하고, 장대하게, 바하나 모차르트의 음악에 맞추어 걸어 들어가는 걸 꿈꾸어 오셨다. 새틴으로 가장자리가 처리된 검은 턱시도를 입고 회색의 머리를 휘날리며 권위 있는 눈빛과 꼿꼿한 걸음으로 진주와 크림색의 레이스를 단 나의 팔을 가볍게 얹은 채 아주 느린 걸음으로 말이다.

아버지는 나를 온통 봄꽃으로 장식한 제단 앞으로 천천히 데려가기를 원하셨다. 아버지는 내 팔을 들어 가볍게 다른 사람의 팔에 얹어 주고 한때는 자신의 딸이었지만 뒤돌아서 계단을 내려가는 순간 다른 사람의 아내가 되어 버리는 자식의 곁을 떠나 걸어 내려가는 일을 꿈꾸어 오셨다.[14]

코니는 그녀가 무엇을 생산하고 창조하건 간에 결혼을 하지 않고 아버지에게 손주를 안겨 드리지 못했다는 남모르는 가책을 느끼고 있었다.

아버지는 내게 아이가 없다는 것을 여성으로서의 오점으로, 내 가치의 실추로, 성숙에의 실패로 여기셨다. 아버지의 시각에서 보면 여성이 어른이 된다는 것은, 연약하고 의존적인 아이를 낳아 기르는 것이었기 때문에 아이 없이 산다는 것은 여전히 어린아이로 남아 있는 것이나 다름없었다.[15]

그러나 코니는 아버지의 사랑이 그녀를 어느 정도 묶어 두고 있음을 안다. 그리고 그녀는 중년의 나이에도 아이를 갖지 않은 채 살아가는 것이 아버지와 자신을 더욱 고차원적인 의미에서 헤어져 살아가게 하는 요인이라는 것도 안다. 그녀는 다음과 같이 말한다.

오늘날 아버지와 나는 우리가 사랑의 그물에 잡혀 있음을 안다. 그 그물의 줄은 너무나 강해서 우리 둘은 서로 꽉 조인 채 묶여 있다. 우리는 이제 우리가 비록 멀리 떨어져 살아도 그리고 서로 아주 다른 선택을 해도 이미 우리의 영혼은 우리의 사랑의 틀에 묶여져 있음을 안다.
그래서 아버지와 나는 서로의 환상을 포기하고 상대가 다른 사랑을 만나도록 서로를 보내 준다.
우리는 서로를 구속하지 않고 진지하게 사랑하는 것이 매우 어려움을 알았기 때문이다. 그래서 우리의 사랑은 하나의 영적인 실천이 되었다. 사랑하면서도 아버지가 나를 놓아 주었을 때, 나는 어린아이가 느낄 법한 버림받았다는 감정과 어른으로서의 해방감을 함께 느꼈다. 이제 나는 보다 많은 자유와 희망을 가지고 다른 남자를 만난다. 아버지와 쌍둥이처럼 닮은 사람도 아니고 그렇다고 정반대의 인물도 아닌, 그저 내 사랑을 받아주고 나를

사랑해 줄 그런 평범한 남자들을 말이다.[16)]

경계 허물기

〈아버지의 딸〉을 가진 아버지는 무의식적으로 부모와 자식의 경계를 허물어뜨리는 경우가 있다. 그러나 이 침해는 외견상 그들의 관계가 너무나 가깝고 다정한 것으로 보이기 때문에 종종 식별해내기가 어렵다. 만약 아버지가 아내로부터 받아야 할 애정을 딸로부터 받고 있다면 그는 아이의 개별적인 필요를 충족시켜 주지 않은 채 그녀를 심각한 위치로 몰아가고 있는 것이다. 딸은 아버지의 특별한 선택으로 인해 어머니로부터 자연히 버림을 받게 되고, 그녀는 아버지가 바라는 이상적인 아내상을 닮아 가려고 애쓰면서 아버지의 애정에 집착하게 된다. 그리고 극단적으로는 딸아이가 마치 두 부부 사이의 갈등 속에 놓여진 저당물 같이 변해 버리는 경우도 있게 된다.

사실 아버지와 딸의 근친상간을 다루는 것은 이 책의 고찰 범위내에 들어 있지 않은데, 이는 이 주제를 심도있게 다룬 많은 책들이 이미 출판되어 있다는 현실로서 답해질 수 있는 문제일 것이다.[17)] 여기에서는 성적인 문제를 포함하는 관계 속에 있었던 〈아버지의 딸〉에게 가해진 상처에 대해서만 몇 가지 언급하고자 한다. 아버지의 사랑을 받는다는 이유로 〈아버지의 딸〉은 어머니에게 감정적인 버림을 받게 되기 때문에 그녀에게는 아버지만이 유일한 의지가 된다. 이때 만약 아버지가 딸을 범하게 된다면 그녀는 누구에게도 호소할 데가 없게 된다. 그녀는 완전히 버려지는 셈이다. 그녀는 이제 어떤 남자도 믿을 수 없게 된다. 딸이 처음으로 사랑한 남자인 아버지가 성적으로 그녀를 지배하고자 한다면 그녀는 남성을 두려워하거나 혹은 자신의 성을 포기하게 된다.

그레첸은 마흔 살이 될 때까지 한 번도 지속적인 남자 관계를 가지지 못한 이름 있는 시나리오 작가이며 프로듀서이다. 그녀는 남자를 못 만난 원인을 자신이 성적인 지배를 받는 걸 두려워하고 있다는 사실을 털어놓을 남자를 찾지 못한 탓으로 돌리고 있다. 그녀에게는 어린 시절에 각별했던 아버지와의 관계가 마침내 그녀가 사춘기에 이르렀을 때 성적인 문제로 비화되어 버린 가슴아픈 추억이 있기 때문이다.

"나는 아버지의 완벽한 어린 딸이었죠. 나는 어떤 나쁜 말도 할 수 없었고 내 입에서 흘러나온 말은 모두 아버지를 매우 기쁘게 했어요. 나이가 점점 들어갈 때 아버지는 내 침대로 들어오시기 시작했죠. 나는 아버지가 나를 소유했다고 생각했고, 아버지는 나를 좋아하니까 아버지에게는 나를 범할 권리가 있다고 생각했어요. 아버지는 가슴이 넓은 남자였고 매우 감성적이었죠. 아버지가 말했어요. 딸이 어떻게 커가는지를 알아보는 건 아버지의 권리라고."

그녀가 어른이 되어서 남자와 성적인 관계를 즐기고 사랑으로 애무받는 걸 좋아하면서도 그레첸은 성관계를 가졌던 남자에게 계속해서 지배를 받아야 한다는 생각에는 머리를 흔든다. "성이란 변덕이 많은 거예요. 성관계를 가질 때 언제나 새로운 상대를 만나는 것은 매우 즐거운 일이죠. 그러나 나의 성향 때문에 관계를 지속시키기 위해서는 엄청난 대가를 치루어야 한다는 걸 알고 있어요. 나의 속마음은 지배에 있어요. 나는 내가 스스로의 주인이 되기를 원하죠. 그러나 일단 일이 진행되고 나면 나는 그럴 수가 없어요. 아버지가 나를 범했던 기억이 내게 이런 상처를 주었다는 걸 압니다."

근친상간을 포함하는 아버지와 딸의 이상화된 관계는 매우 강한 유대 관계로 위장하기 때문에, 이 유대 관계를 깨뜨리기 위해서는 정신적인 다이너마이트가 필요하다. 아버지를 육체적으로 그리워하는 현상은 근친상간의 치료를 받고 난 이후의 여성에게도 발견된다. 아버지에 의해 너무나 일찍 깨어나는 딸의 성은 남녀의 성적인 관계로는 절대로 만족시켜 줄 수 없는 열망의 늪을 그녀에게 남겨 준다. 사춘기 시절에 아버지에 의해 지속적으로 성폭행을 당했던 애니는 남편과의 관계 때 한 번도 오르가즘을 느낀 적이 없었다고 말한다. 그녀는 만약 자신이 흥분을 하게 되면 의식 저편 속에 묻어 두었던 기억의 홍수가 물밀듯이 들이칠까봐 두려웠기 때문이다.

어떤 환자들은 아버지가 자신을 성적으로 범했는데도 처음에는 그들을 변호해 주느라 바쁘다. 아버지는 어머니로부터 버림을 받았다거나 혹은 알콜중독자였다거나 아니면 문화적인 분위기, 성적인 편견, 심지어는 자신이 아버지의 사랑을 얻고 싶어했다는 등의 이유를 들어 가며 말이다. 또 어떤 환자는 성적인 문제는 전혀 일어나지 않았다고 주장한다. 서른세 살난 도나는 말한다. "아버지의 좋은 면과 나쁜 면을 같이 느끼며 산다는 것은 어려운 일이죠. 어느 한 쪽은 지워 버리는 게 마음 편해요." 그러므로 긍정적이지 못한 부분은 어린아이의 마음 한 구석에 갇혀서, 그녀 인생의 다른 부분이 더 이상 참을 수 없게 되어 진실을 찾아볼 때까지 열리지 않는다.

어떤 측면에서는 정신적인 근친상간이 물리적인 성적 침해보다 더욱 발견해내기가 어렵다. 만약 신체적인 성적 침해가 없으면 딸은 아버지가 부모와 자식 간의 경계선을 넘어왔다는 사실을 잘 모르고 여전히 아버지에게 강하게 집착한다. 아버지의 애정을 받는다는 것은 달콤한 유혹이기 때문이다. 또한 그녀의 적절한 역할을 제대로 분별해내지 못하는 무능력은 이후에 그녀가 다른 남자와 맺게 되는 감정적, 성적인 관계에서 남자들이 행하는 부적절한 관계를 제대로 분별해내지 못하게 되는 결과도 가져온다. 어린 시절에 아버지의 사랑을 받는 데 너무 나 스릴을 느꼈던 〈아버지의 딸〉은 어른이 되어서도 다른 남성의 공격적인 행동을 지나친 것으로 인식하지 못하는 것이다.

당나귀 껍질

「당나귀 껍질」은 프랑스의 작가이며 동화 수집가인 챨스 페랄에 의해 17세기에 기록된 동화이다. 그리고 이 동화는 〈아버지의 딸〉과 그녀의 아버지 사이에 일어날 수 있는 충동적인 성역학을 잘 보여주고 있다.

옛날 옛적 어느 나라에 임금님이 있었는데 그의 아름다운 왕비는 자신과 쏙 빼닮은 어린 크리스타벨을 두고 세상을 떠났습니다. 임금님은 왕비를 잃은 슬픔에 빠져서 자기가 좋아하는 당나귀만을 데리고 혼자서 몇 년간을 애통해 하며 보냈습니다. 그러던 그는 사춘기의 소녀로 성장한 딸을 죽은 왕비인 줄 착각하고 사랑하게 되었습니다. 왕은 딸과 결혼하겠다고 맹세했습니다. 딸은 아버지의 말에 놀랐지만 아버지에게 상처를 주지 않고는 그의 청혼을 거절할 방법이 없었습니다.

그녀는 할 수 없이 라일락 나무의 요정인 그녀의 대모에게 찾아가서 도움을 요청했습니다. 그러자 대모는 그녀에게 아버지가 다시 결혼을 요청해 오면 하늘 빛깔의 드레스를 만들어 달라는 불가능한 요청을 하라고 가르쳐 주었습니다.

크리스타벨은 대모가 하라는 대로 아버지에게 하늘 빛깔의 드레스를 만들어 달라고 요청했고, 이틀 후에 그녀는 하늘색 빛의 드레스를 한 벌 받았습니다. 그녀는 대모에게 다시 조언을 구했고, 대모는 이번에는 달빛의 드레스를 달라고 요청하도록 했습니다. 크리스타벨은 다시 시키는 대로 했고 이번에도 은빛의 예쁜 드레스를 받았습니다. 다음에 그녀는 햇빛 빛깔의 드레스를 달라고 했는데 이것도 허락되었습니다. 며칠이 지나서 크리스타벨은 아버지가 사랑하는 당나귀의 껍질로 옷을 지어 달라고 했습니다. 아버지가 당나귀는 죽이지 않을 거라고 생각했기 때문이었습니다.

그러나 왕은 딸과 너무나 결혼을 하고 싶었기 때문에 당나귀를 죽이고 껍질을 그녀에게 가져다 주라고 명령했습니다. 당나귀의 껍질이 그녀에게 오자 딸은 아버지의 사랑을 피하는 유일한 길은 도성을 떠나는 길밖에는 없다는 결론을 내렸습니다. 그래서 그녀는 옷 세 벌과 대모가 마지막으로 건넨 금반지를 가지고 당나귀 껍질 밑에 숨어서 도망을 갔습니다.

크리스타벨은 시골을 떠돌다가 아버지가 절대 찾을 수 없을 것 같은 으슥한 곳의 농장에서 일하게 되었습니다. 그녀는 자신의 미모를 당나귀의 껍질을 뒤집어쓰고 감추었습니다. 그래서 사람들은 그녀를 '늙은 당나귀 껍질'이라 부르며 이상히 여겼습니다. 어느 날 먼 나라의 왕자님이 그녀가 사는 농장으로 휴식을 취하기 위해 왔습니다. 농장의 여주인은 크리스타벨에게 그녀가 가장 맛있게 굽는 과일 케이크를 굽도록 시켰습니다. 그녀는 안주인이 시키는 대로 했지만 직접 왕자에게 가져다 주지는 못했습니다. 너무 부끄러웠기 때문입니다.

밤에 왕자는 부엌 옆의 방에서 문틈으로 흘러나오는 불빛을 발견하고 열쇠 구멍으로 방 안을 들여다보았습니다. 거기에는 가장 아름다운 옷을 입고 금빛의 긴 머리를 빗질하는 아름다운 아가씨가 있었습니다. 아침에 왕자는 그 아름다운 아가씨가 누구인지를 물었지만 사람들은 모두 그가 꿈을 꾼 게 틀림없다며 웃었습니다. 어떤 미인도 거기에는 없고 단지 낮에는 단지들을 씻고 밤에는 박쥐와 함께 자는 '늙은 당나귀 껍질'만이 살고 있다고 대답했습니다. 왕국에 돌아간 그는 그만 밤에 본 아가씨가 그리워 몸져눕고 말았습니다. 어떤 치료법도 그를 구해내지는 못했는데 왕자는 어느 날 어머니에게 청해 크리스타벨이 구운 케이크 한 조각만 먹게 해달라고 하였습니다. 어머니인 왕비는 급히 사람을 보내 크리스타벨에게 아픈 아들을 위해 빵을 좀 구워 달라고 요청했습니다. 왕자를 염려하는 급한 마음에 크리스타벨은 빵 반죽 속에 대모가 주었던 금반지를 빠뜨린 채 빵을 굽고 말았습니다.

케이크를 먹던 왕자는 반지를 발견하였고 그러자 신기하게도 열이 내려가기 시작했습니다. 이윽고 왕자는 반지가 손가락에 맞는 여인과 결혼하겠다고 공표하였습니다. 아들의 건강이 호전되기 시작하자, 임금님은 반지의 주인을 찾아보라고 하인들에게 명령하였습니다. 그러나 온 나라를 다 뒤져도 반지가 손가락에 맞는 여인은 찾을 수 없었습니다. 마침내 왕자는 빵을 구웠던 '늙은 당나귀 껍질'의 손가락을 생각해냈지만 그 이야기를 들은 모든 사람은 그만 비웃고 말았습니다. 그러나 아들을 믿는 임금님은 크리스타벨을 성으로 데려오도록 시켰고 그녀는 당나귀의 껍질 밑에 아름다운 은빛의 드레스를 입고 궁중 신하들의 호위를 받으며 왔습니다.

크리스타벨을 본 왕자는 친절하게 그녀를 맞이했지만 자신이 찾던 여인이 아닌 줄 알고 그만 실망에 빠지고 말았습니다. 그러나 슬픈 마음을 감추며 왕자가 크리스타벨에게 반지를 끼워 주었을 때 당나귀 껍질은 벗겨지고 아름다운 은빛 옷을 입은 그녀가 빛나는 공주로, 비할 데 없이 아름다운 모습으로 나타났습니다. 왕자는 그 자리에서 그녀에게 청혼했고 그녀는 이를 받아들였습니다. 그리고 그들의 결혼식에 초대를 받아 참석했던 크리스타벨의 아버지는 딸을 보자 과거 자신의 잘못을 뉘우치고 그녀가 오래도록 행복한 결혼 생활을 하도록 축복해 주었습니다.[18]

위에 소개된 「당나귀 껍질」이라는 동화는 아버지가 급한 마음에 딸의 순결을 빼앗으려 한 정신적인 근친상간을 내용으로 한 동화이다. 크리스타벨처럼 많은 〈아버지의 딸〉들은 아버지가 그녀의 경계선을 얼마나 많이 침범했는지, 그리고 이런 기억이 그녀가 영위해야 할 건강한 성생활에 얼마나 많은 영향을 주게 될지를 잘 모른다. 딸이 아버지와의 관계를 끊을 때까지—도성에서 도망쳐 나올 때까지— 그녀는 연인과 성공스러운 관계를 제대로 맺지 못할 것이다. 그리고 그녀는 자신과 연인에게 자신을 전부 드러낼 수도 없다. 그녀의 신체는 비록 사랑의 행위에 반응을 보인다 해도 아버지가 그녀의 영혼 속으로 들어가는 열쇠를 쥐고 있는 한 그녀는 결코 자유롭지 못한 것이다.[19]

제2부
세상 속의 아버지의 딸들

제4장 영웅으로서의 아버지/운명으로서의 딸
제5장 창조성을 길러 주거나 파괴하기
제6장 여성과 권력
제7장 여성과 종교

데메테르의 딸들, 조앤 베티스트 작
(유화, 48 x 36인치. 1990)
*역자주―데메테르는 대지의 생산을 관장하는 그리스의 여신으로
로마시대의 세레스에 해당함.

제4장
영웅으로서의 아버지/운명으로서의 딸

> 현실의 아버지는 그에게 그 매혹적인 힘을 실어 주는 원형(原型)을 반드시 그 안에 구현하게 마련이다.
> ― 칼 융, 『프로이드와 정신분석』

> 내가 아버지를 생각할 때면 나는 좀처럼 믿기지 않는 감정에 휩싸여요. 나는 아버지에게도 결점이 있다는 것과 아버지는 화를 잘 내고 때로는 내 일에 간섭하려고 한다는 사실도 알아요. 그러나 아버지는 나를 너무나 사랑하고 따뜻하며 관대하기 때문에 나는 정말 행운아라는 생각이 들죠. 나는 내가 아버지에게 충분히 감사하고 있는가를 걱정한다니까요.
> ― 타머와의 상담 내용 중에서

부모에 대한 아이의 경험은 부모의 원형이 가지고 있는 요소뿐만 아니라 부모와 아이 사이에 일어나는 상호적인 활동의 기억으로 구성된다. 원형이란 마치 숨겨진 자석처럼 활동하는 타고난 이미지와 사상 그리고 본능적인 충동 등을 뜻하는 것으로 우리가 그것을 실제로 볼 수는 없지만 우리는 그것의 이미지는 볼 수 있고 또 그것의 에너지에 의해 추진력을 얻는다.[1] 집단 무의식에서 나오는 이 원형 이미지는 종교나 신화 전설, 그리고 동화 등의 기본 내용이 된다.[2] 융은 "부모의 원형은 매우 강력한 힘을 가진다. 그것은 아이들의 정신 활동에 너무나 많은 영향을 주기 때문에 우리는 도대체 우리가 한 명의 평범한 사람에게 이처럼 마술 같은 힘을 부여했던 적이 있는지에 대해 자문해

보게 된다"라고 쓰고 있다.³⁾ 아이들은 아버지에 대한 이미지를 원형의 아버지의 이미지에서 영향을 입은 대로 내면화하곤 한다. 그리고 개인적인 아버지는 수백 년, 수천 년 동안 전해져 내려오던 원형적 아버지의 자질과 역할을 유산으로 받는다. 물론 개인적인 아버지가 원형적인 아버지의 성향을 모두 구현해야 하는 것은 아니다. 그러나 원형적인 아버지의 영향은 너무나 커서 〈아버지의 딸〉이 아버지를 볼 때는 그를 인간적인 나약함이나 한계를 가진 인물로 보는 게 아니라 빛나는 약속과 힘을 가진 완벽한 인물로 보게 된다. 즉 〈아버지의 딸〉은 개인적인 현실의 아버지를 보는 게 아니라 그 안에 구현되어 있는 원형적인 아버지를 바라보는 것이다.

딸들은 계속해서 아버지가 한 약속에 집착하는데, 그 약속이란 그녀를 보호해 주고 그녀에게 많은 것을 제공해 주겠다는 약속이다. 아버지는 가정내에서뿐 아니라 사회적으로도 질서나 권위, 보호, 힘 등을 상징한다. 또 그가 대표하는 영역이란 주로 지력이나 가치의 세계, 그리고 이상의 세계이다. 여기에 더해서 아버지가 자신 안에 유전으로 구현하고 있는 원형적인 아버지의 웅대함은 그에게 영웅이라는 지위를 구현해 주기에 충분하다. 딸의 눈에는 아버지가 그의 삶 자체보다도 크고 그의 행동은 모두 모범적인 것으로 비친다. 아버지는 미남이고 창조적이며 사리에 밝고 관대하고 강한 남자 중 남자이다. 이러한 시각을 가지는 딸에게, 아내와 좋은 관계를 유지하는 아버지는 딸아이의 보호받고 싶어하는 갈망에 적절한 경계선을 친다. 이런 타입의 아버지는 딸을 감정적인 지지대로 삼을 필요가 없기 때문이다. 그러나 아내와의 관계가 원만치 않은 아버지는 자신의 인생에 난 구멍을 메우기 위해 딸의 헌신을 이용한다.

아버지가 원형의 아버지상을 자기 안에 구현하는 것처럼, 딸도 원형적인 자녀상을 구현해낸다. 융은 원형의 자녀상에 대해 "의식의 경계를 넘어서는 생명력의 의인화이며 의식이 전혀 알지 못하는 어떤 가능성과 방법의 의인화"라는 표현을 썼다. 즉 원형적인 자녀상은 모든 존재내에 있는 거부할 수 없는 가장 강력한 욕망, 자기 자신을 실현시키고자 하는 욕망인 것이다.[4]

〈아버지의 딸〉은 아버지의 잠재적인 미래를 구현해서 그를 완성시킬 것이다. 그녀는 아버지의 젊음과 지혜, 기상, 그리고 실현하지 못했던 꿈도 그녀의 인생 속으로 가지고 들어갈 것이다. 결국 딸은 아버지의 삶을 지속하는 셈이다. 아버지가 그녀의 영웅이기 때문에 그녀는 '선택된 인물'이고 따라서 자신을 통해 아버지를 반영하는 일은 즐거운 일이다. 또 〈아버지의 딸〉은 아버지가 의도하지 않아도 그가 가지고 있는 좋은 점을 모방하는 경향이 있다. 내 경험에 비추어 보면 나는 아버지가 하는 사업에 종사하고 싶었지만 아버지는 한 번도 격려해 주시지 않았다. 그러나 나는 내 희망을 결코 포기하지 않았다. 아버지 안에 들어 있는 원형적인 아버지와 딸의 마음속에 들어 있는 원형적인 아이의 상은 서로 맞물려 끊임없는 반영과 욕망을 일으키기 때문이다.

영웅인 아버지

지금까지 신화나 다양한 문화 속에 들어 있는 영웅은 보통 자신의 개인적, 지역적, 역사적인 한계를 극복하여 보다 높은 수준의 의식에 도달하였다. 아테네의 많은 영웅과 모세, 그리고 예수에 이르기까지 이들이 구현하는 영웅의 원형은 그 지역 사람들을 하나로 모으는 중심축의 역할을 한다. 그러므로 영웅에게는 두 가지의 역할이 있다. 첫째는 자신을 매일매일의 일상 생활로부터 끌어내어 사랑과 죽음에 대한 깨달음을 얻는 것이고(깨달음), 둘째는 조셉 캠벨이 지적한 대로 모든 사람을 이롭게 하고 새롭게 할 지식을 가지고 자신의 공동체로 돌아오는 것이다(귀환). 그리고 공동체의 모든 사람들은 그의 귀환을 기뻐할 것이다.[5]

그러나 오늘날의 영웅은 현대가 부족사회가 아닌 관계로 과거에서처럼 열렬한 환영도 받지 못하는 데다가 이십 세기에 들어와서는 영웅적인 이미지도 많은 변화를 겪게 되었다. 융 심리학자인 싱어는 "현대의 영웅이란 예전보다 훨씬 적은 야망과 사회의식을 가진 채 개인의 힘과 지략으로 성공하는 하나의 개인이다. 그는 점차 커져 가는 회사라는 장을 통해 자기를 구현하고 그의 성공 앞에는 아무것도 막아서지 못하게 한다"[6]고 말한다. 또한 현대에서 영웅의 귀환이란 개인적인 지배나 경쟁으로 오지 않고, 협력과 화합을 통해서 주어진 일을 성취하도록 격려하는 다분히 정신적인 모습으로 나타난다.

영웅으로서의 아버지가 하는 역할도 현대에 와서는 많이 변하였다. 그는 위에서 언급한 영웅의 두 가지 역할 중에서 하나만 수행하게 되는데 먼저 그는 가족을 외부 세상과 통하게 해주는 다리 역할을 하고 매일매일 그의 성과를 통해 영웅성을 시험받는 첫번째 역할을 무난하게 수행한다. 영웅으로서의 아버지의 이와 같은 역할의 비중은 비록 오늘날에는 여성의 외부 활동이 증대하고 여성이 가장인 가정도 늘어나 상대적으로 줄어들기는 했지만 그래도 여전히 지대하다고 할 수 있다. 그러나 문제는 두 번째 역할, 즉 귀환의 역할인데, 가족은 영웅인 아버지의 귀환을 목빼고 기다리지만 사회는 그를 가정으로 쉽게 보내주지 않는다. 그는 사회에 봉사한다는 명분을 얻는 대신 가정을 포기하도록 권고를 받는다. 단지 가족에게 먹을 것과 입을 것을 제공한다는 최소한의 책임감만 부여한 채.

오늘날의 아버지는 용을 쳐죽이는 일은 성공적으로 마무리하지만 남은 뼈를 가지고 집으로 돌아오지는 못한다. 집으로 귀환하는 영웅의 두 번째 여정은 오늘날의 아버지들에게 불가능해졌다. 그래서 시인 로버트 블라이가 노래했던 것처럼, 아이들은 아버지의 이미지는 물려받지만 그의 직접적인 가르침은 받지 못한다. 결국 아버지는 그의 인간적인 면모와는 다른 영웅적인 이미지를 띠게 되고, 또 아이들 곁에 있을 수 없게 됨으로써 아이는(특히 딸은) 아버지를 자기가 만들어내고 싶은 이미지대로 더욱 부풀려 놓고 만다. 아버지를 좀더 강하고 누구보다 뛰어나며 세상의 어느 남자보다도 친절하고 따뜻한 사람으로 만들어낸다. 이런 상황에서 아버지와 딸 사이에는 사실 진정한 관계가 형성되지 못한다. 딸은 자기가 생각해낸 대로의 아버지의 모습을 영웅이라 여기기 때문이다. 그리고 그를 닮기 위해 자기의 여성성을 버리고 만다.[7]

아버지를 신화 속의 인물로

『가족의 시련』을 공동 집필한 내피어는 말한다. "딸이든 아들이든 우리 중에 아버지와 진정으로 사귀는 사람은 거의 없다. 우리는 아버지 안에 있는 것을 알아내기 위해 그와 비슷한 행동을 하고 그와 비슷한 어조로 말을 하지만, 우리는 그의 내면에 들어 있는 것을 끝내 알지 못한다."[8] 우리는 아버지가 진정 누구인지를 알아내는 데 일생을 보낸다. 그리고 이 과정에서 우리는 그의 결점은 뒤로 한 채 그를 신화 속의 인물로 만들어 버린다. 「나의 아버지를 바라보며」라는 작품에서 시인 샤론 오울즈는 다음과 같이 쓰고 있다.

나는 아버지한테 속았다는 생각은 하지 않아요.
나는 아버지가 술을 좋아하며 종종 졸라대고
엄격하며 집착하고 이기적이며 때로는 감상적이라는

사실도 알고 있죠.
그러나 이런 아버지를 하루 종일 보고 있어도
나는 아버지에 대해서 아직 충분히 알지 못해요…….9)

오울즈는 우리를 대변해서 "아버지를 하루 종일 보고 있어도 나는 아직 아버지에 대해 충분히 알지 못한다"고 말한다. 그러나 우리가 진정으로 바라보고 있는 사람은 누구인가? 아버지를 바라보면서 나는 나의 가능성을 본다. 아버지가 창조적이면 나도 창조적일 수 있고 아버지가 똑똑하면 나도 똑똑할 수 있으며 아버지가 친절하면 나도 친절할 수 있고 아버지가 성공하면 나도 성공할 수 있다. 아버지가 나를 좋아하면 나도 아버지를 위해 무엇이든 할 수 있다. 나는 아버지의 연장이기 때문이다. 그러나 아버지의 연장이라는 것이 아버지를 충분히 안다는 것을 의미하지는 않는다.

우리 딸들은 사실 어머니에 대해서 더 잘 안다. 우리는 어머니의 느낌을 알고 그의 행동을 지켜본다. 우리는 어머니의 몸에 대해서도 알고 있다. 그러나 어머니들은 우리에게 신비롭지 않다. 그래서 그들은 아버지처럼 우리 딸들을 매료시키지도 않고 또 어머니를 알기 위해 우리는 모험을 하지 않아도 된다. 우리는 아버지가 우는 모습도 또 그가 두려워하는 모습도 보지 못했다. 그러므로 아버지는 우리보다 훨씬 강하고 모든 상황을 완벽히 조절하고 있는 듯이 보인다. 그야말로 신처럼……. 그리고 아버지의 이런 모습이야말로 우리가 아버지를 영웅으로 숭배하게 하는 핵심이다.

〈아버지의 딸〉은 아버지를 영웅으로 바라본다. 여기에 그녀가 어머니와 좋지 않은 관계를 맺고 있다면, 그녀의 '훌륭한 부모'란 오로지 아버지가 되어 버린다. 만약 어머니가 딸을 여성의 측면에서 제대로 양육하지 못한다면 그녀는 아버지의 인생 행로를 그대로 따르려 할 것이다. 아버지만을 그녀의 유일한 사랑의 대상으로 여기며. 우리의 환상 속에 아버지는 완벽하지만 어머니는 그렇지 못하다. 샤론 오울즈의 표현을 다시 빌려 보자.

> 나는 심지어
> 아버지의 입 속까지
> 니코틴으로 누렇게 점이 찍힌 그 입 속까지도 바라본다.
> 그리고 이빨의 긴 뿌리까지. 어머니가 그토록
> 싫어했던 그 뿌리까지 들여다본다.
> 그리고 입 속의 양쪽 옆에 붙어 있는 반점도
> 저 뒤쪽에 혹처럼 달려 있는 목젖도……
> 나는 그가 완벽하지 않다는 걸 안다. 그러나 내 몸은
> 여전히 그의 몸이 완벽하다고 생각한다.
> 옅은 분홍빛의 피부며 그 커다란 상체, 목 한가운데 불쑥 솟아 있는
> 남자의 상징, 머릿결, 성, 나보다는 훨씬 긴 다리,
> 그리고 그 사랑스러운 발……[10]

아버지를 영웅처럼 바라보는 딸은 그를 전지전능하다고 생각한다. 『다른 쪽』이라는 소설에서 고든은 사춘기에 다다른 인물인 다시가 아버지와 함께 하워드 존슨의 집을 떠나는 장면을 묘사한다. 아버지에게 소중한 사람은 자기라고 생각하면서.

고든은 "그녀는 아버지에게 정말 소중한 존재였다. 그리고 이것을 아는 그녀는 세상에 못 할 일이 없다고 생각한다. 그리고는 '어른이 되어서도 나는 이 일을 기억할 거야. 내가 열일곱 살 때 나는 아버지와 같이 행동했고 그때에는 세상에 내가 하기에 너무나 벅찬 일은 없었다'고 혼자말을 한다"[11]라고 쓰고 있다.

아버지를 영웅으로 생각하는 〈아버지의 딸〉은 세상의 모든 일이 그녀에게는 가능하다고 생각한다. 그리고 이런 감정은 자신의 실패를 받아들이는 일을 매우 어렵게 만든다. 아버지와 있을 때 모든 일이 가능하다고 느끼던 딸에게 세상으로부터 배척을 받는 경험은 그녀를 매우 황폐하게 만든다.

스물다섯의 제니퍼는 아버지를 언제나 영웅처럼 여겼고 어른이 되어서는 법에 입문하여 그를 모방하려 하였다. "아버지야말로 미국의 영웅다운 영웅이었죠. 아버지는 관대했고 베트남 전쟁에도 참가했고 미식 축구팀에서 쿼터백으로 뛰었어요. 아버지는 사람들 앞에 나서서 자기의 의견을 주장하는 일에 전혀 머뭇거림이 없었고 자기가 누구이며 정말 무엇을 원하는지에 대해서도 잘 알고 있었어요. 나는 그런 아버지가 자랑스러웠어요. 이렇게 생각하는 사람이 나뿐만은 아니었어요. 내 친구들도 아버지를 만나면 아버지의 모습에 압도되곤 했죠. 아버지는 정말로 친절하고 유쾌한 분이었어요. 나는 아버지에 대해서 약간 경외의 마음도 가지고 있었죠."

법대에 재학 중일 때에 직장을 구하던 제니퍼는 번번이 거절당하였다. 그리고 그녀는 자기에게 왜 이런 일이 일어나는지 이해하지 못했다. "나는 우리 과 애들 모두가 다 떨어졌다는 걸 알아요. 그래도 나는 위안을 받지는 못했죠. 어떻게 그들이 나에게 그럴 수가 있어요. 그토록 훌륭한 아버지가, 나를 뽑아 가는 법률 회사는 정말 운이 좋은 거라고 했는데요. 아버지가 말씀하시길 나는 매력적이고 똑똑하며 일도 열심히 한다고 하셨거든요. 그런데 어떻게 이런 내가 이 고장에 있는 모든 법률 회사로부터 거절을 당할 수가 있냐구요?"

〈아버지의 딸〉이 어른이 되어서도 아버지를 영웅으로 생각한다면,

그녀는 아버지를 한계를 지닌 인간으로 받아들이는 데 더욱 큰 어려움을 느끼게 된다. 아버지에 대한 그녀의 인식은 아주 어린 시절에 굳어져서 변하지 않는 게 보통이다. 이러한 딸은 아버지가 나이를 드는 것도 받아들이기 힘들어한다.

클레어는 아버지를 웨스트 버지니아라는 작은 마을의 영웅이라고 생각했다. 아버지는 마을에서 개업을 한 의사로 마을 사람들의 건강을 돌보았고 사람들은 아버지를 의지하고 사랑했다. 아버지는 나이가 많았음에도 불구하고 2차 세계대전에 자원 봉사자 신청을 했고, 나라를 위해 조금의 보탬이라도 된 그 시간을 가장 자랑스럽게 생각했다.

비록 클레어와 그녀의 오빠는 이 기간 동안 아버지의 빈 자리를 느끼긴 했지만 그래도 그녀는 아버지의 '부재'를 고통스럽게 받아들이지는 않았다.[12] 아버지는 그녀의 영웅이었고, 이제 나이 쉰둘이나 된 그녀는 아직도 아버지를 영웅처럼 존경하고 있다. 단지 지금의 아버지는 빛을 조금 잃었을 뿐이라고 생각하면서.

클레어의 아버지가 지역 주민의 건강을 돌보는 일에 열중하고 있을 때, 클레어는 아버지를 대신해서 삼촌인 에드와 많은 시간을 보냈다. 지금 에드 삼촌은 죽어 가고 있고, 여든네 살이나 된 아버지는 그의 죽음 앞에 어찌해야 할 바를 모르고 있다. "아버지는 아마 이런 상실감은 잘 극복하지 못하실 거예요. 그렇지만 아버지가 이번엔 정도가 좀 심한 것 같아요. 나는 그 이유를 이제야 알았죠. 지금까지 마을의 모든 사람을 돌본 아버지를 어머니가 항상 뒤에서 돌보신 거예요. 아버지는 실제로 그렇게 강한 사람이 아니었던 거죠. 나는 마침내 나의 신이 전능하지 않다는 사실을 깨달았어요."

클레어가 팔십이 된 아버지의 슬픔과 혼란을 쉽게 받아들이지 못한 것은, 딸이 아버지에게 바쳐 왔던 영웅 숭배의 부작용과 관련이 있다. 일반적으로 한 남성이 가정에서 영웅 이미지를 갖도록 강요받으면, 그는 보통의 우리처럼 주위 사람들에게 일반적인 감정을 쉽게 표출시키지 못하게 된다. 항상 철갑으로 된 갑옷을 입고 있어야 했던 그가 그 갑옷을 더 이상 지탱하지 못하고 허물어져 버릴 때 아무도 편안히 그를 지탱하고 받아들이지 못하게 된다.

부재중인 영웅

'영웅으로서의 아버지'의 패턴에 들어 있는 많은 아버지들처럼 클레어의 아버지도 그녀가 어렸을 때 전쟁에 종군하느라 오랜 시간 집을 비웠다. 국가에 봉사한다는 명분과 함께, 지역의 공동체를 보호하는 아버지의 이미지는 정의와 힘으로 가득 차 비록 아이들이 아버지를 그리워하더라도 그의 부재마저 정당화된다. 그리고 이런 경향은 아버지가 아직 보호자와 제공자라는 역할을 충분히 할 때 더욱 그렇다.

제니퍼가 아직 고등학생일 때 그녀의 아버지는 커다란 법률 회사에서 소송 법률가로 일했다. 아버지는 집에 와서도 일해야 했다. "아버지는 몸만 집에 와 있지, 마음은 회사에 있었어요. 아버지는 젊은 나이에 다른 사람보다 빨리 승진을 했죠. 그러나 아버지는 우리를 위해서 그런 거예요. 아버지의 이기심 때문이 아니라요."

나도 역시 어렸을 때 아버지가 집에 없어도 아버지를 영웅처럼 존경했다. 아버지는 주로 맨해튼에서 일했고 집까지 오는 데는 시간이 걸리기 때문에 아버지는 나와 언니가 잠자리에 들어야 집에 오곤 했다. 나는 내가 열세 살이 되어 아버지의 일을 돕기 전까지는 아버지와 함께 시간을 보낸 기억이 거의 없다. 내가 아버지에 대해서 가지고 있는 기억은 주로 무더운 여름날 아버지와 함께 차를 타고 집으로 돌아오면서 나누었던 많은 대화들뿐이다.

나는 최근에 아버지가 털어놓은 이야기를 듣고 몹시 놀랐다. "나는 내가 한 번도 만족한 적이 없다고 생각한다. 나는 나를 몰아치고 그러면서 내 가족을 위해 일한다고 스스로 되뇌어 왔다. 사람이란 자기를 만족시키기 위해서는 무슨 일이든 할 수 있다. 가족을 위한다는 말은 그야말로 변명이었지. 나는 내 일에 만족해 왔고 너희 엄마나 너, 그리고 언니를 내내 속여 왔지."

아버지의 말은 나에게 가벼운 마비를 일으킬 만큼 충격을 주었다. 나는 이제껏 아버지는 우리를 위해 오랜 시간 동안 일하지 않으면 안 되는 것으로 생각하며 나 자신을 위로해 왔고, 한편으로는 '도대체 광고 일이라는 게 뭐 그리 중요해?'라는 마음속의 의문을 혼자 애써 지워 왔었다. 그런데 이제 와서 아버지가 이런 고백을 하다니……. 내 마음속에는 이제껏 숨겨 왔던 분노와 아버지를 그리워하게 만들던 그 상실감이 다시 물밀듯이 밀려왔다.

운명으로서의 딸

딸의 능력과 타고난 재능을 키워 주려 노력하는 아버지는 자기의 운명을 딸에게 투사시키지 않는다. 대신 그는 딸아이의 능력과 좋아하는 일을 관찰해서 그 일을 더 잘 할 수 있게 해준다. 딸도 아버지 안에 들어 있는 원형적인 이미지를 확대하지 않고, 아버지도 자신의 잠재력을 최대한 발휘하며 사는 변화하는 삶을 추구한다고 여긴다. 이런 딸에게 아버지는 잠깐 동안 영웅으로 보일 수 있지만, 아버지는 선을 지키며 아내와의 적절한 애정 관계를 유지한다. 그러므로 딸의 아버지에 대한 영웅화는 그녀가 사춘기에 들어가거나 어른이 되자마자 저절로 사라져 버린다.

　대조적으로 〈아버지의 딸〉은 아버지의 잠재력을 자기의 영웅 숭배에 가두어 놓고는 자기가 생각해낸 아버지의 모습을 모방하려 일생을 보낸다. 어른이 되고 나서 어느 시기에는 아버지와 헤어져야 하지만, 그래도 한때 아버지와 함께 일을 한 경험은 딸에게 이로움을 줄 때도 있다. 아버지와 일을 함께 하도록 허락을 받은 딸들은 외부 세상에 함께 참여할 수 있고 거기에서 성공도 할 수 있다는 확신을 키우게 된다. 이런 경험이 딸들이 앞으로 그들의 일자리를 마련하는 데 반드시 필요한 것은 아니지만, 그래도 이를 통해서 딸들은 그들이 일을 선택하는 데 훨씬 도움이 된다고 생각한다.[13]

　외부 세계와 이어 주는 다리인 아버지를 자신과 동일시하는 딸의 행위는 그녀가 일의 세계에서 성공할 수 있도록 도와준다. 어쩌면 아버지와 자신을 동일시하는 행위가 딸에게 이로움을 주는 가장 큰 부분은 아마 이 부분일 것이다. 아버지에게 배운 외부 세계에서의 기술과 능력은 〈아버지의 딸〉이 마침내 아버지로부터 벗어나서 자기만의 재능과 특기를 추구해 가는 것도 도와준다. 딸은 그때서야 실제로 자기의 운명을 개척해 나가게 된다. 타마도 이런 입장에 처했던 여성이다.

　타머는 이제 막 광고 회사를 연 서른 살의 뉴욕 토박이다. 그녀의 아버지는 지난 23년간 엔지니어링 회사를 운영해 오고 있고, 할아버지도 옷을 만드는 회사를 운영했었다. 타머는 자기 안에도 사업가적인 피가 흐르고 있다고 생각했다. "나는 아버지로부터 자신을 극한까지 밀어 놓고 끝내는 원하는 것을 손에 넣는 성격을 물려받았어요. 아버지가 안 계셨다면 아마 이 어려운 일을 시작할 엄두도 못 냈을 거예요. 서른이 되었을 때 나는 출판일을 그만두고 어느 광고 회사 일자리를 알아보고 있었죠. 그때 아버지로부터 '네가 직접 광고 회사를 운영해 보지 그러니?'라는 말씀을 들었어요. 처음에는 웃어 버렸지만 시간이 가면서 내 생각도 바뀌어 갔죠. 일 주일, 혹은 이 주일이나 지났을 즈음에 우리는 재정이나 그밖의 문제를 의논하느라 머리를 맞대고 있었어요. 조금씩 조금씩 윤곽이 잡혀 갔죠. 아버지는 언제든 도와주겠다는 표정으로 늘 거기에 계셨어요. 그리고 아버지는 내 능력에 대해 확신을 갖고 있었죠. 처음 일 년 동안은 꼭 필요한 돈도 대출해 주시면서. 나는 여성이라고 해서 열등하다거나 하는 그런 생각은 하지 않았어요. 아버지는 내가 아버지에 버금갈 만큼 똑똑하다고 얘기해 주시곤 하셨거든요. 살면서 어떤 문제를 만날 때마다 나는 내가 그 문제를 다른 사람과의 경쟁에서 충분히 헤쳐 나갈 수 있다는 걸 한 번도 의심하지 않았죠."

사업을 시작하면서 타머는 아버지의 사업 방식을 모방하려 애썼다. 그녀는 사업가적인 기질이 자기에게도 있다는 사실을 자랑스러워했고, 또 아버지도 이를 인정해 주었다. 타머는 고등학교와 대학 시절에 아버지를 도왔던 경험을 통해 그 계통의 일에 대해서 이미 약간은 친숙해 있었고, 회사의 경영에 대해서도 많은 꿈을 꾸어 왔다. 그리고 아버지가 그녀의 의견을 늘 존중해 주었던 것도 남성과 자신이 평등하다는 생각을 그녀에게 심어 주었다. "나는 너를 믿는다. 그리고 나는 너를 언제나 도와줄 거야."

이러한 환경에 있던 타머가 겪었던 어려움은 일이 아니라 인간 관계였다. 타머는 아버지와 비교하느라 남편감을 쉽게 선택하지 못했다.

타머가 그랬던 것처럼 딸이 아버지로부터 전적인 지원을 받게 되면 딸은 자신의 내면에 존재하는 남성적인 측면과 매우 가까워진다. 그리고 자기도 남자들처럼 세상에 나가 성공할 수 있다고 믿는다. 일단 아버지로부터 추진법을 배운 딸은 마치 제트기처럼 높은 창공을 향해 솟아오른다. 단 아버지의 지원이 그의 이기심의 연장이 아닐 경우에만.

아버지가 덧입혀 준 이미지

성공을 하고자 하는 자신의 욕망을 딸에게 투사시키는 아버지를 둔 딸은, 쉽게 그녀만의 선택을 하지 못한다. 이런 경우의 아버지는 자신이 미처 다 펼치지 못한 꿈을 딸에게 씌우는 것으로, 그는 딸도 그녀만의 바람과 목표를 가진 하나의 인격체라는 사실을 깨닫지 못한다. 아버지는 자신과 딸을 동일시하고 그녀의 인생을 너무나 가까이에서 모니터하기 때문에, 딸조차 자신이 아버지의 통제 밑에서 숨이 막혀 있다는 사실을 알지 못한다. 아래의 사례는 아버지와 너무나 가까웠던 딸이 아버지의 죽음 이후에 절망에 빠졌다가 아버지로부터 정신적으로 독립을 시작하는 예이다.

재키는 아버지가 죽은 후 18개월 만에 정신 치료를 시작한 스물일곱 살의 변호사다. 아버지가 죽은 후 그녀는 일자리도 잃었고 슬픔으로 인해 꼼짝도 하지 못했다. 아버지의 죽음으로 그녀는 버림받았다는 생각을 하게 되었고, 스스로 어떤 선택도 하지 못하였다. 아버지가 그녀를 위해 이제껏 모든 선택을 해주었으니까. 그리고 이러한 혼란 속에서 그녀는 이제껏 그녀의 삶은 자신의 것이 아니었다는 엄중한 현실을 직시하기 시작했다.

아버지와 매우 절친한 관계를 유지했던 그녀는, 여섯 살 때 폴카를 추는 방법을 가르쳐 주던 아버지의 모습을 아직도 기억하고 있다. 아버지는 그녀를 인도해서 많은 어려운 스텝을 가르쳐 주었고 그때마다 그녀는 상을 받았다. 그리고 어느덧 재키에게는 아버지만 쫓아가면, 아버지의 발자취만 쫓아가면, 모든 일은 해결된다는 생각이 자리를 잡았다. 변함없는 열정으로 아버지는 그녀에게 공부를 가르쳤고 무슨 일이든 해낼 수 있다고 가르쳤다. 유고슬라비아로부터 이민 온 아버지는 자신이 발음을 제대로 하지 못하기 때문에 이 세계에서는 성공할 수 없다고 생각해서 재키에게는 절대로 이런 경험을 물려 주지 않겠다고 결심했다.

재키는 아버지 때문에 법대에 진학했다. 아버지가 변호사는 힘도 돈도 명예도 얻는다고 생각했기 때문이다. 재키는 아이들을 가르치는 선생님이 되거나 의대에 가서 소아정신과를 전공하고 싶었다. 하지만 아버지는 선생님은 여성적인 직업이라는 이유로, 그리고 정신과 의사가 되기에 재키는 너무 약하고 또 정신과 자체가 그다지 쓸모가 없다는 이유를 들어 모두 허락치 않았다. 아버지는 집안에 변호사를 한 명 두기를 열렬히 바랐는데 이를 가능케 해줄 아이는 재키밖에 남아 있지 않았다. 재키의 어머니도 아버지의 의견에 동조해서 그녀를 압박했다.

아버지가 돌아가시고 일자리마저 잃게 되었을 때, 그녀는 아버지도 기쁘게 하면서 자기도 만족할 만한 일을 찾아다녔지만 얻지 못했다. 재키는 아버지의 무덤이 자기를 내리누르는 듯했다고 회상했다. 학대받는 아이들을 가르치는 일을 하자니 이미 자신과 동일시되어 버린 아버지가 실망하실 것 같고, 정신과 의사가 되자니 그 과정을 밟는 동안 내내 아버지를 죽이는 것 같아 쉽게 결정을 내리지 못했다. 그녀는 마침내 분노를 터뜨렸고 아버지가 지금껏 자기를 대신해서 그녀의 인생을 살아왔다는 인식에 이르게 되었다. 그녀의 꿈도 필요도 모두 무시한 채. 재키는 지금껏 한 번도 입 밖에 내보지 못했던 그녀만의 목소리를 내려고 시도하면서 아버지에게 다음과 같은 편지를 썼다.

사랑하는 아버지께

아버지는 나의 영웅이셨어요. 알고 계셨죠? 그리고 아버지는 나의 첫사랑이었고 완벽한 남자의 모델이었죠. 나는 아버지를 숭배했었고 존경했었고 또 아버지를 위해 살았어요. 나는 아버지의 그림자였고 아버지와 함께 많은 즐거운 시간을 보냈죠. 그러나 내가 무슨 일을 해도 그건 왠지 충분치 않게 느껴졌어요. 아버지를 정말 기쁘게 하지는 못하는 것 같았죠. 이제까지 나는 아버지를 기쁘게 하기 위해 살아왔는데, 아버지가 안 계신 지금 나는 내 자신을 만족시켜야 할지 아니면 아버지를 기쁘게 해드려야 할지를 몰라 방황하고 있어요. 아버지를 기쁘게 해드리기 위해 무엇이든 했던 나는 이제 아무 일도 하지 못하는 아이로 남아 있어요. 마비된 것처럼요.

재키는 자신의 인생을 아버지가 자기의 필요에 따라 재단해 왔음을 알았다. 아버지는 그녀가 고른 남자와 데이트를 하면 모두 흠을 잡아 방해했고 그녀에게 항상 더 열심히 일을 하라고 다그쳤다. 치료를 통해 재키는 영웅으로서의 아버지를 잃은 슬픔에는 울음을 터뜨렸고, 자기의 인생을 빼앗아 간 남자로서의 아버지에 대해서는 분노를 터뜨렸다. 그리고 이런 혼란이 지나고 난 후 그녀는 자기만의 목소리에 귀를 기울이기 시작했다.

치료를 시작한 지 몇 개월 후에 재키는 성적으로 학대를 받은 아이들을 돌보는 일을 시작했고, 있는 그대로의 그녀를 사랑하며 그녀를 바꾸려 노력하지 않는 남자를 만나 사귀기 시작했다. 그녀는 또한 아동 상담 분야의 학위를 따기 위해 대학에 다시 들어갔다. 재키는 자기가 종종 느끼던 불안이, 이민자로서의 아버지가 늘 떨쳐 버리지 못했던 불안을 물려받은 것이라고 생각했다. 그녀는 아버지가 자기를 사랑했으며 그녀를 행복하게 해주고 싶어했지만, 아버지는 딸이 행복해지기 위해서는 그녀 스스로의 인생을 살아야 함을 미처 몰랐다는 것도 이해하게 되었다.

다음은 딸과 헤어져서 황폐함을 느끼는 아버지의 경우이다. 이 〈아버지의 딸〉은 드물게도 어른이 되자마자 아버지가 그녀를 통해 이루어내고자 하는 투사를 벗어 버렸다. 그리고 작가가 된 그녀는 아버지가 그녀의 인생 속에서 반영되는 자신을 보고 싶어 얼마나 많은 에너지를 썼는지에 대해 회고했다.

『책 만드는 사람의 딸』이라는 자서전에서 애보트는 다음과 같이 쓰고 있다. "만약 우리 인생이 뉴스 영화(뉴스 형식을 띤 영화)에 비유될 수 있다면 아버지는 내래이터에 해당될 거예요. 나는—아버지 생각에는—듣기 위해 태어난 아이같이 굴었고 듣는 일만이 아버지에게 충실한 행위라는 사실을 일찍부터 이해했죠. 아버지는 언제나 모든 사람에게 귀를 빌려 달라고 졸랐으니까요. 시선 집중은 아버지가 원하는 일이었고 나는 아버지가 원하는 일을 해드렸어요."14)

애보트는 1940년대와 50년대에 경마일을 보는 아버지의 외동딸로 자라났다. 애보트의 아버지가 어머니와 결혼했을 때 그는 광적으로 책을 좋아했다. 그리고 그 열정을 딸이 또 이어받았다. "어머니는 나를 다른 여자애들처럼 키우려고 고집하셨으나 아버지는 나를 조금 다르게 키우고 싶어했어요. 아버지와 나에게는 책이 티본(T-bone) 스테이크나 으깬 감자 같았지요. 로망스(중세의 기사담과 곁들어 사랑 이야기를 담은 책)는 역사와 문학이라는 메뉴 중에서 가장 맛있는 구운 갈비살이었구요."15)

애보트의 아버지는 딸이 자기와 비슷한 열정을 가진 것에 대단히 기뻐하면서 자기의 못다 이룬 꿈의 불씨가 딸에게 들어 있는 것으로 착각했다. 그녀가 뉴욕으로 일을 찾아 떠나 버리자 그녀의 아버지는 실의에 빠져 심한 마음의 병을 앓았다. 그러나 애보트는 자신의 꿈을 좇기 위해서는 아버지를 떠날 수밖에 없다는 생각에는 변함이 없다. 어쩌면 아버지 스스로가 그녀의 이와 같은 미래를 준비했는지도 모를 일이다. "나는 내 자신에게 말했죠. 내 삶의 창조자는 나라고. 그리고 '딸'이라는 직분은 나를 평생 따라다녀야만 하는 일종의 숙제는 아니라고."[16)]

아들처럼 키우는 딸

아버지를 위해 '자녀'라는 원형에 충실하고자 하는 딸은 무의식적으로 자신이 아들의 역할을 떠맡았다고 생각한다. 아들이 없는 아버지나 아들에게 실망한 아버지는 자신의 후계자나 그의 꿈을 반영해 줄 자녀를 위해 이번에는 딸에게로 눈을 돌린다. 아버지는 자신이 선택한 딸을 아들처럼 대하고, 아들에게나 어울릴 책임감을 떠넘기며 그녀가 아들이었으면 정말 좋았을 것처럼 이야기를 한다. 그리고 이런 대우에 점차 익숙해지는 딸은 아버지가 원하는 바를 자기가 마치 아들인 듯한 방식으로 수행한다. 이러한 유형의 아버지는 또한 우리가 3장에서 만나 보았던 지성적인 아버지 즉, 딸의 성적인 면에 대한 자기 방어로 지성을 택하는 아버지와는 다른 유형으로 여기에서 문제가 되는 것은 성적인 측면이 아니라 딸의 가족내에서의 운명이다. 아버지는 딸이 자기의 꿈과 능력을 반영할 때만 그녀의 꿈과 능력을 키워 주고 딸의 독자성을 인정해 주는 것 같지만 사실은 그녀를 자기의 꿈을 반영해 주는 일종의 매개체로 본다.

아들처럼 취급받은 〈아버지의 딸〉은 남성적인 기질과 능력은 배양해 나가지만 여성적인 측면은 모두 퇴화되어 버린다. 그도 그럴 것이 아버지가 그녀에게 남자처럼 행동하고 남자처럼 생각하고 논쟁하고 남자처럼 경쟁하라고 가르쳤으니까. 어머니보다는 아버지를 선택한 딸들은 아버지를 통해 남자들의 세계에서 어떻게 우위를 점하는가를 배우지만, 여성이라는 자기 정체성에 대해서는 언제나 주저하며 망설인다. 이러한 여성들의 외면적인 자신감은 단단한 기반을 가지지 못해 그녀 스스로도 자신의 삶이 사기인 것같이 느끼는 경우가 허다하다

직접적으로나 간접적으로 딸을 아들처럼 여기며 대하는 아버지는 딸이 여성으로서 느끼는 기쁨을 상당량 빼앗는 것이 된다. 어른이 되어서 딸이 여성으로서의 자기 정체성을 충분히 받아들이기 위해서는 그녀는 먼저 아버지의 영웅화를 포기해야 하고 그 다음은 자기에게 덧씌워졌던 아들의 이미지를 벗겨야 한다. 즉, 성숙한 여성으로서 살기 위해서는 아들 대신으로 살아왔던 딸의 이미지를 벗어야 하는 것이다.

내가 이 부분을 집필할 때 나는 아들을 희생시키는 아버지를 내용으로 하는 꿈을 꾸었다.

나는 땅의 소유권을 놓치지 않으려고 아들을 희생시키는 아버지가 나오는 영화를 고등학교의 강당에서 보고 있었다. 아버지는 우선 아들을 데리고 나가 자기가 가진 땅을 둘러보게 하면서 "이것이 너의 왕국이란다" 하고 말했다. 그때 이 땅을 빼앗으려는 삼촌이 말을 타고 달려오는 것이 보였다. 아버지인 왕은 아들에게 네 땅을 구하기 위해서 용감하게 삼촌을 만나라고 말했다. 벌써 자기의 운명을 예감한 아들은 아버지에게 충성을 바쳐야 한다고 생각했다. 그는 아버지의 요구에 수긍하고 죽음을 향해 나갔다. 여기에서 영화는 끝이 나고 잠시 휴지기가 됐다.

나는 오른편 뒤쪽 줄에 앉아 있고 아버지는 왼편 앞쪽 줄에 앉아 있었다. 나는 아버지에게 내가 특별히 좋아했던 수학 선생님을 소개하려 했지만 어디에 있는지 찾을 수가 없었다. 나는 내가 좀 괜찮다고 느끼던 남자 아이들에게 아버지와 같이 있는 내 모습을 보여주고 싶었다.

휴지기는 끝이 나고 영화가 다시 시작되자 나와 아버지는 각자의 자리로 돌아갔다.

영화 속의 왕은 아들을 데리고 나가 삼촌을 만났다. 아들은 자기가 땅을

대신해서 희생될 것이라는 걸 알았다. 아들은 아버지를 쳐다보면서 "다른 방법은 없나요?"라고 물었다.

왕은 아무 대답이 없었다. 아들은 아버지의 침묵 속에 이미 자기의 운명이 밀봉되어 있음을 알았다. 아들은 서서히 삼촌의 칼날 아래로 걸어 들어갔다.

이 꿈 속에서 아들로 등장하는 소년은 나다. 꿈은 나에게 두 번이나 나의 운명에 대해서 분명하게 말해 주었다. 아버지를 위해 희생해야 하는 나의 운명을. 내가 자랄 때 아버지는 일을 핑계로 언제나 집을 비우셨는데 나는 이 상황을 집에 아들이 없어서라고 혼자 해석했다. 어머니는 아버지가 잘 돌보아 주지 않는 데에 대한 절망감을 우리 자매에게 풀어 놓았다. 나는 어렸기 때문에 어머니의 화를 받아 줄 대상에서 가끔 제외되었지만 그래도 나는 아버지를 선택했다.

융 심리학자인 길다 프란츠는 아버지가 어떤 이유에서든 아내를 버리면 아내도 무의식적으로 아이들을 버린다고 설명한다. 부부의 사랑이 원만하지 않은 아내들은 아이들을 충분한 사랑으로 돌보는 어머니가 되지 못한다. 대신에 그녀는 원형적인 어머니의 반대 성향을 내보이며 언제나 요구하고 학대하는 어머니가 된다.[17] 내 꿈 속의 아이는 피할 수 없는 막다른 골목에 이르렀을 때야 자신의 운명을 깨닫는다. 아버지는 그의 질문에 대답하지 않음으로써 그의 운명에 동조하고, 자신의 왕국을 동생에게 빼앗기느니 차라리 아들을 희생시키기로 한다. 무고한 아이의 피는 땅을 적셨고 여기에서는 어떤 인간적인 지혜도 발견되지 않는다.

아직 어릴 때 나는 어머니의 상태를 아버지에게 말했지만, 아버지는 아무런 행동도 취하지 않으셨다. 아버지는 계속 일에 몰두했고 어머니는 절망감이 점점 더 심해져서 우리만 아무런 보호도 받지 못한 채 남겨졌다. 어머니와 언니, 나는 아버지의 야망을 위해서 희생된 것이다.

영웅화의 대가 : 여성성의 희생

융 심리학자인 매리온 우드맨은 "모든 여성이 〈아버지의 딸〉은 아니지만 우리는 모두 가부장적인 사회에 속해 있다. 또 지금 비록 우리가 이 사회의 부조리에 대해서 점점 더 많이 알아 가고는 있지만, 그래도 우리는 우리 스스로 우리의 재능과 지성을 남성들에게 의지하려 한다는 사실에 좀더 눈을 크게 떠야 한다"라고 말한다.[18] 여성 운동이 시작된 이후로 많은 여성들은 남성 위주의 정치와 경제, 직장에서의 지위 체계와 꾸준히 투쟁을 벌여 왔다. 그러나 아직도 많은 여성들이 가부장적인 가치에 비추어 자신을 판단하려는 경향이 있는 게 사실이다. 딸은 부모가 그녀의 성에 대해 가지는 생각을 내면화하는 만큼이나 사회가 그녀의 성에 대해 들려주는 메시지도 내면화한다. 이 사회적 메시지도 또한 남성적인 지배와 우월감을 찬양하는 것이다. 그러므로 오늘날의 여성들이 어머니 세대보다는 조금 더 나은 환경에 접해 있는지는 모르지만 결코 남성과 동등해지지는 못했다.

아마도 앞장의 꿈은 우리에게 여성이 태어나기 위해서는 지금까지 우리가 집단적으로 동일시해 왔던 그러한 남성성은 죽여야 한다는 것을 알려주는 것인지도 모른다. 여성성의 탄생은 남성의 피가 흘러나오는 데서 비롯되는 것이므로. 여성은 그녀를 둘러싼 가부장적 사회의 가치와 동일시하는 행위를 버려야 비로소 자신의 여성성을 제대로 바라보게 된다. 여성과 여성성의 가치는 수천 년 동안 가부장적인 체계를 유지하기 위해 희생되어 왔고 또 여성들은 가부장적인 사회에 길들여져 버렸다.

그리스의 비극적인 영웅 아가멤논의 두 딸들이 가부장적인 사회를 위해 목숨을 버린 상황은, 전세계적으로 지금까지도 계속해서 일어나고 있다. 아가멤논은 트로이로 향해 나가는 데 필요한 바람을 얻기 위해 자기의 딸인 순진한 처녀 이피게니아를 제물로 바친다. 아가멤논은 그의 형제 메넬라우스의 아내인 헬렌이 트로이의 왕자 패리스에게 납치되자 그녀를 구하러 트로이로 향하지만 웬일인지 바람은 한 점도 불어 주질 않았다. 마침내 아가멤논은 자기의 어린 딸을 여신 아르테미스에게 바쳐야만 바람이 불 것임을 알아내고 그녀를 아킬레스와 결혼시켜 주겠다고 속여서 딸을 은밀한 장소로 불러낸다.

아가멤논의 아내인 클리템네스트는 딸을 보호해 줄 수 없었고 딸을 잃은 슬픔은 남편에 대한 증오로 바뀌었다. 마침내 남편이 승리하고 그리스로 돌아오자 그녀는 남편을 죽이고 만다. 그리고 자신도 억누를 수 없는 증오에 휩싸인 채 죽음을 맞이한다.

큰딸 일렉트라는 그녀의 남은 생을 아버지의 죽음을 슬퍼하며, 성 밖에서 누더기를 걸치고 씻지도 않고 아버지의 죽음을 복수해 줄 오빠 오레스트를 기다리며 보냈다. 증오에 싸여 자신의 삶을 돌보지도 않은 채.

〈아버지의 딸〉은 그녀가 아버지의 규칙과 역할을 흡수하는 만큼 가부장적인 체계의 희생양이 되는 것이다. 『약탈된 새 신랑』이란 저서에서 매리언은 다음과 같이 쓰고 있다.

> 어렸을 때부터 아버지를 반영해 온 딸은 여성이라는 자아 정체성을 거의 가지지 못한다. 여성성에 대한 그녀의 개념은 주로 남자들이 생각하는 여성의 개념이고 그녀의 자기 존중도 남자들의 미소에 의존한다. 그녀는 때와 장소를 가려서 부드러운 여자의 역할과 뻣뻣한 여자의 역할을 훌륭히 연기해낸다. 직업적으로나 사회적으로 그녀는 자신을 바라보는 남자들이 바라는 여성상을 모두 보여준다. 그리고 한 남자와 가까운 사이가 되면 그녀는 그 남자가 바라는 여성상에 자기를 재단해 나간다.[19]

내 꿈 속의 아버지는 "이 왕국은 너의 것이니까 너는 그것을 위해 죽어야 한다"고 말한다. 이는 이 왕국이 어떤 관계성을 중시하는 왕국이 아님을 보여준다. 아버지의 왕국은 아이와 그 아이의 영혼을 중시하지 않는다. 아이는 왕국의 질서와 재산과 논리를 위해 죽어야 한다.

그러나 이제 딸의 희생에 대한 합법화는 더 이상 일어나서는 안 된다. 아버지를 존중하는 가정과 문화내에서 딸들이 여성성의 가치를 충분히 인식하기란 매우 어려운 일이겠지만 딸들은 깨어 일어나야 한다. 더 이상 남성들과 그들만의 가치를 신처럼 떠받들지 말고.

어머니는 경멸과 함께 일찌감치 버려졌다. 이러한 여성은 자신의 여성적 본성에 눈뜨는 행위를 아버지에 대한 배신인 것처럼 느낀다. 그녀는 자신의 본성이 아닌 아버지의 본성을 반영해내는 데 익숙해졌기 때문이다. 그녀 자신의 여성적인 본성은 그녀가 스스로의 목소리와 꿈과 신체에 주목하기 전까지 계속해서 남아 있게 될 것이다.

우리가 2장에서 만나 보았던 낸시는 질 감염에 걸렸을 때에야 비로소 매우 구체적인 방식으로 그녀의 여성적 본성과 함께 자신이 그 동안 오래도록 그녀의 본성을 무시해 왔음을 의식하게 되었다. 그때 낸시는 서른의 나이로 전국에서 가장 크고 민감하고 고배율이며 수억 달러의 돈이 걸린 파산 소송을 맡아 보는 법률 회사의 변호사로 재직 중이었다. 그녀는 회사를 남자 중의 남자라고 불렀다. 병에 감염된 것은 그녀가 맡은 큰 사건 때문에 일 년간 다른 고장에서 지내면서 그 일을 막 마쳤을 때였다. 그녀는 성격상 그녀의 가족과 다름없는 변호사 한 팀과 함께 일했는데 그 팀에서 여자는 그녀뿐이었다. 마침내 일 년이 지나고 변호사 팀이 해체되자 그녀는 엄청난 상실감을 느꼈다.

"내가 이스트 코스트에서 돌아왔을 때 나는 내가 최고 중의 최고와 함께 있었다는 걸 알았어요. 이런 느낌을 위해서 일해 왔었죠. 나는 그들 중의 하나였어요. 나는 마침내 일을 통해서 얻고자 했던 가족을 갖게 된 거죠. 그러나 일이 끝나자마자 그들은 모두 저벅저벅 걸어나가

버렸어요. 나는 홀로 남아 생각했죠. 이제 내 가족이 모두 가버린 이상 내가 나만의 가정을 꾸리게 된다면 나는 분명 아버지는 될 수 없을 거라구요. 내가 어머니가 되어야 할 텐데 나는 정말 여자처럼 행동하고 있지 않았어요. 바로 그때 질의 염증이 시작되었죠. 나는 처음에는 염증이 의미하는 바를 몰랐었어요. 나의 몸은 제대로 자기 일을 하고 있었는데 말이에요. 그러다가 마침내 깨닫게 되었죠. 내가 스스로를 여자로 받아들이지 않고 있다는 사실을요."

그녀의 모든 성공이 그녀를 행복하게 해주지 않았다는 것을 깨닫고 낸시는 자신이 진정 원하는 것이 무엇인지를 찾기 위해 치료를 시작했다. 어렸을 때 그녀는 『라만챠의 사나이』에 나오는 주제가 가사를 마음에 깊이 새겼다. "나는 내 상상의 세계로 들어온 사나이를 그려 볼 수 있어요. 나는 그를 똑똑히 볼 수 있죠." 낸시는 전투를 치르기 위해 떠나는 사나이로서의 자신을 그려 보았다. 그리고 그녀는 변호사로서 용감하게 전투를 치러냈다. 그러나 그녀는 정작 자신의 내면에 있는 것은 마주보기를 두려워한다는 사실을 알았다. "나는 나의 내면 저 아래에 가라앉은 상자가 하나 있다고 느끼기 시작했어요. 나는 두려웠죠. 내가 만약 그걸 열게 되면 폐기된 독극물이 나오게 될 것 같았어요."

다음해에 낸시는 질 감염을 치료하고 그녀가 언제나 원했었던 글을 쓰기 위해 다섯 달간의 휴가를 회사로부터 얻어냈다. 그녀의 동료들은 그녀가 무엇을 하는지 이해하지 못했다. 그녀를 다시 정신적인 전쟁의 상황에 몰입시키려 하고, 그녀의 글 쓰려는 열의를 약화시켜 다시 '예전의 낸시'를 돌려받기를 원했다. 그러나 낸시는 과거의 그녀로 돌아가지 않았다. 그녀는 여성으로서의 자신을 재생시키고 싶어했다. 낸시에게는 여성으로서의 목소리를 발견한 것이 하나의 계시였던 것이다.

"나는 어른이 되고 나서 나의 삶을, 여자들도 하고자 하면 남자들의 세계에서 충분히 자리를 잡을 수 있다고 생각하면서 여성 문제를 비하하는 데 써버렸어요. 이런 나에게 여성은 남자와 다른, 그러나 똑같이 가치로운 목소리와 권리들을 가지고 있다는 걸 인정하는 일은 참으로 흥미로운 것이었어요."

영웅의 죽음과 진정한 여성 영웅의 탄생

인생의 어느 지점에서인가 〈아버지의 딸〉은 가슴아픈 선택과 마주해야 한다. 아버지와의 끈끈한 유대 관계를 유지하기 위해서 계속 아버지를 영웅으로 숭배할 것인가 아니면 그녀만의 인생을 살기 위해 아버지를 그녀 마음의 권좌에서 몰아낼 것인가 하는 선택이다. 영화『뮤직박스』는 딸이 자기 스스로 만들어 놓은 아버지의 이상화와 직면하고 아버지로부터 분리된—혹은 아버지와는 단절된—자신의 정체성을 주장하기 위해서는, 아버지의 이상화된 모습 밖으로 움직여 나가야만 되는 모습을 생생하게 그려내고 있다. 이 영화는 딸이 아버지와 딸이라는 관계의 덩어리로부터 자신을 분리해낼 때 가지게 되는 어려움에 대한 메타포를 영상화한다. 다행스러운 것은 〈아버지의 딸〉들 대부분이 자신을 아버지와의 관계로부터 독립시키기 위해 그 관계 자체를 단절시켜야만 하는 것은 아니라는 점이다. 그런 그들이 아버지의 투사로부터 자유롭게 되기 위해서는 반드시 그녀와 아버지와의 관계의 성격을 깊게 성찰해 보아야만 한다.

『뮤직박스』의 첫 장면에서 탤보트(Annie Talbott)는 사랑과 감탄에 가득 차서 아버지인 미차 라즐로(Mischa Lazlo)와 춤을 춘다. 부드럽지만 단호하게 애니와 그녀의 형제를 돌보는 이 홀아비가 애니의 영웅인 것은 너무도 분명하다. 애니는 이혼녀이고 라즐로는 그녀의 아들 미키에게도 사랑이 넘치는 할아버지가 된다. 애니는 아버지가 곧 2차 세계대전 중에 저지른 흉악한 전쟁 범죄로 인해 고소될 것이라는 사실을 모르고 있다. 라즐로는 헝가리에서 유대인과 카톨릭 교도를 학살한 암살대인 S. S. A.(Special Section Aerocross)의 리더였다는 혐의를 받고 있다.

아버지가 기소되자 놀란 애니는 이 기소가 분명 사람을 잘못 찾은 데에 원인이 있다고 확신한다. 그녀는 아버지의 변호사가 되어, 아버지의 경우처럼 엉뚱한 사람을 죄인으로 몰아간 선례를 찾는다. 그리고 그녀는 아버지에 대한 자신의 확신을 무너뜨리는 치명적인 증거에도 불구하고 아버지의 방면을 성공적으로 이끌어낸다. 아버지가 '짐승'임을 밝혀내려는 검사의 심문에 맞서 "아버진 괴물이 아니에요. 나는 그의 딸이고 내가 그 누구보다도 아버지를 잘 알아요"라고 외치면서.

애니는 악명이 높았던 아버지의 동료가 가지고 있던 『뮤직박스』속에 감추어져 있는 그 저주받을 사진을 우연히 발견하고 나서야 아버지의 범죄와 맞닥뜨리게 된다. 그 사진은 아버지 라즐로가 S. S. A.의 단복을 입고 희생자의 머리에 총을 겨누고 있는 모습을 담고 있었다. 이 사진은 그녀가 법정에서 들은 생존자의 증언과 일치했다. 공포에 질린 애니는 아버지에게 설명을 요구했지만, 아버지 라즐로는 "너는 꼭 다른 사람이 된 것 같구나. 아무도 너를 믿지 않을 게다. 미키조차도. 사람들은 너를 미쳤다고 할 거야"라고 말하며 진실을 부정했다.

애니는 그때서야 아버지가 절대로 진실을 털어놓지 않으리라는 사실을 알았다. 지금까지의 아버지의 인생 자체가 거짓이었고 딸인 그녀는 아버지의 그 거짓 인생을 증명해 주는 알리바이였기 때문이다. 가정에 헌신하는 아버지로서의 그의 역할은 냉혈동물 같은 살인자로서의 그의 과거를 간단하게 지워 주었다. 애니는 아버지가 교묘히 고안해낸, 만들어진 아버지의 이미지를 사랑해 왔던 것이다. 이제 그 이미지는 산산조각이 났고 애니는 아버지의 진실한 모습을 받아들여야만 한다. 그녀의 아버지는 자신을 구하기 위해서는 딸인 그녀를 포함해서 그 누구도 희생시킬 사람이다.

고통스러웠지만 그녀는 아버지와의 관계를 완전히 끊어 버린다. 그리고 말한다. "다시는 아버지를 만나고 싶지 않아요. 미키가 아버지를 만나는 것도 싫어요. 아버지 당신은 이미 죽었어요. 더 이상 존재하지 않죠. 하지만 아버지, 내가 얼마나 아버지를 그리워하게 될지 아버지는 잘 모를 거예요." 애니는 마침내 그 사진을 검사에게 보낸다.

칭찬받아 마땅한 이 영화에서 딸인 애니는 아버지의 그릇된 목적에 그녀가 얼마나 이용되어 왔는지 또 아버지가 지어낸 그 겉모습을 유지하는데 그녀가 얼마나 공모해 왔는지를 알고 충격을 받는다. 애니는 이 조작된 영웅의 마스크를 벗겨내기 위해 자신의 가정을 파괴하고 추방자가 되는 위험을 감수하지만, 결국에는 자신의 도덕적 자율과 그녀만의 운명을 되찾는다. 영웅으로서의 아버지라는 원형과 자신의 정체성을 분리시킴으로써 애니는 강하고 개체화된 자아가 생겨날 수 있게 했다.

『뮤직박스』는 〈아버지의 딸〉이 그녀 자신만의 삶을 완전하게 살아가기 위해서는 영웅으로서의 아버지가 반드시 죽어야 하는—비유적으로— 단호한 심리학적 진리의 극단적인 예를 사용하고 있다. 아버지를 영웅으로서의 원형으로부터 분리해낼 때야 딸은 아버지의 어두운 면과 한계들을 받아들일 수 있다. 그때서야 그녀는 아버지의 투사대로 인생을 살지 않고 그녀 자신만의 삶을 살게 된다. 〈아버지의 딸〉들 대부분에게 영웅으로서 아버지의 죽음은 드라마틱한 한 가지 사건의 결과로 일어나지 않는다. 아버지의 죽음은 아버지에 대한 환상이 깨어지는 일이 오래 쌓이고, 그녀 자신의 삶에 대한 실망 또한 쌓여야 일어난다. 아이러니컬하게도 마술에서 깨어나는 듯한 이 일이 점차 커 가는 것은 딸의 진정한 자아의 탄생을 알리는 서곡이 된다. 비록 이 탄생은 영웅으로서의 아버지의 '죽음'을 통해 얻어지기는 하지만.

손이 없는 아가씨, 크리스틴 맥칼리스터 작
(아크릴 화판에 흑연 그림, 8x10인치, 1993)

제5장
창조성을 길러 주거나 파괴하기

> 창조성은 여성적 원리 없이는 존재할 수 없다. 나는 신이 단지 남녀로 구분되는 것이 아니라 남자, 여자, 우리의 아버지, 어머니의 총체적인 신이라고 확신한다. 바다, 땅, 공기, 불, 식물과 동물 등 모든 생명체는 리드미컬하고 창조적인 원리를 반영한다. 자연이 순환 과정 속에서 죽고, 태어나고, 자라고, 번식하고, 늙어가듯이 우리들도 달과 태양, 지구의 의미와 변화의 순환 속에 존재한다.
> ― 마가렛 워커, 『여성신, 절망, 그리고 자유』

창조성은 생득권(生得權)이므로 모든 아이는 자신의 천부적인 창조적 잠재력을 발견하고 표현할 수 있는 권리가 있다. 창조적 과정은 명예롭고 존경받는 자연의 순환과 같은 성질을 가진 여성성의 과정이다. 사고와 이미지가 미개발 상태일 때 창조성은 가장 활발하게 활동한다. 어린 소녀는 자신의 욕구와 기질이 그림, 댄스, 첼로 연주, 체조 선수, 오페라 가수 등에게 끌리며 그녀는 자신을 개방하여 더욱 비옥한 창조성의 세계로 다가갈 것이다. 창조적 충동을 깨닫기 위해서는 재능을 불러일으킬 자극과 도전의 순간이 필요하며, 성공을 경험할 수 있도록 기회를 주는 부모의 도움 또한 요구된다.

우리가 보아온 대로 아버지는 보호적인 내부 세계와 독립적이고 분리적인 외부 세계를 연결하는 다리로 여겨져 왔다. 아버지가 딸의 발전에 처음으로 하는 역할은, 어머니와의 문제에서 벗어나 독립된 개체로 나아가려는 딸을 꾀어내는 매력적인 외부인이 되는 것이다.[1] 실제로 딸은 그런 매력적인 아버지를 특별하게 좋아한다. 그러나 이와 반대로 어머니는 그저 평범한 사람으로 간주된다.

메리 고든은 『작품에 나타난 작가』에서 자신이 작가가 될 수 있었던 것은 딸이 자신처럼 되기를 원했던 아버지가 집안에서 자신을 창조적인 인간으로 여겼기 때문이라고 밝히고 있다. 그녀의 어머니는 가족을 부양하기 위해 사무원으로 일을 했기 때문에 그저 평범한 어머니로 여겨졌다.

> 나에게는 매력적인 아버지가 있다. 아버지는 여러 측면에서 순수한 성차별주의자였다. 아버지는 내가 자기처럼 되기를 바랐다. 아버지는 작가였으나 실패한 작가였으므로, 어머니는 우리를 돌보기 위해 비서로 일해야 했다. 그래도 아버지는 작가 아닌 다른 사람으로는 자신을 생각할 수 없었던 분명한 작가였다. 아버지는 나도 작가가 되기를 원했다. 나는 일을 쉽게 만드는 사람으로 태어난 듯하다. 아버지는 내가 7살 때 돌아가셨다. 우리가 함께 했던 그 시절에, 나는 내가 어머니의 자식이 아니라 '아버지'의 자식이라는 것을 알게 되었다. 아버지의 기질은 활발하였으나 어머니는 평범했다. 어머니가 우리를 부양하기 위해 돈을 벌 수 있었던 것은 바로 어머니의 기질이 평범하다는 증거이며, 나는 이 평범함을 결코 물려받지 않았다. 나는 세 살 때 글 읽는 법을, 여섯 살 때는 불어를 배웠고, 자랄수록 여성의 세계 즉 가정의 세계를 경멸하도록 배웠다. 나는 순종적인 아이였다. 나는 아버지에게 기쁨을 안겨 주었고, 착한 아이가 되는 즐거움을 배웠다.[2]

성인이 되어서야 고든은 자신이 〈아버지의 딸〉이었던 것만큼이나 어머니의 딸이었으며, 어머니의 딸이었던 것이 글을 쓰는 데 얼마나 영향을 미쳤는지 깨달았다.

내가 단지 어머니의 딸이었다면 글을 쓰지 않았을 것이다. 나는 이 상식적인 세계에서 무가치한 직업으로 여겨지는 작가가 되기 위해 필요한 자신감을 갖지 못했을 것이다. 나는 아버지가 원했던 바를 이루었다. 바로 작가가 된 것이다. 나는 아버지에게 희망을 주면서 자랐다. 그러나 이제 나는 내가 어머니의 딸이었기 때문에 작가가 됐음을 깨닫게 되었다. 아버지는 형이상학을 추구하고자 했지만, 어머니는 나에게 저녁 식탁에서 나누는 이야기를 잘 듣고 농담까지 기억하라고 가르쳤다. 작가로서의 나의 주제는 형이상학적 영역보다는 가족의 행복과 연관된 것이 훨씬 많다.[3]

딸과 그녀의 창조성과의 관계는, 어머니와 아버지 모두에게서 영향을 받지만 어머니의 경우 별로 신뢰를 받지 못하는 것이 사실이다. 사고 기능이라는 것이 남성적 원형과 연관되어 있기 때문에 여성의 창조성은 아버지와의 관계에 기인한다. 그런 반면에 어머니의 표현 형태는 무시된다. 대다수의 아버지들은 딸의 영혼이 '자신'의 영혼에 의해 비옥해지고 '그'가 달의 마음의 문을 열 수 있는 열쇠를 가지고 있다고 느낀다. 융 분석가 알버트 크레인헤더는 재능 있는 여성은, 이야기를 들려주고, 질문을 던지고, 지능적인 게임을 함께 했던 아버지에 의해 처음으로 일깨워진다고 쓰고 있다.

점점 자라면서 나의 딸은 상당한 어휘 능력을 갖춘 열성적인 독자가 되었다. 나는 이런 기질이 그 애가 두 살 때부터 다섯 살 때까지 나와 함께 했던 게임에 의해 길러진 것이라고 믿고 있다. 그것은 내가 말을 하면 차례로 그녀가 따라서 하는 것이었다. 그것들은 자웅동체(androgynous), 육체의(corporeal), 따르릉(tintinnabulation) 같이 발음하기 힘든 단어들이었다.

그것은 그녀의 어린 마음에 최고의 문화 언어와 개념적 사고의 씨앗을 심는 것과 같았다.[4]

그는 딸을 가르치는 것을 영화에 출연하는 개의 훈련에 비유하였다. "이 훈련은 영화에 출연하는 스트롱 하트라는 개를 생각나게 한다. 그 개는 조련사가 좋은 문학책을 읽어 주는 동안 매일 15분에서 30분간 엉덩이를 깔고 앉아 그 이야기를 듣고 있곤 했다. 그 개는 인간이 제공하는 최상의 서비스를 받았고 그 보답으로 영화에서 최고 실력을 보여주었다.[5] 불행히도 많은 아버지들은 딸에게 그의 생각과 견해를 반복하도록 가르치는 것이 인간이 제공하는 최상의 서비스를 받는 것이라고 생각한다. 그러나 명확하게 사고하는 법을 배울 수 있도록 딸을 돕는 것과 자신의 생각을 앵무새처럼 따라 하도록 요구하는 것은 전혀 다른 것이다.

인정받든 인정받지 못하든 대부분의 가정에서 어머니는 여전히 양육을 담당하는 중요한 존재이며 아이가 말을 배울 수 있도록 처음으로 도와주는 존재이다. 어머니는 사물을 명명하고 색과 소리, 모양을 묘사하며, 이제까지 배운 것을 아이에게 묻는 존재인 것이다. 어머니와 아이 사이의 이와 같은 초기 상호작용은 아이가 주변 세계를 의식할 수 있도록 도움을 준다. 아이가 독립적으로 세상과 상호작용할 수 있도록 어떤 식으로 용기와 지지를 얻었느냐 하는 것이 자신의 창조성을 믿는 열쇠가 된다. 창조적인 사람으로서의 이런 믿음은 아버지와 동일시되거나 자기 내부의 목소리와 생각, 이미지를 믿지 못하는 〈아버지의 딸〉에게는 쉽게 나타나지 않는다. 그녀는 규율에 익숙해지듯이 아버지의 목소리와 그의 생각, 인식에 익숙해져 가며 그것에서 벗어나면 비판받을 거라는 두려움을 가지고 있다. 이 책을 쓰기 위해 인터뷰했던 대부분의 여성들은 그들이 창조적 영역으로 들어서는 것은 묵인되었지만, 그 일에 대해 아버지의 지지는 받지 못했다고 말한다. 실제로 창조성을 표현하려는 딸의 시도를 막지는 않았지만, 아버지의 무관심과 비판은 그들의 기를 꺾어 버리는 요소이다. 딸들이 '여자 아이가 해야 할 것'으로 댄스나 미술 교과를 선택할 수는 있으나 좀더 심도 있게 공부하고 싶다고 하면 아버지들은 댄서는 수명도 짧고 고통스러운 직업이며 예술가가 될 때까지 그들을 뒷받침해 줄 능력이 없다고 말함으로써 딸들을 낙담시킨다. 〈아버지의 딸〉들의 아버지는 딸에게 지지를 보내는 데 상당히 조건적인데 다음에 우리가 만날 이성적인 아버지는 이와 아주 다르다.

스승으로서의 아버지

어렸을 때 아버지가 딸의 생각과 꿈, 상상력에 어떻게 반응하느냐 하는 것은 성인이 되었을 때 그녀가 창조적 잠재력을 표현하는 데 막대한 영향을 끼친다. 아이가 자신을 신중하게 받아들이고 자신의 창조적 충동에 가치를 부여하기 위해서는 부모나 다른 중요한 성인들로부터의 확고한 지지와 격려를 받을 필요가 있다. 이 영역에서 아버지의 역할은 결정적이다. 딸이 자기 표현을 개발하는 데 열렬한 관심을 쏟거나 그녀의 목표를 명확히 하도록 기꺼이 도와줄 때, 아버지는 딸의 꿈과 욕구를 확인한다. 운동하기, 피아노 치기, 그림 그리기, 장난감 조립하기, 하이킹하기 등은 모두 집중과 에너지, 그리고 특별한 기술을 요하는 것이다. 진정한 스승으로서의 아버지는, 현명하고 충직한 충고자에 선생, 그리고 객관적인 판단을 내리는 코치의 역할을 한다.

아버지가 항상 지켜봐 주고 있다는 것을 느낄 때 그녀는 자기의 재능을 실험하고 자신의 다른 부분을 찾으면서 '안도감'을 느낀다. 그녀는 성공하든 실패하든 자신을 지지해 주는 누군가가 항상 존재하고 있음을 알고 있다. 이런 지지는 그녀가 친구들과 차별화되기 어려운 어린 시절에도 모든 것이 가능하다는 자신감을 제공해 준다. 아버지가 기쁨의 모델이 되고 창조적 삶을 요구한다면 그녀는 이것이 자신에게도 가능하다고 생각한다. 이 모든 양육 행위들은 딸이 자신의 창조성과의 관계를 긍정적으로 발전시킬 수 있도록 돕는다.

진정한 스승으로서의 아버지라면 비록 외부 세계가 그의 영역을 뛰어넘는 것일지라도 딸이 그 외부 세계로 나아가도록 허락해야 한다. 그는 자기의 보호가 필요할 때만 딸을 자신과 동등하게 취급한다. 그는 딸이 목표를 세우고 기술을 연마하고 명확하게 사고하도록 도와주고는 딸이 '그를 뛰어넘을 수 있도록' 옆으로 비켜 선다.

플로는 서른여섯의 라틴계 심리요법 의사이다. 그녀는 남동생보다 아버지와 더 강한 일체감을 가졌던 1남 1녀의 장녀였다. 그녀의 아버지는 혁명으로 분열된 쿠바에서의 어린 시절과 LA에서의 사춘기 시절 내내 그녀에게 자부심을 갖도록 가르쳤다. 그녀는 그녀가 원하는 것은 무엇이든 할 수 있다고 아버지가 말한 것을 떠올리며 행복해 한다. "아버지는 단지 어떤 일을 할 수 있도록 자극만 한 건 아니에요. 아버지는 스스로 그 일을 하도록 모든 것을 나에게 맡겼어요. 아버지는 자전거 타는 법을 가르쳐 내가 아버지로부터 독립할 수 있도록 도와주었으며, 결국 나는 혼자의 힘으로 성공할 수 있었지요. 카스트로가 집권했을 때 우리 가족은 뿔뿔이 흩어져 서로 다른 노동자 수용소로 보내졌죠. 아이들의 수용소로 처음 갔던 열한 살 때 아버지는 해먹 설치하는 법을 가르쳐 주셨어요. 가족과 헤어져 수용소로 떠나기 일 주일 전 아버지는 나에게 이렇게 말했어요. '네가 해먹에서 잘 수 있을지 모르겠다만 만약을 대비해서 해먹을 설치하는 방법을 가르쳐 주마.'

우리가 수용소로 갔을 때 그들은 트럭 가득 삼베 자루를 싣고 와서

땅에 던지며 '이것으로 해먹을 만들어라'라고 말했어요. 나를 제외하고는 아무도 만드는 법을 몰랐기 때문에 나는 막사 안에 있던 사십 명의 여자 아이들에게 그 방법을 가르쳐 주어야 했어요. 그때 다른 여자 아이들은 울며 난감해 했지만 나는 모든 것이 잘 될 거라는 태도를 취했구요.

우리가 미국에 온 후 내가 운전을 배울 때 아버지는 '차를 운전하려거든 타이어 교체하는 법을 알아야 한다'라고 말씀하셨어요. 어머니는 보호 위주였기 때문에 '안 된다. 그런 일은 여자가 할 일이 아니야'라고 반대했고. 그러나 아버지는 '물론 넌 할 수 있다'고 하시며 교체하는 방법을 보여주셨어요."

플로가 대학에 입학했을 때, 대학 문턱에는 가본 적도 없고 경제적으로도 도와줄 수 없었던 아버지는 다른 방면에서 그녀를 후원했다. "내가 의학에서 심리학으로 전공을 옮기려고 할 때 아버지는 '네가 원하는 것이면 모두 좋다'고 말씀하셨어요. 아버지는 묵묵히 이야기를 들어주었고 아주 가끔씩만 말씀하셨죠. '나는 이렇게 생각한다'라고. 그리고 아버지는 다른 대안을 제시했어요. 그러나 아버지는 결코 내가 내린 결정에 대해 비판해 본 적이 없어요. 나는 아버지가 나와의 학력 차이를 느끼고 있다고 생각했으나 아버지는 그 차이를 상관하지 않았지요. 쿠바를 떠나온 아버지의 용기는 내가 가족을 떠나 도시에서 살 수 있는 용기를 주었어요. 아버지는 한때 그랬던 것처럼 나에게 개척자처럼 보였고. 내가 시애틀로 가려고 하자 아버지는 '나도 가고 싶다만 난 너무 늦었구나. 이제부터는 너의 인생이요, 너의 미래를 위한 시간이다'라고 말씀하셨어요."

플로의 아버지는 그녀에게 원하는 바를 물었고 그것을 할 수 있도록 정신적으로 지지했다. 플로의 아버지는 또한 그를 뛰어넘어서 가야 할 공간을 제공해 줄 적당한 시기도 알고 있었다. 그는 가장 분별력이 뛰어난 스승이었다. 다음의 미셸 아버지 역시 그런 사람이다.

미셸은 스물여덟 살의 아프리카 미국인으로 10대 비행 소녀들을 상담하는 부수습 상담원으로 일하고 있다. 아홉 살 때 부모님이 이혼한 후, 그녀는 자신감을 심어 준 홀아버지 밑에서 자랐다. "아버지는 내가 배우고자 하면 운전, 청소, 요리 등 뭐든지 가르쳤어요. 아버지는 긍정적인 방법으로 나를 격려했어요. 아버지는 내가 똑똑하고 일을 잘한다고 말했었지요. 그래서 나는 내가 갈 길을 알 수 있었던 거죠. 아버지는 내가 넘지 말아야 할 것을 알 수 있도록 한계를 두기도 했어요. 아버지는 치료가였는데 비록 아버지의 직업이 나의 직업에 큰 영향을 미치지는 못했지만, 아버지는 사람들과 잘 지냈고 나 역시 마찬가지였지요."

미셸의 아버지는 사람을 사랑하는 것이 중요하다는 것을 보여준 모델이었고, 현재 그녀는 아버지가 없는 소녀들과 함께 일하고 있다. 플로와 미셸 모두는 독립된 개체로서 딸을 인식하는 건강한 자아를 가진 아버지를 두고 있다. 그들은 아버지와 딸의 경계를 잘 알고 있고 결코 그들의 딸에게 충족되지 못할 요구를 하지 않는다. 그들은 나아갈 방향을 제시하고 지지를 보내고 난 후 '한 걸음 비켜' 선다. 각각의 아버지는 딸의 창조적 잠재력을 실현하고자 자기만의 방식으로 딸을 지지한다.

〈아버지의 딸〉들의 아버지들은 딸의 창조성 표현에 관해서라면 든든한 스승이 되지 못한다. 그들의 관계를 둘러싸고 있는 곤란과 동일시, 그리고 투영 때문이다. 그런 아버지는 딸과 자신을 동일시하므로 그녀에게도 재능이 있고 자신에 대한 소원이 있다는 것을 인식하지 못한다. 그런 아버지는 창조적 성취의 모델이 될 수 있을지는 몰라도 딸의 창조적 능력을 하찮고 사소한 것으로 만들어 사라지게 한다. 창조를 위해서는 시간과 내부적 공간, 그리고 아버지의 '실패를 인정하는 마음'이 요구된다. 아버지가 딸의 첫번째 시도를 가혹하게 비판하면 그녀는 또 다른 시도를 두려워할 것이며, 어떤 창조적 표현에 강하게 끌리면서도 실수할 것이 두려워 움추리게 된다. 그리고 그녀는 자신의 일이 가치가 없다고 말하면서도, 창조적이지 못한 일을 계속하게 될 것이다. 그러나 아버지는 자신이 이루지 못했던 창조적 잠재력을 딸을 통해 경험하려고 한다.

창조적 모델로서의 아버지

창조적 모델로서의 아버지는 딸의 갓 피어나는 창조성을 직접 도와주지는 못하더라도 그의 힘과 기술로 딸에게 영감을 준다. 〈아버지의 딸〉은 아버지의 창조적 힘과 자신을 동일시하고 그녀에게도 '창조할 권리'가 있다고 생각한다(그는 창조적이다. 그러므로 나 역시 창조적이다). 아버지가 그녀의 재능을 무시해도 그녀는 창조적 열망을 표현하는 아버지의 능력을 열심히 배운다. 다음 예문에서, 사만사의 아버지는 창조적 삶의 열정적인 모델을 제공하였다. 그는 자신의 예술적 열정에 스스로 도취하여 몰입했다. 따라서 그가 가족들에게 물려준 가장 큰 유산은 창조적 삶의 모델이었다.

사만사는 유명한 음악 프로듀서였던 아버지를 둔, 성공한 시나리오 작가이다. 스튜디오에서 하루 종일 일한 후 집으로 돌아오면 아버지는 볼륨을 최대한 크게 해놓고 최근에 나온 레코드를 틀었다. 그리스의 타베르나 음악이든 재즈나 로큰롤이든 그는 자기의 창작을 도왔던 음악에 감동을 받았다.

"아버지는 자기가 만든 음악에 사로잡혀 있었어요"라고 사만사는 말한다. "음악은 아버지에게 기쁨이었지요. 아침에 아버지가 우리에게 처음으로 하는 고정 멘트는 '웨 몽고메리가 연주하는 현악 합주의 소리가 들리니? 저음이 들리니? 첼로 소리가 들리니?' 같은 말이었어요. 그것은 스릴 만점이었지요. 아버지는 자신에게 특별하게 들린 것을 우리에게 가르치고 싶어했던 거예요. 아버지는 자기 방식대로 우리가 들을 수 있도록 도움을 주었는데 아버지는 그 분야에서 최고의 귀를 가지고 있었지요." 사춘기 시절에 그녀의 친구들은 아버지에 대해 반감을 품고 있었지만, 사만사는 자신에 대한 반감으로 힘든 시간을 보내야 했다. 60년대에 십대 소녀였던 그녀는 제니스 조플린을 녹음하는 머리 긴 아버지와 자신을 구분하기 어렵다는 것을 알았다. 자신의 자아를 확립하기 위해 그녀는 남자들만의 법학과를 졸업한 최초의 여성으로서, 아이비 칼리지를 나온 법인 회사 변호사가 되었다. 아버지는 그녀의 인생에서 절실한 존재였다. 그러나 그녀는 아버지에게서 벗어나 자신의 정체성을 찾을 필요를 느꼈다. 그녀가 법을 선택한 것은 아버지에게서 자신을 차별화하려는 강한 필요성을 반영한다. 그리고 결국 그것은 그녀의 진정한 창조적 열정에 결실을 가져왔다. 십오 년 동안 법조계에서 일한 후 그녀는 무엇이든지 하겠다는 각오로 작가가 되었다. 그녀의 삶에 큰 변화를 가져온 이 용기는 바로 아버지에게서 연유된 것이다.

그녀는 다음과 같이 말한다. "나는 창조 과정에 복종하는 즐거움을 알고 있어요. 그것은 아버지가 자신이 만든 음악의 아름다움에 취해 기절하는 모습을 보며 배운 거지요. 그 즐거움은 감동할 만큼의 특별한 거예요. 대부분의 사람들은 어쩌다 운좋게 그 감동을 느끼지만 아버지는 상당히 많이 느끼는 것 같았어요. 그리고 종종 나도 역시 그 감동을 느꼈지요. 내가 이런 강렬한 감정이 가능하다는 것을 알게 된 건 전에 그것을 보았기 때문이겠죠. 바로 아버지가 나에게 준 것이지요."

사만사는 창조 과정에서 느끼는 감동은 그것을 시도할 때만 가능하다고 설명한다. 그녀는 시상이 떠오를 때 일을 하는 아버지를 지켜보았고, 창조적 삶에도 수준이 있다는 것을 알게 되었다. 소리에 대한 사랑을 전달했던 아버지의 능력이 그녀가 말을 사랑하게 되는 데 용기를 준 것이다. 그녀가 첫번째 시나리오를 팔아 작업실을 마련했을 때 작업실에 처음 가져간 것은 아버지의 사진이었다.

사만사의 아버지가 창조 과정의 즐거움의 모델이었다면, 나의 아버지는 창조적 아이디어에 필요한 규칙과 활력의 모델이었다. 아버지의 비판적인 시각과 완벽성은 아버지의 창의성을 지배했다. 아버지는 그림을 그리려는 나의 시도에 반응했으나 아버지는 직업적, 인간적으로 높은 기준을 가지고 있었고 예술가로서의 천부적 재능을 지녔기 때문에 끈기 있는 선생이 되지는 못했다. 나에게 천부적인 재능이 부족하다는 아버지의 생각 때문에, 나의 배우고자 하는 욕망과 내가 지니고 있었던 소질은 사라져 버렸다.

여전히 아버지는 '큰' 꿈을 꾸고 있으며, 언니와 나에게 노력만 하면 무엇이든지 가능하다고 가르쳤다. 우리는 아버지가 여행을 다니며 이미지와 생각을 수집하여 어머니와 함께 지은 집에서 이것들을 구체화하는 것을 놀라워하며 지켜보았다. 현재 살고 있는 집의 대리석 로비는, 60년 전 맨해튼에서 아버지가 전보를 배달하던 십대에 본 아파트의 입구를 기억해내 만든 것이다

아버지가 나의 예술적인 열망을 직접적으로 도와주지는 않았지만 아버지는 꿈을 실현시킬 수 있도록 규율과 충동의 모델이 되어 주었다. 아버지는 어린 여자 아이의 환상을 만족시켜 줄 프리스마 칼라 연필과 다른 미술 도구를 사오며 나의 시도를 도와주었다. 그러나 동시에 나는 이중으로 곤경에 처했다. 아버지는 자신의 재능을 기준으로 하여

내게 있는 가능성을 이끌어냈지만, 아버지의 비판은 아버지와 같은 재능이 결코 내겐 없음을 알게 했다. 그럼에도 불구하고, 나는 창작 원리와 의지를 개발할 수 있도록 자극을 준 아버지의 창조적 본보기에 감사를 드린다.

상처받은 예술가로서의 아버지

대부분의 남자들은 세상에 그들의 흔적을 남겨 놓는 데 관심이 있다. 많은 아버지들은 아이들의 삶을 지배하거나 영향을 미쳐 자신의 성취 범위를 확장하려고 한다.[6] 불행히도 이 문화 속에서 많은 남자들은 남자라는 압력과 가족을 부양해야 하는 경제적 책임 때문에 창조적인 꿈을 포기해야만 한다. 만약 그들이 창작 과정에서 경험한 즐거움을 잊어버리고 그들만의 미학에 손상을 입는다면, 딸들의 독립적인 창작 의지를 뒷받침해 줄 수 없을 것이다. 특히, 젊은 시절에 자신의 창조성이 공공연히 평가 절하되었다면 그는 딸의 창조적 표현을 지배하고 심지어는 '소유'하려고 할 것이다.

우리가 3장에서 만났던 첼시아는 항상 〈아버지의 딸〉로 간주되어 왔다. "나는 아버지를 닮았어요. 항상 아버지와 동일시되었죠. 아버지는 생기 발랄하고 재미있고 극적이었으며, 나 역시 상당히 극적이었지요. 어머니는 우울증 환자였고 자살 소동을 벌이기도 했어요. 두말 할 필요 없이 나는 어머니처럼 되고 싶지 않아요. 아버지는 자상했고 나는 아버지의 사랑을 믿었어요."

첼시아의 아버지는 그녀의 교육과 창조적 재능에 상당한 관심을 가졌다. 그녀는 여덟 살에 소설과 희곡을, 열한 살 때는 소설을, 그리고 열두 살 때부터는 시를 썼다. 그녀의 아버지는 그녀가 쓴 모든 작품을 읽고 모두 좋아했다. 그녀의 아버지는 트럼펫 연주자였으나, 자신은 예술가적이지 않았다. 그는 자기가 재즈 음악가로 성공할 수 없으리라는 것을 알고 있었다. 그 대신 자기가 상당히 경쟁의식이 강하고 성공 지향적인 사람이라는 것을 알고 있었기 때문에 심각하게 음악을 추구하려 하지 않았다.

자신의 창조적 잠재성은 접어 두고 첼시아의 아버지는 이제 싹트기 시작하는 그녀의 재능에 관심을 모았는데 그것이 너무나 강렬하여 그녀가 자신의 진정한 능력과 아버지의 공치사를 구별하는 데는 상당한 시간이 걸렸다. 십대 후반이 되자 그녀는 자신의 잠재력에 대한 아버지의 큰 기대가 작가로서의 그녀의 발전을 오히려 방해한다는 것을 알게 되었다. 그는 그녀가 좋은 글과 나쁜 글을 구분하지 못할 지경까지 그녀의 재능을 부풀려 놓았던 것이다.

그녀는 다음과 같이 말한다. "아버지는 우리가 함께 일하기를 원했어요. 우리는 함께 브로드웨이 뮤지컬 대본을 쓰고 싶어했어요. 나는 아버지의 격려가 나에 대한 것이 아니라 아버지의 욕구에 대한 것이라는 것을 깨닫기 시작했지요. 아버지의 기대는 항상 과했지만 나는 아버지를 실망시키고 싶지 않았어요. 나는 여전히 아버지를 만족시키고 싶었거든요."

첼시아가 이십대 초반에 작가가 되기로 결정했을 때 첼시아는 이스트 코스트에서 콜로라도로 이사하여 서점 점원이나 예술가의 모델로 일하면서 글을 썼다. 그녀는 스물네 살이 되어서야 아버지와 떨어져야 한다는 것을 알았다. "아버지는 내가 부유하고 열정적인 극작가가 되길 바랬어요. 나는 작가로서 삶을 이루려고 하였고 아버지는 내가 빨리 성공하지 못하자 무척 놀랐지요. 아버지는 나에 대한 관심을 잃었고 나는 아버지의 꿈을 실현시키지 못한 거예요."

딸에게 자신의 운명을 맡기는 많은 아버지들처럼 첼시아의 아버지도 그녀와 자기를 너무나 동일시했기 때문에 그녀를 제대로 파악할 수 없었다. 그녀는 아버지와 거리를 유지할 필요를 느꼈다. 아버지의 견해에 너무 의존하고 있어서 그녀는 자신의 의견이 전혀 없었다. 아버지가 그녀의 성공에 집착한 것이 글을 쓰려는 그녀의 욕구에 방해가 된 것이다. 그녀는 4년간 콜로라도에서 글을 쓰고 이스트 코스트로 다시 돌아와 출판계로 뛰어들었다. 그녀는 자신의 무능력이 그녀의 성공을 바랬던 아버지의 욕구를 내면화하려 했기 때문이라는 것을 깨달은 후부터는 시나리오를 쓰지 않았다.

우리가 2장에서 만났던 루엘라의 아버지는 첼시아의 아버지처럼 예술적인 기질은 있었으나 예술가로서 성공하지는 못했다. 그러나 그는 항상 창조적인 계획에 관계했고 설계사와 건축가로서 성공적인 삶을 살았다. 루엘라는 여자 아이들의 꿈이 미스 아메리카 대회에서 완성된다고 보는 남부 가정에서 성장했다. 그녀는 사남매의 장녀였는데 그림에 특별한 소질이 있었기 때문에 아버지로부터 특별한 대우를 받으며 자랐다. 그녀가 1학년 때 아버지의 그림을 베낀 적이 있는데 그것이 그녀가 그의 재능을 이어받을 가능성이 있다는 신호였다.

"내가 그림에 몰두하면 할수록 아버지는 나에게 자신의 재능을 물려주려고 생각한 것 같아요. 아버지에게는 예술가인 고모가 있었는데, 아버지는 내가 집안의 재능을 이을 사람으로 결론짓고 있었지요. 아버지는 내가 어른이 되어 예술 사업에 종사하며 내 그림을 전시하고 경제적으로 능력을 갖추게 되자 만족해 했어요."

루엘라의 아버지는 조금의 여유도 주지 않았다. 아버지는 최종 기한을 향해 달려가는 삶처럼 굴었다. 그녀는 아직도 그칠 줄 모르고 명령하는 아버지의 내면화된 목소리와 싸우고 있다. 그녀는 항상 그녀의 창조적 노력을 둘러싸고 있었던 숨막히고 잔인한 자질들의 원천을 추적하면서 계속 이야기를 이어 간다.

"1976년에 아버지는 우리 부부와 함께 스코틀랜드로 여행을 떠났어요. 우리는 한 시간에 190마일씩 여행하면서 일 주일 동안 스코틀랜드 전역을 돌아다닌 거예요. 참 이해할 수 없는 여행이었지요. 아버지는 자신을 만들어 가는 데 참으로 별스러웠어요. 아버지는 우리에게 자기가 본 장면을 보여주고 자기가 알고 있는 역사를 말하는 데 열중했거든요. 그건 두서 없는 말도, 시간 때우기도 아니었어요. 사실 어렸을 때 아버지가 우리를 데리고 한 여행은 우울증 환자나 할 만한 여행이었지요. 아버지가 지배권을 쥐고 있을 때 우울증은 그의 전략이었고 우리는 그의 인질이나 마찬가지였죠.

어쨌든 우리는 지나가던 세 명의 스코틀랜드 여학생에게 길을 물어보기 위해 멈춰 섰어요. 그들은 노끈이 달린 물통을 들고 있었는데 우리가 끽 하고 멈추자 허둥지둥 도망쳤어요. 아버지가 소리를 질렀지요. '던디로 가는 길이 어디니?' 그들은 서로 쳐다보더니 입으로 손을 가져가며 길을 가르쳐 주려고 애썼구요. 하지만 그들은 아버지를 너무 오래 기다리게 한 거예요. 아버지는 '관둬'라고 소리 지르더니 액셀레이터를 세게 밟고 말았어요. 우리는 자갈을 박차며 황급히 떠났고 세 명의 소녀들은 당황스러워하며 서로 얼굴을 쳐다볼 뿐이었지요. 그들은 말할 기회조차 없었으니까요. 그때 나도 그들과 똑같은 심정이었어요. 많은 시간이 흐른 뒤 아버지가 다음 장소로 이동하려고 속도를 내고 있을 때 나는 얼굴에 먼지를 뒤집어쓴 채 자갈로 뒤덮인 길 모퉁이에 서 있었던 거지요."

루엘라의 아버지는 활동을 중지하고 휴식을 취하며 곰곰이 생각하기보다는, 계획을 짜고 목표를 세우고 활동하는 것에 더 많은 관심을 두었다. 다른 〈아버지의 딸〉들처럼 루엘라는 이 내면화된 역동성—과정이나 흐름보다는 계획과 완성에 초점을 둔 남성적인 에너지에 사로잡힌—에 만족한다. "아버지가 나의 창조성을 인정했다고 하더라도 나를 격려한 건 내가 아버지의 인생에서 실현되지 못했던 재능의 반영체이기 때문인 것 같아요. 아버지가 제시한 이중의 구속은 '예술가가 되어라. 그러나 내 방식대로 해라'였거든요. 나는 아버지의 이 제한에 도전하지 않았어요. 아버지의 사랑을 시험하는 일 같은 것은 결코 없었지요. 나는 아버지의 활동성과 생산성을 열심히 배웠지만, 그건 내가 창조한 예술의 결과가 아니었어요. 나는 예술을 제조해낸 것 같은 느낌마저 들어요. 과거에 내가 일한 방식은 순환이나 여성적 가치, 그리고 내 몸의 리듬을 완전히 무시했던 거예요. 나는 이제 내가 너무 소진되어 아무것도 할 수 없게 되기 전에 나의 길을 찾아 다시 시작해야겠다고 생각하고 있답니다."

첼시아의 아버지 같은 이런 유형의 아버지는 창조성을 자유롭게 표현하는 딸의 능력을 방해하면서 그녀를 자기의 연장선으로 간주하거나 그녀의 재능을 부풀려 놓는다. 그리고 루엘라의 아버지 같은 사람은 단지 자신의 재능을 반영할 때에만 딸의 발전에 관심을 갖는다. 첼시아와 루엘라 모두 그들의 창조적 삶과 지나치게 동일시하려는 아버지로부터 자유로워지고자 노력했다. 두 여인은 아버지의 압력을 창조적으로 변모시켰으나 그런 방식으로 허락된 것은 '그들'에게 결코 진실된 것이 아니다. 그들에게는 아버지의 명령에 도전하고 다른 길을 갈 수 있는 용기가 필요하다.

불행히도 많은 〈아버지의 딸〉들은 아버지와 딸이라는 유대감에 얽매여 그들의 창조력을 희생한다. 자신의 창조적 자아를 주장해 본 적이 없는 딸은 아버지가 보여주는 이미지에 자신의 창조성을 투사한다. 그녀의 기능은 자신의 재능을 실현시키는 것이 아니라 아버지를 그의 창조적 자아와 연결시켜 주는 것이다. 그녀는 배우가 아니라 '연결자'이다. 그녀는 자신의 창조적 반응을 인식하지 못하게 되며 결국 자신의 열정을 메울 수 없게 된다. '손 없는 아가씨' 이야기에 나오는 방앗간 주인처럼, 아버지는 딸의 창조력을 빼앗아 자신을 위해 그것을 악마와 교환한다.

손 없는 아가씨

아버지와 딸 사이의 희생과 손실에 대한 그림스의 이야기에서, 경제적 어려움에 빠진 방앗간 주인은 숲 속에서 한 사람을 만나 자신의 부를 회복시켜 줄 보물과 방앗간 뒤에 서 있는 것을 교환하기로 한다.[7] 그 사람이 먼저 이렇게 말했다. "왜 목공소 일로 고생이오. 방앗간 뒤에 있는 것을 나에게 준다고 약속한다면 당신을 부자로 만들어 주겠소." 주인은 방앗간 뒤에 있는 것이 사과나무라고 생각하면서 그의 제의에 응한 것이다.[8] 그 사람은 3년 뒤에 자기 몫을 받으러 오겠다고 했다. 주인이 숲에서 돌아와 아내에게 그 일을 말하자 아내는 그의 바보스러움을 크게 꾸짖었다. "그건 틀림없이 악마일 거예요." 그녀는 공포로 떨며 외쳤다. "그가 말한 것은 사과나무가 아니라 뒷마당을 쓸고 있던 우리 '딸'이라구요."[9]

악마가 방앗간 주인의 딸을 데리러 오기 전 3년 동안 딸은 신앙심 깊은 삶을 산다. 마침내 악마가 오기로 한 날, 그녀는 깨끗이 목욕하고 흰 드레스를 입고 분필로 자기 주변에 원을 그렸다. 그녀 옆에 있던 물 양동이를 본 악마는 화가 나서 주인에게 말했다. "그녀가 더 씻지 못하게 물을 모두 치워 버려. 그러지 않으면 내겐 그녀를 지배할 힘이 없단 말이야."[10]

　방앗간 주인은 무서워서 악마가 시키는 대로 했고 다음날 악마가 다시 찾아왔다. 이번에는 딸이 손에 눈물 방울을 떨어뜨렸고 악마는 또다시 그녀에게 접근할 수 없었다. 화가 난 악마는 딸의 손을 자르라고 시켰다. 만약 그러지 않을 경우엔 방앗간 주인을 데려가겠다고 했다.
　아버지는 이 요구에 너무나 놀라 그렇게 하겠다고 했다. 두려움과 수치심에 떨며 그는 딸에게 가서 말했다. "애야, 내가 너의 손을 자르지 않으면 악마가 나를 데려간다는구나. 너무 무서워서 그만 그렇게 하겠다고 약속을 했지 뭐니. 제발 나를 도와다오. 그리고 나를 용서해라." 그러자 딸이 대답했다. "아버지 뜻대로 하세요. 저는 아버지의 딸이잖아요."[11] 딸은 도마 위에 손을 올려놓았고 아버지는 그 손을 잘랐다. 악마가 아침에 다시 왔을 때 그녀는 그루터기 위에 앉아 밤새도록 울고 있었다. 악마는 또 그녀에게 다가갈 수 없었다. 세 번이나 실패한 악마는 결국 딸을 포기했다.
　방앗간 주인은 딸에게 그녀가 희생한 결과로 엄청난 부를 얻게 되었으니 이제부터 그녀를 잘 돌보겠다고 말했다. 그러나 그녀는 더 이상 아버지와 살고 싶지 않다고 말하면서 그의 제안을 거절했다. "여기 있을 수 없어요. 집에서 나가겠어요. 자비로운 사람들이 제가 원하는 것을 줄 거예요."[12] 그녀는 불구가 된 손을 등에 묶어 달라고 부탁하고는 집을 떠났다. 이 이야기는 그 딸이 세상을 떠돌면서 이보다 더한 어려움도 극복하도록 도와주는 사람들을 만나는 것으로 계속 이어진다.
　손 없는 딸은 아버지가 도끼를 한번 휘두르고 나자 그제서야 그를 떠났다. 순수하고 전혀 의심할 줄 모르는 딸은 아버지의 희생물이 되었으며 그 희생이 끝난 후에야 그들의 관계가 진정 무엇이었는지 깨닫게 되었다. 이 이야기에서 방앗간 주인은 '가난' 했다. 그는 어렵지만 자기 자신을 인식하는 대신 그의 감정과 창조적 기능을 상징하는 딸을 희생시킨 것이다. 그는 그의 내적 여성성과의 관계를 절단했다. 딸은 창조할 능력과 힘을 나타내는 손을 포기했다. 비록 그녀는 창조적 기능에 상처를 입었지만 이 상처는 그녀를 독립적이고 개성 있는 인물로 이끌어 주었다. 그녀는 아버지가 가슴 깊이 그녀에 대해 관심을 가지고 있다는 것을 믿지 못하며, 아버지가 자신의 목숨을 구하기 위해 자식을 희생시킨 부모로밖에 여기지 않는다. 이것이 그녀가 배워야 할 어려운 교훈이다. 하지만 그것은 그녀가 순수한 상태에서 벗어나 충격을 받고서야 비로소 얻어진다. 이제 그녀는 아버지의 집을 떠나 자신의 삶을 살아야 한다는 것을 깨닫는다. 그녀는 자신의 길을 창조하는 데 필요한 도움을 받을 수 있을 거라는 믿음을 가지고 세상으로 나아간다.

성공과 권력을 얻을 자신의 창조적 능력을 거부당한 아버지는 딸에게 그와 같은 희생을 요구할 것이다. 바보스런 방앗간 주인처럼 그는 자기의 행동을 의식하지 못한다. 자기 도취가 그가 제대로 판단하는 데 어려움을 주었기 때문이다. 딸의 창조력에 생긴 상처는 그녀가 떠날 때를 알고 있을 때 자신에 의해 치료된다. 아버지가 손을 잘랐을 때 딸이 울지 않았을지라도 대부분의 여성들은 그들의 창조성이 거부되는 것을 슬퍼한다. 치료는 상처의 피로 인해 이루어진다. 그 딸은 자신의 창조적 삶을 지지하는 아버지에게 더 이상 의존해서는 안 된다.

〈아버지의 딸〉이 갖는 상처의 기원은 그녀가 여성적 자아를 거부한 데서 비롯된다. 처음에 딸이 어머니를 거부한 것은 자신의 내부에 가지고 있던 어머니의 창조적 영역으로부터 그녀를 분리시킨 것이다. 어둠과 축축함, 세속적이고 원형적인 여성성을 절단당한 그녀는 궁극석으로 자신의 창조력의 신비성을 거부당한다. 여성은 자신이 형성하고 싶은 현실을 만들기 위해 〈아버지의 딸〉이 갖는 심리를 극복해야 한다. 그녀가 여성성의 깊은 상처를 치료할 때까지는 자신만의 진정한 힘을 가지지 못하는 것이다.

세 딸들에게 왕국을 나누어 주는 리어왕,
줄리아 마가렛 카메론 작
(갈색 카본을 이용해 인화한 단색 사진, 35.2x28.6인치, 1872년 경)

제6장
여성과 권력

> 아버지 뒤에는 아버지의 원형(原型)이 서 있다. 그리고 이 선재(先在)하는 원형 안에 아버지의 힘이 숨어 있다. 마치 철새들을 이동시키는 힘이 철새 한 마리에서 나오는 게 아니라 조상에서부터 전해져 오는 것처럼…….
> ―칼 융, 『프로이드와 정신 분석』

원형으로서의 아버지는 수천 년 동안 사회와 가정내에서 왕과 보호자, 사제, 심지어는 신의 특혜와 권력마저 지닌 존재였다. 또한 법과 질서, 그리고 서열제 등은 보호와 후원, 신분 증명 등을 약속하며 원형으로서의 아버지상을 구축해 왔다. 원형적인 아버지상이 자주 등장하는 형식은 그 주변에 왕국과 가족을 거느리는 '현명한 왕'의 모습으로서이다. 구약에 나오는 솔로몬처럼 현명한 왕은 그의 권력을 정당하고 공평 무사하게 사용하고 이를 통해 그의 주변에 필요한 사람들을 길러낸다.[1]

대조적으로 부정적인 원형 아버지상은 엄격하고 정의롭지 못한 방식으로 권력을 행사하는 '가부장적인 왕'의 모습으로 나타난다. 그는 왕국(혹은 가정)을 전제적인 방식으로 다스리고 두려움을 이끌어내며 전적인 순종과 충성을 맹세하게 한다. 신약의 헤롯왕처럼 가부장적인 왕은 그의 권위를 위협하는 사람은 누구나 죽여 버리는 폭군이다.

모든 아버지들은 아버지의 원형으로부터 신비한 권력과 힘 모두를 부여받아서 아버지의 부정적 측면과 긍정적인 측면을 함께 현실화한다. 현명한 왕의 자질을 구현하는 아버지는 딸이 그의 능력을 세상에 이롭게 쓰도록 그녀를 격려하며 자기가 가진 힘을 공정하고 생산적으로 사용한다. 그는 딸에게 뭐든지 될 수 있다는 용기를 불어넣어 주며 동료와 가족들의 존경을 받고 또 딸은 그 자신의 삶을 살면서 아버지를 닮기 위해 애쓴다. 이러한 타입의 〈아버지의 딸〉은 강한 내적인 권위가 있다. 잭키 뒤퐁 워커가 바로 그러한 여성이다.

뒤퐁 워커는 로스앤젤레스에 노인들을 위한 임대 아파트를 지은 개발업자이다. 그녀의 아버지는 다섯 자녀를 플로리다의 텔라하시 공터로 자주 데려가서 어떻게 지역이 개발되고 발전하는지를 설명해 주었다. 그는 흑인의 버스 파업을 지도하였고 남부의 재건시대 이후로 고향의 재건을 위해 공직에 출마한 첫번째 인물이 되었다. 잭키는 아버지의 비전을 모방해서 흑인 대상의 감리교회와 함께 비영리 지역 개발 협회를 설립하였다.

그녀는 이제 지역 주민을 위해 저렴한 주택을 공급하는 일에 자신의 능력을 발휘하고 있다.[2]

이와는 대조적으로 가부장적인 왕의 성품을 구현하는 아버지는 권위적이고 독재적인 방식으로 힘을 행사한다. 그는 초연하거나 자기 멋대로이고 차갑거나 이기적이며 혹은 요구가 많은 인물로 보여지는 게 일반적이다. 아내와 아이들을 다스리면서 그는 집안 전체를 무거운 톤으로 짓누른다. 그는 아이들에게 직접적으로 다가가지 못하고 아내를 중간에 끼워 넣는다. 진심으로 하는 이야기나 또는 금전적인 문제까지도. 아버진 보통 규율을 만들고 어머니는 엄격한 규율을 완화해 달라고 아버지에게 간청한다. 그러나 어머니의 간청이 아버지의 절대적인 권력을 흔들어 놓을 수는 없다. 그리고 이런 환경에서 자라난 딸은 권력이란 변덕스럽고 불공정하며 서열이 정해진 것이라 생각하며 자신은 아무런 힘이 없다고 생각한다. 그녀는 또한 자신의 가치를 무시하며 자기보다 지위가 높은 사람의 가치에 소속되는 걸로 인식한다.[3]

현재의 몰몬교 교회의 지도자들은 소년들에게 아래의 내용을 암기하게 하고 가부장적인 권력을 뼛속 깊이 각인시킨다.

> 가부장적인 서열은 신성한 기원을 가진 것으로 영원히 계속될 것이다. 그러므로 이것이 신도들의 가정에서 질서와 권위가 아이들과 부녀자들에게 학습되어야 하는 이유이다. 이것은 자격의 문제도 아니고 누가 가장 가치 있는 삶을 사는가에 대한 문제도 아니다. 이것은 거대한 **법과 질서**의 문제이다(법과 질서라는 단어는 내가 강조한 것이다).[4]

원형적인 아버지상에 한결같이 들어 있는 것은 아버지가 힘을 발휘해서 딸을 보호하고 그녀에게 필요한 것을 제공하겠다는 약속이다. 이 약속을 지키기 위해 각각의 아버지가 취하는 방식은 경제적, 문화적, 사회적 품성뿐 아니라 그가 어떻게 성장해 왔는가에 따라 달라진다. 위의 약속에 더해서 한 명의 선택된 딸을 사랑하는 아버지는 딸을 사랑하기 위해서 아내를 저버린다는 암묵적인 약속도 한다. 묵시적인 계약에 의해서 딸에게 완벽하고 강하며 사랑이 넘치는 듯이 보이는 아버지는 딸이 자기에게 충성스럽게만 남아 있다면—비록 아버지가 불완전하며 자기 세계에 빠져 있더라도 딸은 변함없이 그가 중시하는 가치 있는 행동들을 모방하려 한다면—그는 끝까지 딸을 돌보아 줄 것이다. 이러한 계약은 아버지와 딸이 맺는 관계에 따라 다른 형태를 띤다.

딸은 아마도 아버지가 자신의 일을 잘 추구할 수 있도록 어머니와 다른 형제들을 돌보겠다고 약속하거나, 혹은 그녀가 진정으로 사랑하는 사람은 아버지뿐이라는 약속을 무의식적으로 할지 모른다. 아니면 그녀는 또한 무의식적으로 아버지의 인정을 받기 위해 일을 지나치게 많이 맡거나, 절대로 아버지만은 실망시키지 않겠다고 맹세하거나, 자신의 성과 창조성을 아버지를 보필하겠다는 이유로 포기할지도 모른다. 〈아버지의 딸〉이 이 암묵적인 계약의 힘을 제대로 인식할 때에만 계약을 위해 포기해 버린 자아와 힘을 되찾을 수 있을 것이다.

〈아버지의 딸〉은 다른 가족은 가지지 못한 '왕의 귀'를 가졌다. 그녀는 아버지의 성품과 재능, 그리고 사물을 바라보는 시각도 나누어 가진다. 그녀는 아버지의 친구이자 동료이므로 이런 측면에서, 그의 힘도 약간은 나누어 가진다. 딸은 자신이 '왕좌'에 가장 가깝다고 생각한다. 적어도 그녀가 사춘기에 이르러 자아를 발전시키고 아버지의 시선을 많이 잃어버리기 전까지. 그녀의 이런 생각은 아버지가 딸의 독립적인 삶을 격려해 주는 데 실패한 것에도 원인이 있겠지만, 딸에게는 이미 아버지의 명령을 따르는 게 내면화되어 있어서 그녀가 성인이 될 때까지 아버지에게 순종하기 때문에 비롯된다. 비록 그녀가 이 명령들을 다른 남자나 기관에 투사할지라도 그녀는 여전히 아버지의 규칙대로 살고 있는 게 된다. 딸은 다시 자신 속에 내면화되어 있는 아버지의 힘과 권위에 따라 자아를 규명하고 자신의 가치를 매긴다. 아버지의 의견과 규칙은—그의 존재 유무와 관계없이—그녀의 정신 세계를 결정한다. 열아홉 살의 대학생인 리디아는 다음과 같이 말한다. "아버지가 없으면 나는 무엇을 해야 좋을지 모르겠어요. 나는 언제나 아버지께 조언을 구하고 아버지는 내가 해야 할 일을 알려줘요. 그러나 사실 아버지가 제안하는 것은 거의 다 내가 하고 싶은 일이기도 하죠. 아버지는 나의 첫째 가는 동기가 돼요. 왜냐하면 나는 아버지가 나를 언제나 자랑스러워하도록 노력하며 또 아버지에게 내가 최고가 아니라는 사실은 나를 더욱 슬프게 할 테니까요."

많은 여성들은 자신이 아버지를 기쁘게 해드리고 그의 가치 기준에 따라 살려는 욕망에 얼마나 꽉 붙잡혀 있는지, 또 그 결과로 자신의 힘은 얼마나 약화되었는지를 깨닫게 되면 무척이나 놀라게 될 것이다. 한 여성은 '너는 절대로 실패하면 안 된다'라는 아버지의 규율에 얽매여 자신이 얼마나 고통스러운 결혼 생활을 감내했는지, 얼마나 많은 이혼 결심을 무위로 돌아가게 했는지를 선명하게 기억한다. 그녀의 정신의 왕좌에는 여전히 아버지가 앉아 있기 때문에 그녀는 결혼 생활이 마침내 건강에 해를 끼칠 때까지 고통을 감내했다. 그녀가 이 상황까지 오게 된 이유는 아버지가 그녀의 정신 세계를 차지하는 만큼 자신의 생각과 힘은 점점 줄어들었기 때문이다.

이러한 타입의 딸은 아버지의 목소리를 비평하지 않으며 심판관, 검열자로서 아버지의 규율을 어디든 가지고 다니고 그만큼 자신은 믿지 않게 된다.[5] 이러한 처지에 처해 있는 대부분의 여성들은 자신 안에 내면화된 권위에 응답하는 방법을 알기 때문에 남성들 세계의 힘의 역학에는 솜씨있게 대처하는 경향이 있다. 그녀들에게 문제가 발생하는 때는 아버지의 목소리에 순종하는 것보다 더 중요한 자신만의 권위를 개발시켜야 하는 때이다.

외면적(외부적)/내면적 권위

세상에는 많은 종류의 권력이 있다. 우선 몇 가지만 거론하자면 정치적, 사회적, 지적, 영적, 창조적인 힘들이 있을 것인데 이런 권력들은 주로 지배와 결속을 통해 힘을 발휘한다. 다음으로 우리가 살펴볼 것은 〈아버지의 딸〉이 아버지와의 관계를 통해서 어떻게 권력의 외면적, 내면적 상징화를 이해해 나가는가 하는 방식의 문제이다. 먼저 외면적인 권력이란 군대나 회사, 가정, 정치적·종교적인 단체 등에서 겉으로 나타나는 지위와 계급, 영향력 등을 통해서 드러난다. 이러한 외면적인 힘을 가진 사람은 주위 사람들에게 영향력을 행사한다. 긍정적인 영향력 행사는 주로 비전과 열정을 가지고 자신의 의견을 다른 사람에게 전파하는 방식으로 이루어진다. 만약 그가 자신의 영향력 안에 들어와 있는 사람들을 성실히 보살핀다면 그는 존경과 단합된 힘을 함께 얻을 것이다.

이러한 현상은 각 가정의 아버지들에게도 그대로 적용된다. 만약 아버지가 딸에게 공정하게 자신의 힘을 행사한다면 딸은 외부 세계와의 관계에서도 역시 아버지의 공정성을 배우게 될 것이다. 그러나 만약 아버지가 자신의 힘을 독재적으로 사용한다면 딸은 자기 중심적이고 엄격하며 지배적인 아버지의 행동을 그대로 모방할 것이다.

내면적인 힘이란 각자의 마음속에 생겨나는 권위와 자기에 대한 신뢰이다. 아이들은 이러한 내면적인 힘을 자기의 느낌에 따라 사물을 선택하고 부모로부터 이에 대한 승인을 받음으로써 천천히 키워 나간다. 그들은 자신의 가치와 확신, 유능함 등을 자신만의 경험을 통해 얻는다. 이런 식으로 자아는 내면적인 권위로 발전하고 아이들은 마침내 자기 마음속에 하나의 신을 섬기게 된다. 이것은 부모의 압력과 기대에 눌려 자신의 안정을 보호받고자 일정한 방식으로 반응을 보이도록 학습한 아이의 모습과는 반대되는 양상이다. 이럴 때는 아이의 자아가 아니라 부모의 명령이 아이를 다스리게 된다. 〈아버지의 딸〉의 경우에서 보면 비록 그녀가 아버지의 외면적인 힘의 행사를 긍정적으로 모방하기는 하지만 내면적인 힘의 경우에 있어서는 그렇지 않다. 그녀는 자기 마음속에 아버지의 판단과 기대를 유일한 기준으로 채택하고 반면에 스스로의 내면적인 가치를 찾고자 깊이 갈등하게 된다. 그녀는 자기 자신의 내면적 권위에 대해 확신이 없는데, 이는 아버지가 아닌 다른 남성으로부터 관심을 받을 경우에 더욱 두드러지게 나타난다. 자기를 위해 진정으로 좋은 것을 분별해낼 줄 모르는 그녀는 자기의 힘을 자신이 기쁘게 해주고 싶은 사람을 위해 탕진해 버리는 경우가 많다.

성과 권력

내면적인 가치를 느낀다는 것은 어떤 한 사람이 힘이 있는 자리에 다다르기 이전에 갖추어야 하는 자질이다. 내가 대화를 나누었던 많은 여성은 자기도 모르는 사이에 힘이 들어서이기도 하지만, 힘있는 자리에 있는 여성에 대한 편견 때문에 더더욱 외부의 권력을 추구하기 싫다고 말했다. 아버지는 단지 손에 꼽을 만한 소수의 여성들만이 독립적으로 사회적 성취를 이룰 수 있다고 말했다는 것이다. 외부적인 권력을 추구한다는 것은 위험을 달고 다니는 일이다. 시네 하이머는 다음과 같이 표현한다. "우리는 지배의 서열에 들어 있는 여성과 경쟁하느라 인생을 허비하지는 않았다. 우리는 우리가 싫어하는 여성들과도 정을 나누며 협동하는 기술을 배웠는데 이는 대부분 아버지에게서 배운 것들이다."[6]

이러한 연유로 현대의 많은 여성들은 외부 세계의 권력과 권위를 추구하면서 동시에 여러 사람들과 좋은 관계를 맺기 위해 무척이나 애를 쓴다. 오늘날 권력의 길을 추구한다는 것은 여자에게나 남자에게나 분리되고 소외된 삶을 살아가기를 요구하지만, 이는 인간 상호간의 관계를 중시하도록 학습해 온 여성에게는 매우 받아들이기 곤란한 것이다.

여성에게 권력의 자리를 유지하기 위한 배타적이고 독단적인 에너지는, 상호간의 부드러운 관계보다는 덜 중요한 셈이다.

이런 경향을 강화시키는 데는 사회도 역시 한몫 한다. 그들은 여성에게 인간적인 가치가 더욱 소중한 것이라고 말한다. 하버드 대학의 교육학자 캐롤 길리건은 여자 아이들은 경쟁보다는 관계를 중시하는데 반해서 남자 아이들은 이와 반대의 선택을 하는 현상을 밝혀냈다.[7] 이러한 유형은 어린 시절에 습득되어서 나이가 들어 어른이 되어도 일상적인 삶에 반복되어 나타난다. 가정과 일에 있어서 대부분의 여성들은 인간적인 관계에 초점을 맞춘다. 그러므로 외부적인 권력을 잡은 남성들은 대개 가정과 여성의 후원과 지지를 받게 되고 반대로 외부적인 권력을 추구하려고 마음먹은 여성은 결혼과 아이 기르기를 포기해야 하는 일이 생겨난다.

정신 분석학자인 베이커는 대부분의 여성이 외부의 권력을 추구하면 가정에는 소홀한 이기적인 여성으로 인식될까봐 두려워한다고 보고한다. 여성들은 다른 사람이 권력을 잡는 걸 도와주어야 한다는 문화적, 가정적인 환경에서 성장하기 때문에 만약 자신들이 권력을 잡게 되면 추방될지도 모른다고 두려워하는 것이다.[8]

나와 이전 세대 대부분의 여성들은 어머니가 직업을 갖지 않고(따라서 정치적, 사회적, 경제적인 힘을 가지지 못하고) 가정에만 주로 있는 환경에서 자라났다. 때문에 나를 포함한 딸들은 아버지와 자신을 동일시하고 또 아버지가 남성들의 일의 세계에 격려를 해준다고 하여도, 모범적이고 성공적인 여성 모델은 거의 만날 수 없었다. 그 결과 여성들은 권력과 사랑을 이분된 것으로 인식하고 만다. 이는 만약 그녀가 힘을 가지게 된다면 훌륭한 결혼 생활과 가정을 꾸려 갈 수 없다는 것을 의미한다.

그러나 세월은 변하고 있다. 여성들은 정치적 · 사회적 · 경제적으로 힘을 키워 가고 있으며 따라서 우리의 딸들은 더 이상 아버지와 자신을 동일시함으로써만 직업의 세계를 꿈꾸지 않아도 된다. 딸들은 어머니로부터 일과 사랑이 서로 배타적인 것이 아님을 배우게 될 것이다. 그러나 그때에 이르기까지 딸들은 계속해서 일의 추구와 여성으로서의 역할에 갈등을 느낄 것이다. 우리가 5장에서 만났던 사만사는 여성으로서의 역할이 그녀가 직업의 목표를 뚜렷이 세우는 데 얼마나 방해가 되었는지 설명하고 있다.

"나의 한쪽 손에는 '네가 원하는 것은 모두 얻을 수 있단다'라고 말하는 아버지가 있었고, 다른 쪽 손에는 '네가 어른이 되면 너는 결혼을 할 거고 교외의 예쁜 집에서 아이들을 기를 거다'라고 말하는 어머니가 있었어요. 현재 나는 뚜렷한 직업을 가지고 있지만 그 동안 계속해서 떠도는 듯한 삶을 살아왔어요. 한동안 나는 입사한 법률 회사 주변을 서성이며 사람들이 일 주일에 팔십 시간 동안 고객을 만나고 일을 따내기 위해 열심히 일하는 모습을 물끄러미 쳐다보곤 했어요. 아무래도 그런 모습은 내겐 낯선 것이었고 상상할 수 없는 거였어요. 이런 식으로 나는 사십이 될 때까지 나의 직업적인 충동을 제대로 인식하지 못했지요. 그리고 사십을 넘겨서야 나는 작가의 길을 택한 겁니다."

이와는 달리 우리가 4장에서 만났던 제니퍼는 부모 모두가, 특히 아버지가 남성적인 권력의 전형처럼 보이는 변호사라는 직업에서 그녀는 분명히 성공할 수 있다는 확신을 주었다. 제니퍼는 아버지가 늘 "네가 원하는 것은 모두 할 수 있단다"라고 말했던 것과 한 번도 "그건 여자애들이 하는 게 아니란다" 혹은 "저건 남자애들이나 하는 거야"라고 말했던 적이 없음을 회상한다. 오히려 아버지는 사물을 바라보는 시각과 이를 위해 논쟁해 볼 것을 가르쳤다. 그녀의 아버지의 모토란 "그것이 무엇이든지 네가 믿는 것을 지켜라"였다. 그러므로 제니퍼는 믿는다는 것과 함께 소신을 가지고 투쟁하는 법도 배웠다.

여자 아이는 보통 자신의 능력을 평가해 보고 이 평가가 실현되는 걸 바라보면서 직업적인 목표와 신념을 정하게 된다. 2장에서 논의한 바와 같이 아이들은 다른 사람이 자기를 보는 대로 자신을 평가한다. 만약 아버지가 딸을 지적이고 책임감이 강하며 세상에서 권위와 힘을 행사할 수 있는 잠재적인 능력이 있는 아이로 본다면 그는 딸과 대화를 나눌 때 이런 일에 더욱 신경쓸 것이다. 이때 업무 처리는 어떻게 하고 목표를 성취하기 위해서는 위험을 감수한다는 등의 아버지의 가르침은 딸이 강한 자부심과 유능한 자질을 갖도록 해준다. 그러나 불행하게도 아버지들은 대개 딸을 이와 같이 확실하게 지지해 주지는 않는다. 〈아버지의 딸〉도 예외가 아니다.

「어떻게 성공하는 딸을 길러낼 수 있는가」라는 글에서 니키 머론은 아버지는 아들과는 업무 처리 등에 대해 주로 이야기를 나누지만 딸과는 격려의 말을 하는 방법이나 오락, 농담 등의 보통 대화를 나눈다는 보고서를 소개해 주었다. 아버지는 아들에게는 일에 관련해서 높은 기대치를 가지고 있지만 딸에게는 감정적인 측면의 편안함에 더욱 신경을 쓰도록 요구한다는 것이다.[9] 이러한 서로 다른 요구는 매우 다른 두 가지의 결과를 가져온다. 아들은 어른이 되었을 때 권력이 있는 자리를 쟁취하기 위해 높은 수준의 결정을 내리고 문제를 풀어 나가지만, 딸은 여전히 자신들은 보호가 필요하다고 느끼며 사회적인 성취에 관련된 문제는 저만큼 뒤로 빼놓는다. 아버지의 이런 사고로부터 딸들이 유추해내는 결론은 자신들은 사회적인 지위나 권력을 얻기에는 능력이 부족하다는 생각이다. 이와 관련해서 〈아버지의 딸〉들은 더욱 곤란한 지경에 빠진다. 그들은 아버지와의 동일시를 통해서 아들들의 기대감은 가지고 있지만 어떻게 성취해 나가야 하는지에 대한 방법은 배우지 못한 까닭이다. 〈아버지의 딸〉들은 구체적인 기술도 연마하지 못했고 일의 세계에서 독립적인 목표를 성취해 나가는 단계도 잘 모른다. 그들은 아버지가 자신의 잠재력을 높이 평가하고 있다는 것은 느끼지만 아버지의 기대를 채워 주기 위한 준비가 제대로 되어 있지 않은 상태다.

나는 목표 설정과 관련된 성차별을 어느 날 저녁, 시아버지와 스무 살 난 시동생 윈스롭, 그리고 남편, 열아홉 살 난 내 딸 히더 등과 함께 저녁을 먹을 때 분명히 경험했다.

시아버지와 남편은 시동생의 여름방학 활동에 대해서 물어 보고 그가 알래스카의 고깃배에서 일할지, 아니면 뉴욕의 한 정치 단체에서 캠페인 활동을 도울지, 또는 케이프 카드(미국에 있는 반도 이름)의 은행에서 아르바이트를 할지에 대해 의논했다. 약 이십여 분 동안 그들은 각자가 가진 지식을 총동원해서 각각의 경우가 가질 수 있는 나쁜 점과 좋은 점을 이야기하고 실패를 최소화하기 위해 어떤 계약을 맺어야 하는지도 알려주었다. 그리고 시동생이 런던의 대학에서 일 년간 공부해 보는 계획에 대해서도 충분히 논의했다.

이야기가 모두 끝난 다음 화제는 이제 내 딸 히더의 여름방학 계획으로 옮겨졌다. 히더는 유럽 여행을 위해 돈을 모으려고 집 근처에서 식당 여종업원으로 일해 볼 생각이라고 말했다. 그들은 그녀에게 어느 나라를 여행할 계획이냐고 물었고 그것으로 이야기는 끝나 버렸다. 외국 유학에 대한 어떤 이야기도 없었고 고등학교를 졸업하면 무엇을 할 것인가에 대한 의논도 없었다. 대신에 그들은 히더의 사랑에 관한 이야기를 들먹거리며 그녀를 놀렸다. 은행에서 업무를 보거나 고깃배를 타는 것보다 여행을 위해 식당에서 일하는 것이 훨씬 하찮은 일인가? 그리고 혼자 힘으로 유럽 여행을 계획하는 것이 같은 장소에서 대학 공부를 일 년간 하는 일보다 그토록 비중이 떨어지는 일인가? 나는 그렇게 생각하지 않는다. 그러나 내가 이런 질문을 했을 때 모두는 불편해 했다. 남편을 비롯한 남자들은 그들이 가졌던 성적인 편견에, 그리고 히더는 남자들의 대화에서 자신은 소외되었다는 생각에 불편해 했다. 비록 히더가 〈아버지의 딸〉은 아니지만 그녀는 일반적으로 아버지와 딸 사이에 존재하는 성역학이 드러나는 대화를 경험했던 것이다. 그러나 예전부터 존재해 오던 패턴은 쉽게 사라지지 않는다. 모든 사람들은 아버지가 틀릴 수는 없다고 생각하는 것 같으니까.

아버지가 딸에게 그녀도 사회적으로 중요한 어떤 일을 성취할 수 있다는 확신을 주는 데 실패하면 그녀는 자신의 운명을 개척할 힘이 자기에게는 없다고 생각한다. 그리고 사실 많은 여성들은 자신의 운명이란 조용히 기다리는 것이라고 배웠다. 부모의 행동 연구에서 가장 많이 두드러지는 공통점이 있다면 그것은 딸이 부모로부터 배운 '학습된 무기력'일 것이다. 진 블록에 의해 행해진 연구에 의하면 부모들이 어려운 퀴즈 문제를 아이들과 함께 풀 때, 딸아이에게는 도움이 요청되기 이전에도 나서서 도와주는 경향이 있는가 하면 아들에게는 인내심을 가지고 기다려 준다는 것이 밝혀졌다. 아버지에 의해서 언제나 도움을 받고 보살펴지는 딸이 사회에 나가 독립된 기능을 할 수 없음은 물론이다.

대부분의 딸이 위와 같은 '학습된 무기력'에 익숙해지는 반면 〈아버지의 딸〉들은 좀더 모순적인 메시지를 아버지로부터 받게 된다. 아버지처럼 자기 주장이 분명하도록 교육을 받았던 그녀들이 마침내 독립을 선언하면 아버지가 기절할 듯이 달려와서 보살펴 주고 감싸 주는 현상이 바로 그것이다. "너는 언제나 내 사랑하는 딸임을 잊지 마라"라든가 "여기에 내가 너를 위해 있단다"와 같은 표현은 딸에게 어떻게 행동해야 옳은지에 대한 판단을 흐리게 하는 것이다. 어떻게 보면 이런 모순된 행동은 딸이 독립된 어른으로서의 기능을 제대로 하지 못할 때 아버지가 영웅처럼 나타나서 도와주는 자기 만족을 위한 것인지도 모른다. 즉 딸이 아버지에게 배우는 것은 아버지가 그녀의 판단을 믿어 주는 일에 대해서만, 그리고 아버지가 그녀를 도우러 올 수 있는 일에 대해서만, 그녀는 능력이 있다는 점인 것이다.[10]

9학년에 재학 중인 장학생 글로리아는 그녀의 프로젝트인 『베니스의 상인』의 분석에 사용될 세익스피어 극장을 만들기를 원했다. 그녀가 필요한 재료를 모으고 디자인을 완성해서 막 딱딱한 판지를 잘라내려 할 때 건축가인 아버지가 직장에서 돌아와서는 "글로리아, 아이디어는 좋은데 디자인을 철저히 하지 않았구나"라고 말하며 대신 가위를 집어 들었다.

아버지를 사랑하고 존경했던 글로리아는 세 시간 동안이나 테이블 옆으로 밀려나 있었다. 마침내 아버지가 극장의 원형을 완성했을 때 그것은 참으로 꼼꼼한 디자인의 모형이었지만 글로리아는 오히려 비참한 기분을 느꼈다. 그것은 너무나 완벽했던 것이다. 선생님은 그녀가 했다고 믿어 주지 않을 것이고 또 글로리아 자신은 그녀에게 숨어 있을 디자인 능력을 발견하는 기쁨을 잃고 말았다. 아버지의 '도움'은 그녀 혼자서는 모형을 만들 수 없다는 아버지의 믿음을 전달했고, 아버지의 기분을 상하게 하고 싶지 않은 글로리아는 모형이 정말로 마음에 든다는 말을 할 수밖에 없었다. 그러나 자기 방에 돌아갔을 때 그녀는 끝내 울음을 터뜨리고 말았다.

자기는 아무것도 할 수 없다는 생각을 은근히 심어 주는 아버지 때문에 딸은 독립하겠다는 생각만 해도 공포를 느끼게 된다. 그녀는 아버지에게 자아를 묶어 놓고 아버지 없이는 정말 무기력하다고 생각한다. 그녀는 자주 아버지의 지위와 권력에 의지해서 그의 조언을 구한다. 그리고 어른이 되어서는 자신의 능력은 믿지 못한 채 아버지와 비슷한 처지에 있는 남편이나 직장의 상사에게 다시금 의존하게 된다.

아버지를 위해 일하는 여성들

자녀들이 모두 성장한 이후에도 자식에 대한 부모의 태도는 거의 변하지 않는다. 아버지를 도와 사업에 참가한 많은 여성들은 그들이 아버지의 지위를 계승할 때쯤에는 아버지를 설득하느라 대단히 애를 먹는다. 이는 아버지들이 딸이 사업체의 리더가 된다는 생각을 쉽게 하지 못하기 때문인데, 사실 딸들은 종종 어릴 때부터 아버지의 사업을 물려받을 후계자 수업에도 참가하지 못하는 경우가 많다. 어릴 때부터 아버지의 사업을 잇도록 격려 받고 가끔 압력까지 받는 아들들과는 달리 딸들은 아버지로부터 후계자로서의 인정을 받지 못하는 것이다.

바바라 마쉬는 아버지의 사업을 계승한 여성들의 경험을 조사했다. 그녀는 이러한 위치에 처한 많은 여성들의 노력은 가계의 암묵적인 계보 즉, '아들만'이란 코드를 변경했을 때만 가능했다고 진술한다. 때때로 처음부터 후계자 수업을 받는 여성도 있지만 대부분의 여성들은 남자 형제들 뒤로 밀려나기가 일쑤다. 연구에 의하면 딸들은 사근사근하고 가정적이고 다소곳하기를 바라는 데 반해서 아들들은 좀더 대담했으면 하는 기대를 부모로부터 받게 된다고 한다. 그래서 사업에 관심이 많고 권력지향적인 딸들은 가끔씩 상처를 입게 된다.[11]

아버지의 사업을 물려받은 여성들과 인터뷰를 하는 동안, 마쉬는 아버지나 혹은 후계자였던 아들이 위험에 처하기 전까지는 자신도 후계자로서의 자리를 거절당했었다는 걸 기억해냈다. 오클라호마의 툴사에 있는 인터내셔널 정유 회사의 부사장인 메리 맥마흔도 처음 그녀가 회사에 들어갔을 때 아버지는 자신을 그다지 심각하게 받아들이지 않고, 다만 언제 시집을 가게 될까에 대해 더 신경을 쓰더라고 말해 주었다. 오빠가 마침내 후계자로 지명되었을 때 그녀는 회사를 나와 남편과 함께 이사를 가버렸다.

그러나 오빠가 심장마비로 갑자기 죽게 되고 자신도 암으로 쓰러지게 되자 메리의 아버지는 처음으로 딸의 업무 능력을 인정하고 그녀에게 도움을 청하게 된다. 그리고 아버지가 돌아가시고 나서 그녀는 회사를 떠맡게 되었고 아버지가 있었다면 꿈도 못 꾸어 볼 가족 이사회를 어머니를 주축으로 해서 결성했다. "일은 굉장히 재미있어요. 모든 사람이 잘 해내고 있죠. 아마 아버지가 계셨다면 이런 일은 불가능했을 거예요."[12]

어떤 아버지들은 딸에게 사업을 할 때 필요한 정보를 아들에게 일러주듯이 상세하게 알려주지 않는다. 그리고는 딸에게 충분한 수업을 받지 못했다고 말한다. 이와 관련해서 마쉬는 십대 소녀로서 오빠와 똑같은 후계자 수업을 받기 위해 투쟁했던 스태시에 대한 이야기를 전한다.

"건설 회사를 운영하고 있는 아버지 로저 존슨은 똑같이 십대였던 스태시의 오빠에게는 건설 현장에 나가 보라고 하고, 딸보고는 사무직부터 시작하라고 강요했어요. 그러나 모든 면에서 오빠와 경쟁하기를 좋아했던 스태시는 여름 내내 끙끙 앓았죠. 그녀는 마치 자기가 거래에서 가장 나쁜 몫을 차지한 것 같았대요. 그 다음해 여름에는 어머니까지 동원해서 아버지가 그녀를 좀더 신중히 생각해 줄 것을 요구했죠. 그리고 그녀는 아버지의 회사와 경쟁 관계에 있는 회사를 돕겠다고 으름장을 놓고 나서야 겨우 건설 현장에 나가 일을 할 수 있게 되었어요. 여름이 끝났을 때 아버지와 오빠는 모두 그녀가 맡은 바 일을 잘 해냈다고 칭찬을 했고 이제서야 그녀는 언젠가 아버지의 사업을 경영하게 될 가능성을 조용히 점칠 수 있게 되었죠."[13]

마쉬의 책에 소개된 인물들이 실제로 〈아버지의 딸〉인지를 내가 모두 확인할 수는 없지만 그 중의 몇 명은 〈아버지의 딸〉임이 분명하다. 내가 그들과 유사한 경험을 가진 여성과 일했던 적이 있기 때문이다.

그녀의 이름은 캐롤이다. 그녀는 아주 어렸을 때부터 아버지에게 철저한 후계자 수업을 받아 왔다. 여름이면 그녀는 노스웨스트에 있는 아버지의 목재 공장에 나가 일했고, 대학을 졸업하고 나서는 아예 아버지의 회사에서 밤낮을 가리지 않고 일했다. 캐롤은 아버지가 은퇴를 하면 자신이 회사를 이어받게 될 거라고 짐작했다. 그러나 그녀의 예상은 빗나갔고 아버지는 그녀를 젖혀 둔 채 다른 남자를 기획부장에 임명했다. 그녀는 심한 배신감을 맛보았다고 한다. 그녀를 훈련시키고 또 이런 식으로 권력을 빼앗음으로써 아버지가 그녀에게 보내는 메시지는 간단하다. '너는 내 딸이기 때문에 유능하지만 여자이기 때문에 권력은 제한하겠다' 는 것이다. 그러나 이 간단한 메시지가 캐롤에게는 엄청난 타격을 입혔고 그녀는 더 이상 자신의 능력을 믿지 못하게 되었으며 끝내는 꿈을 포기하고 말았다.

모델로서의 아버지와 어머니

딸들은 부모가 권력에 대한 전통적인 관념을 무시하게 될 때 이익을 얻게 된다. 『관리직에 종사하는 여성』이란 책에서 마가렛 헤니그와 앤 자딤은 사회적으로 매우 성공한 회사의 여자 사장과 부사장 스물다섯 명을 모아 놓고 그들의 직업에서 아버지가 어떤 영향을 주었는지를 조사했다. 그리고 그들은 이 여성들이 대부분 전문직에 종사하는 아버지의 외동딸이거나 맏이라는 사실을 밝혀냈다. 그에 반해서 어머니들은 대부분 아버지에게 매사를 미루는 조용한 성격의 소유자들이었다. 결국 위의 여성들은 모두 아버지에게 마치 아들처럼 대우를 받았던 〈아버지의 딸〉들이었던 것이다.[14] 이러한 상황에 처했었던 딸들은 아버지와 자신을 동일시하면서 일에 매진해 오다가 삼십대 중반이나 후반에 이르러서야 가정을 꾸리고 싶다든가 사랑을 하고 싶다든가 하는 '뒤늦은 사춘기'를 경험하게 된다. 우선 자신이 맡은 일의 분야에서 두각을 나타내고 또 남자 동료들로부터 인정을 받고 난 이후에 이들은 일로부터 휴식을 취하게 된다. 이 휴식 이후에 대부분의 여성은 감정적으로나 성적으로 보다 만족한 삶을 살게 되고 처음으로 자신이 직장에서 가장 높은 지위까지 올라갈 수 있다고 생각한다. 〈아버지의 딸〉인 이 여성들은 처음에는 어머니를 거부하고 아버지와만 자기 동일시를 하지만 중년이 되면 권력을 쫓아가느라 지금까지는 잊고 살았던 여성으로서의 자신을 되돌아보게 된다.[15] 이들은 대부분 가정을 꾸리기보다는 회사를 챙기고, 어머니가 된다는 것에 그다지 가치를 부여해 오지 않았던 여성들이었다.

이와는 대조적으로 강하며 분명하게 자기 일을 해내는 어머니를 둔 딸들은 어머니에게서 권력의 세계와 관계의 세계 사이에 균형을 이루는 기술을 배우게 된다. 그리고 이것은 〈아버지의 딸〉들에게는 잊혀진 선물일 것이다.

도로시 캔터와 토니 버니가 최근에 실시한 연구는 공직에 선출된 스물다섯 명의 여성들에게 어머니가 끼친 영향을 밝힌 것이었다. 이들은 의회에 진출한 여성이나 여성 시장, 그리고 주지사 등이었다. 이 여성들은 자신의 어머니나 할머니를, 비록 그들이 사회적 활동은 하지 않았지만 유능하고 영향력 있는 인물로 생각했다. 그들의 어머니는 실제로 집안에서는 아버지와 비슷한 정도의 힘을 가지고 있었고 공동체의 활동에도 활발히 참가하고 있었던 것이다. 위의 어머니들은 딸들에게 **여성이 조용한 성품의 가정적인 것도 중요하지만 도전적인 성품을 길**러나가는 것도 중요하다고 알려주었다. 이들은 또한 자신은 가까이 가지 못했던 분야에도 딸들이 도전해 보도록 권했었다.[16]

우리가 3장에서 만나 보았던 팻은 캘리포니아의 보건당국에서 의학

부문의 고문으로 일하는 커리어 우먼이다. 팻은 아버지, 어머니와 모두 좋은 관계를 맺는 행운을 가졌다. 그녀는 사십 년이 넘게 의사로 훌륭한 경력을 쌓아 왔다. 그녀는 마취과 의사로 일했으며 대학에서 강의도 하고 나바호 구역에 가족 건강센터도 설립하고 보건 정책을 바꾸기 위해 정부 당국자들과 함께 일하기도 했다. 그녀의 어머니는 피임 조언도 불법적인 것으로 여겨지던 삼십 년대에 가족 계획 사업에 자원 봉사자로 일했던 여성 운동가였다.

어머니가 팻에게 보내는 메시지는 크고도 분명했다. "여자도 직업을 가져야 한다. 물론 너도 무언가가 될 수 있을 거야. 너는 그냥 소녀에서 어머니로 변해 가지는 않을 거다." 팻의 어머니는 몇 세대나 앞선 생각을 가지고 있었고, 자동차 영업 사원이었던 그녀의 아버지는 아내의 성공에 매우 너그러웠다. 아버지는 언제나 팻에게 이런 말을 하곤 했다. "모든 사람은 자기가 원하는 일을 해야 하고 그 일에서 성공할 수 있다는 믿음을 가질 권리가 있단다." 이러한 긍정적인 영향을 주는 아버지, 어머니 덕분에 팻은 편한 마음으로 권력과 영향력이 있는 자리를 추구할 수 있었다.

권력이 있는 아버지와 경쟁하기

권력이란 복잡한 것이다. 많은 여성들은 남자들이 권력을 사용하는 방식에 불만을 품고 이를 외면하고 있다. 여성들은 남자들이 지배와 서열에 의지해서 사람들 사이에 분열을 일으키며 자기의 권력을 영속화한다고 생각하고 이를 꺼리는 것이다. 그럼에도 불구하고 많은 〈아버지의 딸〉들은 서열의 권리를 받아들이며 아버지를 모방한다. 그들은 목표를 성취하고 변화를 주는 데 필요한 권력과 자리를 받아들인다.

그들에게 권력이란 더러운 단어가 아닌 것이다.

그러나 〈아버지의 딸〉이라고 모두 이와 같은 경로를 밟는 것은 아니다. 매우 강력한 권력을 가진 아버지를 둔 딸은 오히려 개인적인 이유로 아버지와 같은 선택을 하지 않는 경우도 있다. 그녀는 아버지가 권력을 위해 자신을 비롯한 가족과의 관계를 희생하는 걸 보았기 때문이다. 비록 그녀는 아버지의 일을 영웅적인 것이라고 생각은 하지만 자신이 마치 희생양인 것처럼 느끼며, 아버지와 함께 하지 못한 잃어버린 시간을 더욱 안타깝게 생각하는 것이다.

브렌다는 연방 정부의 환경보호국에서 일하는 아버지를 둔 마흔한 살의 작가이다. 아버지는 마흔네 명의 직원을 두고 있고, 만약 필요하다면 언제나 그들의 도움을 얻을 수 있다. 브렌다에 따르면 그녀의 아버지는 직원들에게 깊은 관심을 보였고, 그 자리에 임명되었던 누구보다도 더 환경 문제에 대해 관심이 많았다. 따라서 그는 직장을 가정처럼 생각했고, 오히려 가정은 잠시 머물렀다 가는 간이역 정도로 생각했다.

"아버지의 직장은 괜찮았죠. 그러나 우리는 정반대였어요. 우리는 아버지의 직업적 출세를 위해 희생되어야 했으니까요. 우리의 개인적인 필요나 소망 등은 묵살된 셈이죠. 우리는 아버지의 감정적인 간이급유소가 되어 갔어요. 아버지는 한 달에 삼 주 정도는 지방을 돌아다녔고 지친 몸으로 집에 와서는 재충전을 했죠. 아버지는 만성 우울증으로 고생하는 어머니와 어떤 감정적인 교류도 가지지 못했어요. 그래서 내가 어머니의 역할을 맡아 아버지에게 감정적인 후원을 하게 되었지요."

브렌다는 아버지의 작업장인 숲에서 네 살이 될 때까지 살았다. "모든 게 너무 멋졌어요. 나는 숲과 오두막 근처를 기어다녔죠. 그리고 그곳에는 같이 놀 친구도 없었기 때문에 나는 동물들과 자연히 친하게 지냈어요. 아버지는 정말 숲을 잘 알았고, 어린 여동생과 나를 마치 길이 잘 든 야생동물 같이 키웠어요." 그러나 브렌다가 여덟 살이 되었을 때 아버지는 하버드에서 행정을 공부하기 위해 도시로 이사를 왔고 모든 것은 바뀌어 버렸다. 가족은 이제 더 이상 자연의 일부가 아니었고 아버지는 오히려 자연을 다스리는 법을 배우고 있었다.

"나는 환경 보존을 위해 애쓰는 아버지의 직업을 존경해요. 아버진 정말 타고난 행정가죠. 아버지는 극단적인 환경론자와 연방 정부 사이에서 타협을 기막히게 잘 이끌어내거든요. 하지만 만약 아버지의 은퇴식에서 연방 정부의 모든 찬사가 아버지에게 퍼부어진다고 해도 우리 둘, 동생과 나는 식장에서 나오고 말 거예요. 아버진 우리에게 어머니와 아버지 역할을 모두 하는 분이었어요. 그런 아버지를 잃는다면 우린 두 분 모두를 잃는 것이 되죠. 아버지가 자연을 떠나 관료 사회에 익숙해짐에 따라서 아버지도 점점 우리를 잃어 갔죠. 아버지가 속한 서열의 사회에서는 아이들과 관련된 문제는 별반 관심이 없었으니까요. 우리는 아버지가 모든 종류의 생태계를 경험할 수 있도록 이 년마다 이사를 가야했죠. 나는 무려 열여섯 번이나 전학했어요.

내가 아버지를 사랑하고 아버지의 일을 존경하는 것만큼 아버지의 불타오르는 듯한 자아도 느낄 수 있었어요. 아버지는 마음을 터놓을 동료도 없었고, 심지어 자신의 감정에서마저도 격리된 채 일만 하고 있었죠. 아버지가 숲을 떠날 때 우리들만 버린 것이 아니라 아버지의 따뜻하고 감성적인 부분마저 잃어버리게 된 거예요. 숲에 있을 때 아버지의 영혼은 충만한 듯 보였어요. 그런 아버지가 자연과의 연결점을 잃어버리게 되자 자신과의 연결점마저 잃고 만 거예요."

대학을 졸업하고 브렌다는 아버지의 의견과 균형을 맞추기 위해 환경 문제를 다루는 작가 겸 편집자가 되었다. "물론 나는 아버지와 반대

의견을 갖고 있지는 않아요. 나는 단지 아버지와는 달리 계속해서 숲에 남아 있던(감정적으로) 사람이기 때문에 숲의 목소리를 대변할 수 있다고 생각해요. 아버진 숲의 운명을 좌우할 힘을 너무나 많이 가지고 있죠. 그래서 나는 아버지의 양심이 되어 주어야 한다고 생각했어요. 이상하고도 무의식적인 방법으로 아버지와 나는 계약을 맺었죠. 아버진 권력과 지위를 추구하고 나는 아버지를 위해 영혼을 지켜 주는 거예요. 때로 아버지는 나한테 협회 사람들에게 호소할 비전을 담은 연설문을 써달라고 청할 때도 있었어요.

나는 아버지가 사랑하는 것을 같이 사랑하지만, 아버지의 사랑법은 좋아하지 않아요. 아버지는 숲을 다스리려고 해요. 아버지의 숲에 대한 접근은 관리이고 조절이지요. 아버지는 다양한 동물들이 살도록 하기 위해 숲을 보전하는 데에도 관심이 있지만 휴식과 목재를 얻는 데도 관심이 많았지요. 아버진 인간을 자기 소유인 땅을 잘 지켜낼 수 있는 정원사로 보았어요. 그러나 내 의견은 다르죠. 땅은 궁극적으로 누구의 소유물도 될 수 없어요. 자연이란 우리의 한계를 넘어서는 것이니까요. 그것은 신비한 거예요. 그리고 인간 관계에 비추어 땅을 마치 여자처럼, 또 지배하는 사람을 마치 남자처럼 생각하는 풍토도 옳지 못해요. 그건 맞지 않는 거지요.

아버지가 책임자로 있을 때 나는 아버지와 의견을 달리하는 환경 운동가를 위해서 더욱 높은 톤의 글을 써야만 한다고 느꼈죠. 그러나 나는 그렇게 하지 않았어요. 왜냐하면 나는 아버지나 환경 운동가 모두 투사의 혼을 지니고 있다는 걸 알고 있었거든요. 나는 전쟁에 휘말리고 싶지 않았어요. 나는 그저 양쪽을 중재할 수 있는 글만 썼죠."

아버지가 은퇴를 한 후에 브렌다는 비로소 자기가 쓰고 싶은 글을 쓰게 되었다고 말한다. "아버지가 은퇴하자마자 나는 자유와 왠지 모를 힘도 함께 느꼈어요. 나는 드디어 정치적 성격이 아니라 자연이 가지는 신비한 측면에 초점을 맞춘 글을 쓰기 시작했죠. 아버진 내가 그런 글이나 쓰며 연금을 축낸다고 비난했어요. 그래도 나는 엄청난 창작열을 느꼈고 그 기간 동안 책을 세 권이나 썼어요."

일단 브렌다가 아버지의 권력 사용의 중재자로서, 심판관으로서의 임무를 벗게 되자 그녀는 자신의 영혼에 힘을 줄 수 있는 그녀만의 일로 돌아가게 된 것이다. 그녀는 숲의 마음을 지닌 여자였기 때문에 그녀의 가장 깊은 내면은 언제나 자연과 닿아 있었다. 브렌다는 더 이상 아버지와 경쟁하지 않아도 되고 그의 정치적 영향력을 중화시켜 주지 않아도 되었다.

치료를 통해 브렌다는 자기 내면 속에 모든 권력에 대한 증오가 숨어 있음을 밝혀냈다. "나는 아버지처럼 올라만 가기는 싫었기 때문에 계속해서 어떤 직함도 가지지 않으려 노력했어요. 나는 아직도 개인적인 권력을 가진다는 게 두려워요. 내가 만약 아버지처럼 영향력 있는 자리로 올라가게 되면 내가 맺은 모든 절친한 관계들을 잃어버릴까 겁내는 거죠. 처음에 나는 사람들 앞에 서서 책을 읽어 주는 것조차도 싫어했어요. 그렇지만 몇 년이 지나면서 차츰 즐기게 되었죠. 내 사생활하고 공적인 생활 사이에 균형만 맞출 수 있다면 그런 일도 괜찮을 것 같아요."

강력한 권력을 가진 〈아버지의 딸〉들 중에는 '권력 환상'으로 고생하는 사람들이 있다. 그들은 아버지의 권력을 자기 것으로 인식해서 아버지가 어떤 권력을 행사하면 자기도 행사할 수 있는 것으로 착각한다. 그들은 아버지가 받은 존경만큼 자신도 대우받고 싶어하고 만약 삶이 어려워질 경우에는 쉽게 충격을 받기도 한다. 또 어떤 〈아버지의 딸〉들은 아버지와 자신을 끊임없이 비교해서 자신은 가치가 별로 없는 인물로 생각한다. 이런 딸에게는 자신이 무엇을 성취하건 아버지의 성취와는 비교도 안 되는 것으로 여기고 만다.

　위의 두 경우 모두는 딸이 자신의 힘을 잃어버린 상태이다. 처음의 경우는 허망한 모래 위에 자신을 던진 상태이고 두 번째 경우는 영웅인 아버지의 그림자에 눌려 일식 현상이 일어나는 것처럼 서서히 자신을 잃어 가는 상태이다.

　내 경우를 돌아보면 이십대와 삼십대 초반까지도 아버지에 비해 너무나 왜소한 듯이 느껴져서 나는 어떤 가치 있는 일도 해내지 못할 것이라 생각하곤 했다. 아버지는 커다란 회사를 운영하고 큰 집도 가지고 있고 또 많은 존경도 받고 있는 '큰 사람'이었다. 어느 날 밤, 나는 꿈을 꾸었다. 꿈 속에서 나는 "나는 너의 아버지가 아니야"라고 말하는 소리를 들었다. 그 목소리가 어찌나 크고 분명했는지 나는 그만 놀라 깨어나고 말았다. 이제와서 분석해 보니 그 꿈은 내가 얼마나 나 자신을 경시하고 아버지를 높이 생각하고 있었는가를 보여주는 것이었다.

　나는 아버지의 주변에 빅 맨(큰 사람)이라는 신화를 만들어 놓았다. 이는 아버지가 어느 정도 내게 은근히 심어 준 사상이었다. 그리고 바깥 세계에서 권력을 가지고 있는 아버지가 내 일에 별로 관심을 보여주지 않는다는 사실도 내가 아버지에 비해서 별로 가치가 없음을 보여주는 것이었다. 내 생각과 의견은 남성적인 세계를 반영하지 않기 때문에 아버지의 흥미를 별로 끌지 못하는 것은 당연했다. 나는 교사와 정신요법 치료사로서의 내 직업을 대단치 않은 것으로 여겼다. 그도 그럴 것이 아버지는 커다란 광고 회사의 사장으로 막강한 힘을 행사하고 있었기 때문이다. 나는 내가 가진 기술을 가치 있게 여기지 않고 늘 당연한 것으로 여겼다. 나는 내가 진정으로 사랑하는 일인 글쓰기를 시작하고 나서야 아버지에 대한 신화를 깨고 내 자신만의 목소리를 낼 수 있었다. 또한 나는 나에 대한 아버지의 은근한 평가 절하가 나의 자아 존중뿐 아니라 내 첫번째 결혼에도 영향을 미쳤다는 걸 발견했다.

결혼 생활 동안 나는 의식, 무의식적으로 아버지와 남편을 비교했다. 특히 가족의 요구를 들어주는 측면에서 나는 남편을 아버지에 비해 부정적으로 평가했다. 남편은 그때마다 자신은 나의 아버지가 아니라고 힘주어 말했다. 남편과 나 자신을 평가 절하하는 행동이 결국 우리의 결혼 생활을 좀먹었다는 사실을 깨닫는 데에는 참으로 오랜 세월이 걸렸다.

'인생보다도 더 큰' 아버지를 가진 여성은 다른 사람과 성공적인 관계를 맺는 데 어려움을 느낄 것이다. 이러한 처지에 있는 〈아버지의 딸〉은 일반적으로 아버지가 가졌던 권력과 유사한 권력을 가진 남자를 찾지만, 그녀는 이런 타입의 남자가 얼마나 냉정해야 견딜 수 있는지를 곧 알게 될 것이기 때문이다. 또한 이런 타입의 남자가 가진 권력과 부는 가족의 희생 위에 얻어진 것이라는 사실도 알게 될 것이기 때문이다. 아래의 예에서 사만사는 남성과 관계를 유지하는 것이 얼마나 어려운지를 보여주고 있다.

"내가 좀더 어렸을 때 나는 아버지를 미친 듯이 좋아했죠. 다른 사람들이 조금 이상하게 생각할 정도였으니까요. 아버진 성공한 사람이었고 유머도 풍부하고 또 강해 보였어요. 아버지 주변에 있는 사람들도 대부분 아버지와 비슷했죠. 그래서 나는 자연스럽게 아버지를 닮은 남자를 찾게 되었어요. 그리곤 강한 남자를 만났죠. 마음은 별로 맞지 않지만 말이에요. 하지만 결혼 후에 나는 힘이란 게 반드시 매력적인 것만은 아니라는 걸 금방 알게 되었죠.

이제는 나의 창의력을 이해해 주는 남자를 만나야겠다고 생각해요. 그리고 열정이 무엇인지도 알아주는 남자면 더욱 좋구요. 만약 누군가가 열정을 가지고 무엇을 만들어낼 때는, 바로 그때에는, 아내나 남편은 잠시 잊을 수도 있다는 사실도 이해해 주면 더할 나위 없겠죠. 이상하게도 많은 남자들은 여자들의 창의력을 위협적인 것으로 받아들이는 것 같아요. 이런 면에서 내게는 창의력과 열정을 부담스럽지 않게 이해해 주는 남자가 정말 절실히 필요한 거죠. 그리고 나는 상대가 나와 함께 나누어 가질 수 있는 열정을 가지면 충분히 지원해 줄 거예요."

만약 한 여성이 더 이상 힘에 대한 환상을 남자에게 투사하지 않는다면 그녀는 자기가 가지고 있는 잠재적인 창조력에 초점을 맞출 수 있을 것이다. 아울러 결혼 상대도 이상적인 남자가 아니라 자신을 보완해 줄 수 있는 상대를 고를 것이다. 독자적인 삶과 감정적인 교류의 가치를 이해해 주는 상대를 말이다.

유령 아버지

유령 아버지는 현존하는 아버지만큼이나 강력한 힘을 가진다. 한 가지 차이가 있다면 유령 아버지의 힘은 그의 부재와 돌아오겠다는 약속에서 나온다는 것일 뿐······.

유령 아버지의 집안은 비록 아버지가 집에 없어도 마치 수족이 잘린 환자가 그의 손발이 여전히 있다고 생각하는 것처럼 가족은 여전히 그의 존재를 느낀다. 그러나 손발이 절단된 환자가, 없는 발을 의지하고 실 수 없는 것처럼 부재중인 아버지의 딸도 실질적인 아버지의 도움은 얻을 수 없다. 실제로 내 여성 환자들이 가지는 가장 큰 슬픔은 아버지가 안 계신 것하고 아버지가 남발하는 지키지도 않을 약속들인 것으로 밝혀졌다.

유령 아버지 때문에 계속해서 실망하는 〈아버지의 딸〉들은 다양한 방식으로 그에게 반응을 보인다. 만약 딸이 아버지가 없는 이유를 합리적인 것으로 받아들이고, 아버지가 할 수만 있었으면 가족과 있었을 거라고 확신하는 딸은 아버지를 용서한다. 그녀는 자기가 혼란해 하거나 실망할 권리조차 없다고 생각한다. 달콤한 말과 은근한 조종으로 아버지는 딸에게 그녀의 감정을 삼키라고, 현실을 바라보는 시각을 가지라고 종용한다. "아빠를 이해하지, 내 사랑? 아빠가 갈 수만 있었다면 정말 꼭 갔을 거야. 내가 못 가는 이유는 다 이 회사 미팅(고객과의 약속, 정치적인 모임, 출장……) 때문이란다. 아빠 마음 알아줄 거지?"

　이런 식의 대화는 딸의 세계보다 아버지의 세계가 우월함을 은근히 심어 주기도 한다. 그럼에도 불구하고 딸과 아버지 사이에는 딸이 분노나 실망감을 표현하지 않기로 하는 굳은 약속이 암묵적으로 존재한다. 딸은 버려졌다는 느낌을 이해라는 멋져 보이는 말 뒤에 숨기고, 아버지가 중요한 인물이라는 사실을 받아들이면서 화낼 권리까지 미리 포기해 버린다. 사실 딸은 아버지의 무관심으로 인한 고통과 공허감을 피하고 싶어하기도 한다.

　또 다른 〈아버지의 딸〉은 아버지의 부재에 아버지의 환상을 만들어서 마치 아버지가 자기 옆에 있고 그녀는 아버지를 느낄 수 있는 것처럼 행동하는 반응을 보인다. 이러한 반응을 보이는 딸은 아버지가 얼른 돌아와서 환상 속에서처럼 자기 얘기를 들어주고 자기랑 놀아 주기를 바란다. 그러나 항상 기회가 왔을 때도 이 환상은 깨어지고 그래도 그녀는 다시 '다음'을 기다린다.

　이외에도 여전히 아버지의 관심을 끌기 위해 심신이 지치도록 노력하는 〈아버지의 딸〉도 있고, 반대로 반항으로 아버지의 관심을 얻고자 하는 딸도 있다. 어른이 되어서도 아버지의 현존을 느끼고 싶어하는 딸들은 남자에게 의존해야 하는 대리 상황을 만들어 아버지의 도움을 간접적으로 경험하고자 하기도 하고, 반대로 어떤 남자도 믿지 못하는 비정상적인 사랑을 하기도 한다.

그러나 내면화된 아버지의 환상은 군주처럼 계속해서 딸의 마음을 지배하게 된다. 딸은 계속해서 아버지에게 유리한 가치들을 신봉한 채 말이다.

실비아의 아버지는 그녀가 여덟 살 때까지 공산당 지하 조직 담당자였다. 그래서 그녀는 시어머니와 친정어머니, 그리고 가족과 오빠까지 돌보아야 했던 어머니와 함께 어린 시절을 보냈다. 실비아의 매일매일은 여자들에 의해 둘러싸여 있었고 그녀는 아버지의 부재를 마음속 깊이 느끼고 있었다.

"우리가 언제 아버지를 보러 가는지는 몰랐지만 우리 가족의 삶은 아버지를 보는가 그렇지 못한가에 따라 달라졌어요. 아버진 활동적인 성격을 가졌고 감동을 주는 사람이었으며 사건을 조정하는 사람이기도 했어요. 아버지는 생기를 불어넣어 주는 사람이었고 우리를 외부 세계와 연결해 주는 끈이었죠. 아버지에게는 힘이 있었고 세상에서 아주 중요한 일을 하고 있었어요. 그에 비해서 우리에게는 아무 힘도 없었죠. 우리는 아버지의 모든 소망 앞에 무릎을 꿇을 수밖에 없었어요."

실비아의 아버지는 그녀가 홀로 설 만큼 담대하기를 원했기 때문에 어린 시절과 사춘기 내내 자신이 한 일은 자기가 모두 책임져야 하며 인생도 스스로 개척해 나가야 한다고 강조했다. 그러나 그는 딸의 구체적인 재능에는 별로 신경을 쓰지 않았으며 심지어는 그녀가 자신과 다른 분야에서 두각을 나타내리라고도 생각치 않았다. "아버지는 내 잠재력을 끌어내는 걸 끝내 도와주지 않았어요. 또 내 잠재력이라고 하는 것은 바깥 세계에서 일하는 아버지 일과 비교하면 아무것도 아닌 걸로 생각했지요. 나는 아버지의 그늘에서 산 셈이에요. 내가 서른이 되니까 아버지는 비로소 내가 유능하고 똑똑하다고 말하더군요. 하지만 그건 너무 늦었어요. 이십오 년이나 늦었죠. 나는 그런 소리를 다섯 살 때 들어야 했으니까요."

만약 세상에서 소위 잘 나가고 있는 아버지가 딸의 잠재력을 키워 주기 위해 노력하지 않는다면 그녀는 계속해서 아버지에게 매달려 있고 아버지가 그녀를 바라보는 이미지에 충실하려고 노력할 것이다. 실비아는 이에 대해 할 얘기가 많다.

"아버지는 내가 나만의 정체성과 욕구를 가질 필요가 있다는 걸 잘 이해하지 못했어요. 나의 필요는 언제나 공산당의 필요 안으로 빨려 들어가 버렸죠. 그래서 1950년에 공산당이 정치적 힘을 잃고 치욕을 당하게 되자 아버지는 자신은 물론 나까지도 실패한 인생으로 바라보고 말았죠. 같은 렌즈로 말이에요. 아버진 아직도 직업적으로 엄연히 성공하고 있는 나를 실패한 인생으로 바라보고 있어요. 그러나 더욱더 아이러니컬한 것은 이런 아버지 옆에 여전히 아무 힘도 없는 채 어릴 때의 내 아버지, 공산당을 이끌던 그 영웅의 이미지에 내가 가진 모든 힘을 묶어 두고 있는 나 자신이죠."

실비아는 공산당이라는 정치적인 목표 아래 자신을 비롯한 가정을 희생시킨 아버지에게 애증의 감정을 함께 느낀다.

"나는 아버지가 훌륭한 부모는 아니었다는 걸 용서할 수 있어요. 왜냐하면 아버지는 인류애의 수위를 높이겠다는 원대한 목표 때문에 우리를 희생시켰으니까요. 아버지가 치른 희생 중의 하나는 나였지요. 하지만 나에게 지금 문제가 되는 것은 내가 모든 남자를 미칠 정도로 힘들어한다는 거죠. 이런 나 때문에 아마 그들은 모두 떠날 거예요. 내가 힘든 이유는 내가 가진 나 자신의 욕구와 기대, 권리 때문이에요. 옛날 우리 집에는 개인에게 남겨진 권리와 필요란 존재하지 않았죠. 나는 항상 다른 누군가에 맞추어 나 자신을 재단했어요. 이제 나는 타인과의 관계 속에서도 아무 힘을 발휘하지 못하게 되어 버렸어요. 남자 친구뿐 아니라 심지어 나는 여자 친구에게도 내가 필요한 것을 제대로 알리지 못하고 있으니까요."

무기력한 아버지에게 재생을

칼 융은 개인이 가진 이미지에 말끔히 들어가 맞지 않는 정신 현상을 '그림자'란 용어를 써서 설명하곤 하였다. 예를 들어 우리 모두는 대부분 우리가 이기적이고 나약하고 분노로 가득 차 있다는 말을 별로 달가워하지 않는다. 이런 면에 관한 융의 이야기를 들어 보면, 일생 동안 한 번도 나쁜 일은 할 수가 없다고 자부하던 한 퀘이커 교도 신사는 아들은 도둑으로, 딸은 창녀로 내모는 결과를 가져오게 되었다고 한다. 그 이유는 아버지가 애써 부정하고 회피했던 인간의 불완전한 어두운 본성이 자식들의 삶 속에 녹아들게 되었기 때문이다.[17]

아이들은 때로 부모가 인정하지 않는 '그림자'의 성격을 그들의 삶을 통해 실행한다. 그리고 이러한 현상은 사랑하는 가족 중의 한 명이 그 그림자의 성격을 부끄럽게 여길 때 더욱 자주 일어난다.[18] 예를 들어 만약 아버지가 실망과 굴욕감, 무기력함 등을 감추고 있다면 〈아버지의 딸〉은 권력을 그 자신이 추구함으로써 아버지를 회생시키고자 한다.

우리가 3장에서 만나 보았던 그레첸은 아버지의 잠재력을 실행시키기 위해 자신의 직업을 선택한 시나리오 작가이며 PD이다. 자신을 아버지의 운명을 대신하는 사람으로 여길 만큼 대단한 〈아버지의 딸〉인 그녀는 최근에 아버지와 매우 닮은 사람과 십 년 동안의 공동 집필을 끝내고 이렇게 말했다. "나는 십 년 동안의 이 공동 집필을 아버지를 회생시키려는 나의 노력으로 여겼어요. 나는 여러 가지 면에서 아버지를 닮은—잠재력은 있지만 고집이 너무 세고 불안정하고 변덕이 심한 등등—이 작가와 무엇인가를 함께 창조해내면 아버지에 대한 나의 좌절감을 극복할 수 있으리라 생각했었거든요. 나는 처음에 내 파트너가 굉장한 지식을 가지고 있다고 생각했지요. 내가 만약 거기에 약간만 손질을 가한다면 그의 작가로서의 인생은 다시 시작될 거라 생각했었죠. 하지만 내가 진정 원한 것이 무엇이었는가는 오랜 시간이 걸리지 않아 밝혀졌어요."

그레첸의 아버지는 2차 세계대전에 참가했던 꿈 많고 유능한 젊은이였지만 제대를 하고 나서는 아무것도 성취하지 못하게 되었다. 그는 집에 남아 대학을 간 동료들에게 자기 자리를 내주었다고 생각했다. 사정이 이래서인지 그는 회계라는 직업에 별로 만족해 하지 않았다. "아버지는 똑똑하고 키도 크고 매력적이에요. 아버지는 사진기 같은 기억력을 가지고 있죠. 아버지는 우리 가족뿐 아니라 지역 사회를 위해서도 큰 일을 할 수 있었을 거예요. 하지만 아버지는 절대로 누군가를 섬기려 들지는 않았어요. 그의 인생에 대한 태도는 언제나 우리 대 그들이었으니까요."

그레첸의 아버지는 우월감에 차 있는 집안의 외동아들이었다. 그레첸은 친가를 몰락한 왕족이라 불렀고, 아버지 자신은 미국 독립 전쟁에 참가했던 뿌리 깊은 집안이라 불렀다. 그러나 우월한 아버지 집안의 그림자는 젊은 아버지의 인생에 나쁜 영향을 끼쳤다.

결국 우수한 집안의 후손이라는 믿음이 아버지와 그레첸 모두에게 영향을 준 것이다. 이들 모두는 자신이 원하는 것을 노력하여 얻으려 하지 않고 당연히 주어져야 하는 것으로 생각하는 비합리적인 습관에 빠져 있었던 것이다.

그레첸은 다음과 같이 말한다. "서른다섯 살이 될 때까지도 나는 선택받은 집안의 후손이므로 인생의 모든 것이 수월히 내게로 와줄 것으로 생각했었죠. 내가 직접 나가서 일해야 한다는 생각은 한 번도 하지 않았어요. 아버지도 마찬가지였죠. 자신의 직업에 만족은 하지 않았지만 그런대로 위험 부담 없이 가족을 부양할 수 있었던 아버지는 한 번도 내게 꿈을 좇아 노력하라고 말하지 않았어요. 아버지는 권위와 힘을 얻기 위해 필요한 욕망과 기술, 충동 등에 그다지 신경을 쓰지 않은 거예요."

어느 날 그레첸은 자신의 잠재력을 실천에 옮기는 데 두려움을 느끼는 아버지를 자신이 내면화했다는 걸 깨달았다. "나는 계속된 실패 속에 나를 방치했어요. 나의 유능함을 어떤 일에도 투자하려 생각하지 않았죠. 별로 좋아하지도 않는 비서일을, 임금은 작지만 여가가 많다는 이유로 계속해 나갔어요. 나는 비전이 없는 일을 했고 하루 벌어 하루 먹는 식으로 살았죠. 그리고 일부러 가난한 생활을 선택했구요. 여러 측면에서 나는 굉장히 실패한 인생을 살았어요. 마치 동화 속에 나오는 신데렐라처럼 누군가 나를 구해 줄 사람을 기다리며 누더기를 뒤집어쓴 채 살았죠. 정말 나는 그렇게 살았어요. 사실 나는 아버지가 멋진 왕자님의 역을 맡아 내 앞에 나타나기를 기다리고 있었던 거예요."

서른다섯의 나이에 그레첸은 그녀의 '왕관'을 찾으러 스스로 나서기로 결심했다. 그녀는 영화 쪽에 관심을 가지고 자신의 영화를 만들어보기로 하고, 만약 그 영화가 실패하면 영화 일은 완전히 손떼기로 결심했다. "나는 최선을 다해서 영화를 찍기로 결심했어요. 모든 위험을 감수하구요. 그래도 내 안에 무언가가 부족하다면 그것은 아직도 내 자신만의 삶을 찾지 못했다는 얘기가 되겠지요. 그리고 그게 사실이라면 나는 이 도시를 떠나 내가 살아온 인생을 다시 되돌아보려 했어요."

그레첸은 직접 시나리오를 쓰고 영화를 만들기 위해 돈도 모았다. 그리고는 결국 오락 산업 부문에서 여자가 이루어내기 힘든 일을 성취하고야 말았다. 그리고 이 성취감이 그녀의 인생을 바꾸어 놓았다. 힘에 대한 그녀의 생각까지도. 그레첸은 아이디어에 형상을 입히고 생기를 넣어 주는 일이 그녀에게는 대단한 만족감과 힘을 준다는 걸 알아냈다.

"나는 힘에 대한 그간의 생각을 모두 수정했어요. 나는 이제 내면적인 힘을 느끼고 있죠. 표면적으로 무슨 일이 일어났는지 누가 논쟁에서 이겼는지에는 상관없는 그런 힘 말이에요. 내 마음속 깊이 흐르고 있는 힘이죠. 과거에 협회나 바깥 활동을 하는 많은 여성들이 찾고자 했던 것이 바로 이 힘인 것 같아요. 우리는 지금까지 지배적이고 탐욕적인 문화내에서의 힘에 대해 배우고 보아 왔지만 그건 진정한 힘이 아니에요."

구질서의 몰락: 리어왕과 코딜리아

자신만의 내면적인 힘을 찾기 위해서 모든 〈아버지의 딸〉들은 어린 시절에 아버지와 맺었던 암묵적인 약속의 본질에 대해 다시 살펴보아야 한다. 위에서 만나 보았던 그레첸도 아버지의 잠재력이 아니라 자신의 잠재력을 활성화시키려 할 때 이런 과정을 밟았고, 브렌다도 아버지와 경쟁하기 위해서가 아니라 자기 마음속 깊은 곳으로부터 울려 나오는 내용을 글로 적을 때 이와 같은 과정을 밟았다. 모든 딸들은 위험을 무릅쓰고 인생에서 한 번은 이러한 과정을 밟은 것이다. 셰익스피어의 『리어왕』에 나오는 딸 코딜리아는 그녀의 사랑이 오직 아버지에게만 속해 있다는 사실을 부인함으로써 아버지가 약속한, 그녀를 일생 동안 돌보아 주겠다던 은혜를 놓쳐 버리고 만다. 아버지를 사랑하는 대가로 편히 지내도록 돌보아 주겠다는 아버지의 약속에 대한 딸의 도전에, 아버지는 결국 딸을 추방하고 끝내는 그녀의 목숨마저 앗아가고 만다.

『리어왕』은 아버지인 리어왕이 왕국의 지도를 펴놓고 임의로 땅을 삼등분하는 장면부터 시작한다. 그는 딸들의 아버지에 대한 사랑 정도에 따라 왕국을 분할해 주고 자신은 하야할 것을 결심한다. 그의 마음은 불균등하게 나뉘어진 땅 중에서 가장 큰 것을 가장 사랑하는 딸 코딜리아에게 주고 싶었다. 또한 그는 백 명의 기사와 함께 그녀에게 몸을 의탁하고 편안히 남은 여생을 마치고자 했다.

늙은 리어는 딸들 모두에게 여러 명의 증인이 있는 앞에서 그의 부와 명예를 물려줄 조건인 아버지에 대한 사랑을 천명하도록 요구한다. 그러자 리어의 큰딸인 거너릴과 둘째 리건은 과장된 언어로 아버지의 마음에 드는 사랑의 말을 늘어놓는다. 다음은 거너릴의 표현을 옮긴 것이다.

"아버지, 저는 말로는 표현할 수 없을 만큼 아버질 사랑합니다.
시력이나 토지, 자유보다도 귀한 분으로,
값지고 희귀한 어느 것보다도 귀중하고,
사랑과 미와 건강과 명예가 구비된 생명보다도 소중한 분으로
일찍이 자식이 바치고 어버이가 받은 바 있는 최대의 애정을 가지고 아버지를 사랑합니다.
숨이 차오르게 하고 말이 막혀 버릴 만한 사랑으로
무엇하고도 비교할 수 없는 사랑으로 나는 아버지를 사랑합니다."[19]

둘째딸 리건은 언니의 사랑의 말을 능가한다.

"아버지, 저도 언니와 꼭 같은 심정입니다.

그러니 가치도 동등하다고 생각하고 있어요. 나의 마음속에도
언니의 효성에 대한 표현이 담겨 있어요.
다만 부족한 말을 조금 첨가하자면
나는 어떠한 고귀한 사람이 누리는 낙일지라도
아버지에 대한 사랑 이외의 기쁨은 모두 적으로 생각하고
소중한 아버님에 대한 사랑에서만 오직 행복을 느끼고 있습니다."[20]

리어의 막내딸인 코딜리아는 언니들의 말은 탐욕과 권력을 향한 욕정으로 굳어진 마음을 위장하는 것에 지나지 않음을 알고 있다. 코딜리아는 간단히 그녀의 사랑과 아버지에 대한 의무를 말한다. 그리고 리어는 그녀에게 그녀의 사랑을 좀더 장황하게 표현할 것을 요구한다.

"언니들보다 더욱 비옥한 셋째 영토를 받기 위하여
너는 무슨 말을 하겠느냐? 말해 보아라."
"아무것도 없습니다. 아버님."
"아무것도 없다고?"
"네, 아무것도 없습니다."[21]

리어는 분노를 터뜨리고 코딜리아에게 아무것도 없는 것에서는 아무것도 나올 수 없다고 말한다(왕국을 나누어 주지 않겠다는 것이다). 리어는 막내딸에게 다시 한 번 말하도록 시킨다.

"불행하게도 저는 제 심중을 말할 수가 없습니다.
저는 아버님을 자식의 의무로 사랑합니다.
그 이상도 그 이하도 아닙니다."[22]

코딜리아는 아버지에 대한 그녀의 사랑을 말로 표현할 수 없었고 또 아첨을 위한 아첨은 하기 싫었다. 코딜리아는 계속해서 말한다.

"아버님은 저를 낳으시고 기르시고 사랑해 주셨습니다.
그 은혜의 보답으로 저는 당연히 제 의무를 다하겠습니다.
아버님께 복종하고 아버님을 사랑하고 누구보다도 아버님을 공경합니다.
언니들은 오직 아버님만을 사랑한다고 하면서
왜 남편을 맞았을까요? 제가 결혼한다면
아마 남편은 저의 애정과 심려와 의무의 절반을 가져갈 것입니다.
언니들처럼 오직 아버님만을 사랑한다면
전 결혼을 하지 않을 거예요."[23]

코딜리아는 솔직히 말한다. 그녀는 아버지로서의 리어에 대한 사랑은 인정하지만 그녀의 사랑이 오로지 그에게 독점적으로 속한 것은 아니라고 말한다. 왜냐하면 언젠가 그녀는 결혼을 할 것이고 남편도 또한 사랑할 것이기 때문이다. 리어는 무참히 압도당했다. 리어는 코딜리아에게 완전한 사랑과 헌신을 기대했지만, 그녀는 리어가 참기 어려워하는 절대적 진실만을 말했다. 리어는 코딜리아에게는 어떠한 유산도 남겨지지 않을 것임을 선포하면서 공공연히 그녀를 비난한다. 그녀를 위해 남겨 두었던 세 번째 지분의 왕국은 코딜리아의 두 언니에게 돌아가게 되었다. 리어는 또한 코딜리아를 그녀의 성품의 고결함을 보고 지참금 하나 없이도 데려가겠다는 프랑스 왕에게 주어 버린다. 리어는 프랑스 왕과 코딜리아에게 다음과 같이 말하고는 이내 그들을 떠나 보낸다.

"저 아이를 맡아서 당신의 것으로 하시오.

나에게 저런 딸 아이는 없소.
두 번 다시 얼굴도 보고 싶지 않소. 그러니 빨리 떠나시오.
축복도 애정도 못 주겠소."[24]

리어는 자기가 원하는 것을 얻지 못했기 때문에 왕으로서 자신이 가진 특권에 의지한다. 특권이란 자비심을 많이 베푸는 자나 혹은 형벌을 가하는 지배자의 모습 중 하나를 형성하게 마련이다. 리어는 이중에서 벌을 주는 가부장적인 왕으로서의 모습을 선택한다. "리어는 자신의 기분대로 주고 또 거두어 가는 신처럼 행동한다."[25] 자신의 약점을 내보이기 두려워 리어는 지혜로서 다스리기보다는 의지로 다스린다. (오늘날에도 우리는 가부장적인 아버지가 딸에게 하는 이야기를 들을 수 있다. "너는 밖에 나갈 수 없다. 왜냐하면 내가 그렇게 말했으니까. 그리고 나는 네 아버지니까.")

리어는 사실 모태 속으로 돌아가기를 원했고, 사랑하는 딸에게 보살핌을 받고 싶었다. 하지만 그는 직접적이지 못했다. 그는 자신이 진정 원하는 것을 요청하는 대신에 왕으로서의 특권을 사용하려 하였다. 코딜리아는 아첨을 하라는 리어의 요구에 순종하지 않음으로써 그의 권력에 도전한다. 리어의 요구를 들어주는 것은 그녀의 아버지에 대한 사랑과 자신의 정직함을 모두 배반하는 일이 될 것이다. 코딜리아는 가부장제의 낡은 질서에 충실하지 않고 그녀 자신의 진실을 따른다. 그녀는 남자들의 자아에 아첨함으로써 그를 유혹했던 기존의 여성 역할을 거부했다. 그러나 노년의 왕인 리어는 딸의 진실함을 참을 수 없었기 때문에 그의 사랑을 거두어들인다. 자신이 지배하는 세계에 고착되어 있어서 리어는 이미 변화를 받아들일 수 없을 만큼 정신적으로 굳어져 버렸다. 그는 코딜리아에게 완벽하고 순종적이고 순결한 딸의 이미지를 투사시켰지만, 코딜리아는 단순한 진리로 이 이미지를 파괴시켜 버린다.

셰익스피어의 『리어왕』은 배후 조정과 의지력을 여성에게 행사함으로써 자신이 원하는 것을 얻었던 가부장제의 이야기이다. 리어는 왕의 권자에서 내려올 수는 있지만 권위를 포기하지는 않는다. 그는 자신이 원하는 사랑이 거부될 때 그의 사랑과 재산을 함께 거두어들인다. 리어의 자아는 아직 위대한 힘이라는 환상 아래에 살고 있는 것이다.

리어의 세 딸은 배신의 가능성과 진실이라는 여성의 두 가지 면모를 대변하고 있다. 거너릴과 리건은 권력에 대한 탐욕으로 인해 아버지가 조정하는 대로 따라 준다. 그들은 자신들의 사랑을 선포하고 아버지를 돌볼 것을 약속하면서 리어가 듣기 원하는 것을 말한다. 그러나 이들은 원하는 것을 얻었을 때 리어를 저버리고 만다. 딸들의 배신으로 비참한 지경에 빠진 리어는 마침내 이성을 잃고 만다.

프랑스에서 돌아온 코딜리아는 언니들의 배신으로부터 아버지를 구하고 함께 고난에 동참한다. 그러나 그녀는 영국군과 싸우기 위해 외국의 군대를 들여 왔기 때문에 배반자로 교수형에 처해진다. 리어의 환상이 완전히 깨어지고 그가 코딜리아의 진정한 사랑을 인식하게 되는 것은 그녀의 죽음을 통해서이다. 마지막 장면에서 미친 리어는 죽은 코딜리아를 안고 들어와 다음과 같이 슬퍼한다.

"울부짖어라, 울부짖어라, 울부짖어라, 울부짖어라. 너희 목석 같은 인간들아!
내가 너희들 같은 혀와 눈을 가졌다면, 그것으로
창공이 무너지도록 저주를 해줄 텐데. 이 애는 죽어 버렸다.
사람이 죽었는지 살아 있는지 나도 안다.
이 애는 죽어서 흙처럼 되어 버렸다."[26]

리어는 상심으로 죽고 나머지 두 딸은 각각 질투와 배신으로 죽는다. 애정이 많은 딸들처럼 코딜리아는 아버지의 실현되지 않은 잠재력을 복원시키기를 원했고, 아버지의 구원을 위해 자신을 희생한다. 그녀의 진실함과 사랑은 아버지를 고집과 자만으로부터 구한다. 코딜리아는 아버지를 올바른 정신 상태로 되돌려 놓았고 그 과정에서 스스로는 순교자가 되었다.

가부장적인 남성을 위한 이와 같은 희생의 양식은 여성의 정신 세계에 깊게 자리잡고 있다. 코딜리아는 문학작품 속에 등장하여 아버지의 의식 세계를 일깨우기 위해 자신의 목숨을 버린 여자 주인공 중 처음도, 또 마지막도 아니다. 이 희생은 우리가 여성으로서 반드시 연구해 봐야 할 무엇이다. 우리는 얼마나 더 오랫동안 남성을 구원하기 위해 우리 자신을 포기해야만 하는가? 우리는 똑같은 희생을 여성을 위해서도 감수할 수 있을까? 여성의 정신 세계와는 단절된 남성의 정신 세계는 강압과 의지로 권력과 지배력을 얻어 왔고 그 과정에서 삶의 시스템들은 파괴되었다. 리어는 진정한 자신의 마음을 제대로 살피지도 않고 결정을 내렸기 때문에 그 결정은 치명적일 수밖에 없었다. 지배의 원칙으로서의 자아가 감정과 분리되면 자아에 대한 진정한 의식도, 자각도, 진정한 권력도 있을 수 없다. 진정한 권력과 조화란 마음과 정신, 감정과 지력이 함께 일할 때에만 가능하다.

여성의 권력

원형적인 견지에서 보았을 때 여성의 권력은 남성의 권력과 매우 다르게 나타난다. 여성의 권력은 남성적인 지배나 가부장제, 억압 등과 연관된 외적인 권력이 아니라 내면으로부터 나오는 권력이다. 여성의 권력은 어둡고 피에 얼룩진 것이며 흙과 관계가 있는 것이다. 북미 인디언의 많은 전통 중에 생리중인 여자는 땀을 내는 행사에 참여하지 못하게 하는 것이 있다. 왜냐하면 그녀의 피에는 힘이 있어서 생리 기간 동안 자신을 정화할 뿐 아니라 땀을 내고 있는 이들의 비전과 꿈보다 더욱 강력한 꿈과 비전을 가지게 되기 때문이다.

『진실 또는 도전 Truth or Dare』에서 여성학자인 스타호크(Starhwak)는 내면으로부터의 권력은 "다른 사람, 그리고 자연과 모두 연결되어 있다는 우리의 연계의식에서 솟아난다"고 쓰고 있다. 외면의 권력은 우리가 살고 있는 시스템을 다스리지만, 내면으로부터의 권력은 우리의 삶 자체를 지탱해 준다. 우리는 내면으로부터의 권력이 창조하고 연결하고 심고 짓고 글을 쓰고 깨끗하게 하고 고치고 달래고 함께 놀고 노래하고 사랑하는 일을 하는 걸 느낀다. 결국 내면으로부터의 권력은 키우고 자양분을 주는 일을 하는 셈이다.[27]

외면으로부터의 권력에 의해 정의되는 사회, 문화, 체제 들에서 인간은 그들 자신만의 고유한 가치를 가지지 못한다. 그들의 가치란 상대적이고 비교되는 것이며 획득되거나 혹은 공짜로 얻어져야만 하는 대상이다. 우리의 경제체제도 이러한 방식으로 구성되어 있어서 사회의 대다수가 몇 사람의 권력에 의존하고 종속되어 있는 동안만 그 몇 사람이 권력을 유지하게 된다. 이와 같은 불평등의 뿌리는 가정 안에 있다. 가정 안에서 권력이란 아버지가 실제로 곁에 있든 없든 아버지 안에 존재한다. 아버지로서의 신이란 개념은 권력의 이와 같은 배분에 대한 본질적인 원형표본이다. 외면적인 권력의 모델은 아버지 신을 육체와 흙의 자연 세계 밖에 위치시키는 가부장적인 종교에서부터 그 권위를 끌어온다. 아버지 신의 권위란 다른 모든 것을 능가하고 반드시 달라져야만 하며 경배되어야 하고 그의 말에는 반드시 복종해야만 한다. 그리고 다른 무엇보다 그의 지위는 계속 유지되어야 한다.

내면으로부터의 권력 개념에서 가치란 획득되는 것이 아니라 내재적이고 고유한 것이다. 권력이란 저 위에서 지배하는 어떤 개체 안에 구현되어 있는 것이 아니라 각 개인과 공동체, 그리고 자연 안에 드러나 있는 것이다. 우주에 편재하는 셈이다. 스타호크는 "모든 존재는 신성합니다—각자는 가부장적인 질서 속에 순서대로 놓여지거나 다른 존재의 가치와 비견될 수 없는 자기만의 고유한 가치를 지닙니다. 따라서 가치란 쟁취되거나 획득되고 또는 증명될 수 있는 성격의 것이 아닙니다. 가치란 바로 우리의 존재 속에 내재해 있습니다"라고 기술한다.[28]

가부장적인 지배와 규제에 대한 부정적인 연상 때문에 직장이나 가정에서 권력을 주장하기를 혐오해 왔던 여성들은, 좀더 포괄적이고 유연하며 서로의 마음을 이어 주는 연대감과 행동을 결합한 새로운 형태의 권력을 발견해 가고 있다. 새로운 형태의 권력은 다른 사람들을 위해 앞으로 전진해야 한다는 대의를 강조한다. 이것은 단지 자아만을 만족시키기 위한 권력의 획득과는 다르다. 스타호크는 이러한 종류의 권력을 "동등한 사람들의 모임 안에 있는 강한 개인의 권력으로, 명령은 하지 않지만 제안은 하고 또 청취되어져야 하며, 무엇인가를 시작하고 또 그것이 일어나는 과정을 지켜보는 권력"으로 쓰고 있다.[29]

공직에 종사하는 여성에 대한 연구에서 도로시 캔터(Dorothy W. Cantor)와 토니 버니(Tony Bernay)는 변화를 일으키려 노력하는 여성들 안에 구현된 권력의 종류를 '여성 권력'이라 정의한다. 이 두 사람은 "여성 권력이란 이 사회를 좀더 나은 곳으로 만드는 데 쓰여지는 권력으로 결코 스스로를 위해서나 다른 사람을 조종하기 위한 권력이 아니"라고 기술하고 있다.[30] 이 권력은 그들이 부르는바, 창조적인 돌격과 서로의 상호 연관성을 결합한 포괄적인 형태의 권력이다. 서로가 가진 것을 한데 끌어당겨 다른 사람을 돕는 구체적인 의제를 진전시켜 나가는 것이다. 그렇게 함으로써 그들은 다른 사람에게도 힘을 나누어 주게 될 것이다.

점점 더 많은 수의 여성이 힘이 있는 지위를 차지하게 됨에 따라 〈아버지의 딸〉들은 지금까지 그들이 아버지에게 투사해 왔던 권력을 되찾아와 스스로의 인생을 책임질 것이다. 그녀의 정신 세계를 지배하는 내면화된 아버지의 목소리에 자동적으로 응답할 것이 아니라 〈아버지의 딸〉들은 자신의 목소리와 아버지의 목소리를 분리시키고 자신의 내면의 권리를 믿어야만 한다. 그때가 되어야만 그녀가 아버지와 맺었던 계약으로부터 자유로워질 것이다. 단지 그때가 되어야만 그녀는 권력이 본질적으로 요구하는 모든 책임을 수용하기 시작하게 될 것이다.

여성의식의 출현, 머린 머독 작
(흑백 사진, 11x14인치, 1992)

제7장
여성과 종교

> 하늘에 계신 우리의 아버지, 아버지의 이름이 거룩히 빛나시나이다. 나라에 임하시며, 뜻이 하늘에서와 같이 땅에서도 이루어지이다. ― 주기도문

딸은 아버지와의 관계에서 우주의 진리나 신의 개념에 대한 영적인 믿음에 영향받는다. 아버지의 종교에 대한 믿음에 상관없이 그가 아버지의 원형에 대한 어떤 인식을 심어 주느냐에 따라 딸이 신을 어떻게 볼 것인가에 큰 영향을 미친다. 만약 그녀의 아버지가 이해심 많고 사랑스러운 사람이라면 딸은 신을 그렇게 볼 것이고, 만약 딸의 눈에 아버지가 열정적이고 가식 없는 삶을 사는 것처럼 보이면 그녀의 신은 공정하며 정열적일 것이다. 만약 아버지가 그녀를 보호해 주고 자비로우면 그녀의 신도 그녀를 보호해 줄 것이고, 만약 그녀의 아버지가 그녀를 무시하고 보호해 주지 않으면 그녀의 신은 무관심과 무력함의 신일 것이다. 만약 아버지가 학대나 부재, 또는 죽음 등으로 그녀를 배신하면 그녀의 신도 그럴 소지가 있을 것이다. 만약 아버지가 종교엔 관심없지만 착실하게 그의 인생을 살아간다면 딸은 그의 세속적이지만 공정한 가치를 받아들일 것이다.

로버트 무어와 더글라스 길렛은 『왕, 전사, 마법사, 연인』에서 "신을

왕으로 인식할 때 신의 모습은 모든 남자 중에서 남성다운 형태에 가깝게 나타난다"라고 썼다.[1] 신을 왕으로 보면, 아버지는 신의 나라와 지구의 왕국 사이의 중간체 즉, 신과 가족의 중간에 위치한다. 신은 우주의 중심이고 이 중심으로부터 모든 창조물이 나온다. 중심으로서의 신은 모든 종교와 신화의 바탕이 되는 테마이다. 왕의 첫번째 임무는 신비한 우주의 섭리인 계급, 세대, 신의 계율을 설립하는 것이다. 왕이 그렇게 한다면 그의 왕국은 발전할 것이고 그렇지 않으면 그의 백성들은 불행할 것이다.[2] 왕의 능력을 긍정적인 모습(현명한 왕)으로 나타내듯 아버지는 가족들을 보호하고 가족들을 부양하며 가족 구성원들의 가치를 확인시켜 주고 지지해 준다.

아버지가 '왕' 타입의 부정적인 측면(가부장적 왕)을 계승했을 때, 그는 구약의 하느님, 야훼의 말이 절대적이었던 것처럼 두려움과 숭배의 대상이 될 것이다. 하느님처럼 아버지의 권력은 거의 의심받지 않는다. 근접하기 어려운 그는 적당한 벌을 주거나 승인을 해준다. 이런 가족의 유형에서는 아버지는 중심이 되고 독재적인 인물이다. 그의 아내는 두 번째이고 아이들의 위치는 각각 태어난 순서와 성별에 따라 결정된다. 딸들은 듣고 따르기 위해 존재하며 절대로 아버지를 거슬러서는 안 된다.

우리가 2장에서 만나 보았던 낸시의 아버지는 '현명한 왕'을 그의 가족뿐만 아니라 지역 사회에까지 구현했다. 그는 유대 성전의 책임자로, 유대교 신자들을 위한 사회 활동에 열성을 바쳤다. 그는 이 집단의 중심에 있었고 그의 권력이 가족들의 사회 신분을 결정했다. 낸시는 기도와 찬송가들에서 아버지를 연상하곤 했다고 기억했다. 랍비가 "아비누, 말카이누, 우리 아버지, 우리 왕"이라고 말하면 그녀는 자신의 아버지를 왕, 신, 지배자, 그리고 우주의 중심이라고 생각했다.

낸시의 아버지는 교통사고로 그녀가 열한 살 때 죽었다. 아버지의 죽음과 함께 그녀의 가족들은 집단의 중심에서 밀려났다. 아버지가 없는 가정에서 여자들은 성전에 아무런 가치가 없는 것이다. 낸시가 아버지를 잃었을 때 그녀는 하느님에 대한 믿음도 잃어버렸다. 그녀의 아버지가 왕의 원형을 너무나도 강하게 계승했기 때문에 그가 죽었을 때 하느님도 역시 죽은 것이다.

대부분의 가정에서는 어머니가 종교적인 관습과 의식을 보전하고 명예롭게 함으로써 종교를 현실적인 것으로 만든다. 그러나 종교적인 유산을 결정하는 왕/신의 계승자로서의 아버지는 명백하고 절대적으로 존재한다. 매리온 우드맨은 『신의 여성적인 면』에서 그녀가 어렸을 때 그녀 자신만의 믿음을 발견하라고 목사인 아버지로부터 받은 확실한 후원에 대해 썼다. 그녀는 어렸을 때 아버지가 천사들과 그녀의 대화를 인정한 것을 회상했다. "아버지는 영혼을 인정한 문화에서 자란 스코틀랜드인이었다. 그래서 아버지가 목사였다고 해도 나의 천사들에 대해 문제가 없었다. 아버지는 그들을 인정했다."[3] 우드맨은 계속 말했다.

많은 아이들처럼 난 직설적이었다. 나는 "누군가가 여기에서 싸웠어"라고 말하곤 했다. 아니면 나는 여주인을 보고 "당신은 남편을 좋아하지 않는군요, 그렇지요?"라고 말하곤 했다. 그 다음엔 끔찍스런 침묵이 있었다. 아버지는 우리가 그 집을 나서자마자 "매리온, 네가 말을 안 하는 것을 바라는 것은 아니지만, 너는 사회가 도저히 받아들일 수 없는 것을 말하고 있다. 네가 나에게 말하는 것은 괜찮지만 다른 사람에게는 말해서는 안 된다"라고 말씀하셨다.[4]

우드맨의 아버지는 그녀와 천사와의 관계를 인정하고 격려해 주었지만, 다른 사람들은 받아들이지 못할 것이다. 어린 시절의 영적인 경험에 대해 아버지의 확실한 인정은 성인이 된 그녀가 성숙한 영적 경험을 시작하도록 도와준 기반이 되었다. 성인으로서, 그녀는 성공회교회의 의식의 연구와 실제 체험으로써 체계화된 종교에 다시 흥미를 갖게 되었고 또한 한 여성으로써 구체화된 영적 의식을 이해하게 되었다.

아버지는 감사하고 공경하는 마음으로 자연과 친화하는 방법을 가르쳤다. 그것은 자연스럽게 영적 가치를 깨닫게 해주었다. 그러한 딸의 하나로서 "아버지는 정신적으로 내게 깊은 영향을 주었다. 아버지는 야외 활동을 좋아했고 산을 좋아했다. 아버지는 나에게 지혜의 말들을 전해 주지 않았고 산업사회에서 성공하는 방법을 알려주지 않았다. 그러나 아버지는 나를 산으로 데리고 가셨다. 아버지는 우리가 캠핑을 갔을 때 책임감을 가지라고 가르치셨고 우리가 떠날 때면 내가 갔을 때보다 더 깨끗하게 치우고 돌아오라고 가르치셨다"라고 썼다.

아버지의 딸들과 종교

아버지와 딸의 관계에 따라 딸의 신에 대한 인식과 종교적인 가치는 많이 달라진다. 이상화된 아버지는 딸의 정신을 그녀의 삶의 모든 면에 불어넣는 강력함으로 존재한다. 내가 면담한 거의 모든 여성들은 그들의 아버지가(목사인 경우만 제외하고) 종교적인 논점에 대해 명확하게 가르쳐 주지는 않았다고 했다. 그러나 아버지의 종교적 태도나 가치관은 딸들에게 어떻게든 영향을 미친다. 아버지가 지닌 성격의 영향력과 아버지가 딸의 세계에서는 중심이라는 사실이 그녀의 우주관을 좌우한다. 한 여성은 사춘기 때 정치적으로 가장 어지러웠던 베이루트를 여행했다. 그때 그녀는 자신의 안전에 대해 조금도 걱정하지 않았다고 했다. 그녀의 아버지가 자비롭고 남을 보호해 주는 성격이었기 때문에 그녀는 모든 세상이 다 자신을 보호해 주고 도와줄 것이라고 믿었다. 모든 부녀 관계에서 딸은 명백하게, 혹은 은연중에 종교에 대한 메시지를 받게 된다.

도예가인 코니는 '신약에 나온 예수처럼 사랑이 많은 목사'였던 아버지가 아주 명백한 메시지를 준 딸이다. 아버지는 그녀의 첫번째 영적인 선생님이었고, 또한 그녀의 첫번째 신성한 왕국으로 가는 통로였다. 그녀의 최초의 기억은 아버지와 나눈 신에 대한 대화였다.

"내가 세 살도 되지 않았을 때, 우리는 뒷마당에 누워서 별을 보고 있었어요. 나는 아버지에게 '누가 별들을 만들었지요?'라고 물었고 아버지는 '신이 만들었단다'라고 하셨지요. '신은 굉장히 크겠네요'라고 되묻자 아버지는 '그럼, 아주 크셔'라고 하셨어요."

코니의 아버지는 신약의 가르침을 그녀에게 말해 주었고, 그것은 그 후에 그녀의 영적 연구의 초석이 되었다. 아버지는 교회에 의해 정해진 규범을 분명히 했다. 코니는 그 규범들에 대해 아버지와 논쟁을 했지만, 아버지의 행동에 관해서는 절대 논쟁하지 않았다. 그녀는 아버지가 믿음을 갖고 규범에 따라서 살아왔다는 사실을 존경했다. 그녀는 아버지로부터 '네가 말한 것을 실천하라'고 배웠다.

"말하는 것과 행동하는 것 모두를 중요하다고 생각한 것이 아버지와 나의 차이점이죠. 아버지는 행동만이 중요하다고 생각했어요. 만약 내가 믿지 않는 어떤 일을 하고 있는 나 자신을 발견한다면, 나는 그 믿음을 재평가해야만 하겠지요. 아버지는 그것을 당연히 탈선이라 하며 용서를 구했을 거예요." 사춘기 시절의 코니는 잘못된 행동으로 어머니의 분노와 부딪쳤을 때, 계속적으로 아버지에게 도움을 청했다. 그러나 아버지의 믿음은 너무 경직되어 있었고, 심지어 그녀에게 상처를 입힌다고까지 느꼈다. 아버지는 조언을 구하는 그녀의 항변을 무시하고, 대신 어머니에게 무조건 '존경하고 순종해라'라고 타일렀다.

코니는 감리교 대학에 들어갔으나, 그녀는 교회를 떠나서 인디언 정신 세계에 관심을 가졌다. 이제 그녀는 또 다른 '아버지'인, 테와 메디신(Tewa medicine:인디언의 전통적인 치료법)의 세계를 만난 것이다. 그녀는 이 생활을 매우 만족해 했다.

그녀는 "나는 아버지의 교회를 떠났지만 아버지가 나에게 가르치신 그리스도의 가르침의 진실 속에서 '네 이웃을 사랑하라. 그것을 얻기 위해 너의 삶을 주어라. 죽음은 네가 생각하는 그런 것이 아니다. 그리고 변화는 분명히 현실이고 가능하다'라는 기본 믿음은 결코 떠나지 않았어요"라고 말한다. "아버지는 내 인생의 기본이 되었어요. 실제로 내가 인디언을 가르치기 시작했을 때, 나는 어린 시절 아버지의 가르침이 영속적으로 나에게 전해졌음을 알았지요. 아이러니컬하게도, 아버지가 그의 영적 행로하고는 아주 달랐던 나의 영적 진로를 실제적으로 이끌어 주었던 거예요. 만약 아버지가 정신 세계를 이해하기 위해서는 인생을 사랑해야만 한다는 것을 나에게 가르쳐 주었다면, 내 인생은 달라졌겠지요."

〈아버지의 딸〉은 아버지를 인생의 안내자로 볼 뿐만 아니라 인생의 신비함에 관한 확고한 해설자로도 본다. 만일 그녀의 아버지가 이런 신비한 일들을 해설하지 못한다면, 완벽한 아버지상에 대한 믿음이 깨어지고 그녀는 그 충격으로 혼돈을 느낄 것이다. 4장에서 본 제니퍼도 아버지의 이런 결점을 보았다.

"아버지는 영적인 분야에서만은 우리를 실망시키셨어요. 아버지는 어렸을 때 천주교 학교에서 좋지 않은 경험을 했고 우리들은 같은 경험을 하지 않기를 바라셨어요. 하지만 나는 천주교를 믿고 싶었어요—지금도 그래요! 나는 영세를 받은 천주교도였고, 비록 천주교의 사회적 문제에서의 위치를 모두 믿지는 않지만 죽음과 죽음 후의 세상에 대한 가르침들을 다 받아들였어요. 최근에 친구의 아버지가 돌아가셨고, 나는 죽은 다음에 어떤 일이 일어나는지에 대해 많은 생각을 했지요. 내가 인생에 대해 이해하고 있기로는 육체적인 것 이외에 다른 무엇인가가 있다는 거지요. 아버지는 이런 생각에 대해서 논하지 않으셨어요. 나는 아버지가 여러 가지 생각을 가지고 있다고 생각해요."

아버지와 나는 영적인 문제들에 대해서는 거의 대화를 나누지 않았다. 그러나 아버지의 정원에 대한 애정, 자연에 대한 경외심, 고용인들에 대한 너그러운 태도는 아버지의 정신적인 가치관을 잘 보여주었다. 그렇지만 아버지는 전지전능하고 또한 벌 주는 신에 대한 연상을 떨칠 수 있게 도와주었다. 어린 시절의 아버지는 권위있는 존재가 아니라 느긋한 존재셨고, 하느님의 법을 강요하지도 않으셨다. 사실, 창조적인 사람으로써 아버지는 그 자신만의 법을 만들었다. 그래서 나는 카톨릭 학교의 친구들로부터 들은 구약의 신에 대해 두려움이 없다. 나는 신이 먼 존재로 느껴졌기 때문에 그와 많은 관계를 맺지 않았다. 나는 항상 어머니를 도와 달라고 신에게 기도했지만 그는 단 한번도 들어주지 않았고 그가 나의 기도를 듣기엔 너무 바쁘다고 생각했다. 어쩌면 아버지도 신에 대해서는 무관심한 사람이었기 때문에, 나는 신에게 관심을 두지 않았다. 나는 오히려 사랑스럽고 동정 많은 동정녀 마리아를 믿었다.

아버지의 종교적 무관심의 긍정적인 면은 나를 교리의 틀에서 구해 준 아버지의 종교에 대한 불손한 행동들이었다. 2학년 어느 날 야광 묵주를 가진 마리아상을 내가 학교에서 가져올 차례였다. 마리아상은 가족들과 묵주 기도를 할 수 있게 차례대로 집으로 가져갈 수 있었다. 그날 밤, 어머니는 볼일이 있어서 나가야 했기 때문에 아버지께 우리와 함께 묵주 기도를 하자고 부탁했다. 우리는 내 침대 옆 테이블에 놓인 마리아상 앞에 무릎을 꿇었다. 나는 아버지의 기도에 대한 지식에 회의적이었지만, 아버지는 자신이 맞다고 생각한 기도를 중얼거렸다. 나는 굉장히 심한 딸꾹질을 했기 때문에 아버지의 기도 내용을 들을 수 없었다. 방에는 마리아상과 묵주로부터 나오는 빛 이외엔 없었다. 나는 마리아가 미소짓거나 움직이기를 기다리고 있었다. 나의 딸꾹질은 점점 커졌다. 갑자기 아버지는 "왁" 하고 소리를 질렀고, 나는 놀라서 웃음과 동시에 울며 펄쩍 뛰었다. 나는 아버지가 하늘 나라에 갈 수 없을 것이기 때문에 마리아가 아버지를 공경심이 없다고 생각하지 않기를 바랐다. 어쨌든 아버지의 무관심은 종교는 신성해야 한다는 부담을 없애 주었고, 또 결국은 딸꾹질도 멈출 수 있게 해주었다. 나중에 나는 아버지의 무관심과 함께 아버지의 교리와 법에 대한 느긋한 태도를 흡수하게 되었던 것이다. 그러나 모든 딸들이 운이 좋은 것은 아니다.

신은 종교의 위계 제도를 통해 우리를 버렸다

딸들은 성인이 되면 아버지의 지위와 권력을 계승할 것이라는 믿음을 갖고 자라난다. 많은 여성들은 또한 남자 신부, 랍비, 목사의 교리를 따르며 자라난다. 맹목적으로 교회의 교리와 신조를 따르는 〈아버지의 딸〉들은 아직도 그들이 어린 시절 아버지와 만든 무언의 계약에 충실히 복종한다. 딸들은 어른으로 자라면서 그들 스스로를 중시하지 않고 남편, 아들, 상사에게 계속 '봉사'한다. 한편으로는 〈아버지의 딸〉들은 우월한 지위에 있는 것으로 가정하면서 자라고, 다른 한편으로는 무의식적으로 남성의 권위적인 모습 속에서 하녀의 역할을 받아들인다.

종교는 남성으로서 신의 이미지를 보존하고 남성 위계의 특권을 보장한다. 그러한 권력의 지위에 있는 많은 남성들은 남성의 권위에 합류하려고 하는 여성들이 아닌, 남성적 신에게 봉사하기를 원하는 여성들에게만 흥미를 갖는다.『아프로디테의 웃음』에서 신학자 캐롤 크리스트는 교회 안에서 여성의 평등권을 인정받지 못하고, 같이 성경 공부를 했던 남성 교수의 승인을 받을 수도 없다는 것을 알았을 때의 놀람과 환멸을 묘사한다. 그녀는 이렇게 썼다.

> 내가 아버지를 즐겁게 하는 방법을 알아내면 나는 하느님의 각별한 총애를 받을 줄 알았다. 하느님의 집안에서 딸들이 평등한 장소를 찾을 수 있으리라는 믿음은 의심의 여지가 없었다. 아버지와의 관계에서 생긴 병적인 요소에도 불구하고, 나는 내 자신의 지성과 능력으로 자신감을 가졌다. 나는 초여성적인 자아의 핵심을 상상함으로써 전통적인 여성 역할로부터 자유로울 수 있었다. 내가 공부할 것은 성경의 성별을 초월한 언어인 하느님의 말씀이라고 믿었다. 나는 우리가 평범한 인간성을 같이 갖고 있고 지적인 인생을 위한 우리의 사랑과 종교적인 의문에 관심을 분명히 함으로써 나도 남성 교수들처럼 될 수 있을 것이라고 생각했다.[5]

캐롤은 '남자처럼 생각한다' 라는 말을 들었을 때 우쭐해졌다. 그녀는 선택된 딸처럼 특별함을 느꼈다. 그녀는 후에 이러한 태도들이 자신의 여성다움의 배신 때문이라는 것을 깨달으면서, 전통적인 여성의 역할에 만족을 느끼는 여성들을 경멸했던 자신을 반성했다. 그녀 스스로 하느님과 남성 지도자들을 모방하는 것은, 가부장 사회에서 여성들 간의 유대를 확인할 수 없는 것이다.

캐롤의 아버지와의 관계는 그녀가 남녀 공학 대학에서 주로 남자들만 있는 이스턴 대학의 대학원으로 진학하면서 현저히 바뀌었다. 그녀는 대학원에서 동등한 동료로서 받아들여지는 것이 어렵다는 것을 발견했다. 그녀는 "대학원에서 같이 공부했던 남자들이 나를 동료가 아닌 여성으로 인식한다는 것을 알았다. 나를 동료로 받아들이지 않는 것은 딸들이 아버지의 집에 받아들여질 수 있는지에 대한 의문을 갖게 만든 촉매였다."[6] 이러한 사실에 실망하면서 차츰 그녀는 그녀가 한 인간, 여성, 학생, 아니면 선생님으로서 그녀 자신의 확인을 위해 하느님 아버지나 아니면 어떠한 남자에게도 의존하지 않아야 한다는 것을 깨닫게 되었다. 사실 이러한 발견은 여성의 신성함을 경험하게 했다.

또한 〈아버지의 딸〉이 여성으로서 그녀의 영적 본성에 대해 더 훌륭한 이해를 하게 되는 것은 아버지와 딸의 심오한 각성을 통해서였다. 카톨릭과 함께 한 나의 각성은 대학 2학년 때 평신도 전도사와 함께 멕시코에 일하러 갔을 때 일어났다. 나는 아스테카 인디언들과 일했다. 그들은 가난했고, 멕시코 정부와 교회로부터 동물보다 못한 취급을 받았다. 내가 일하는 마을의 많은 사람들이 영양 실조와 폐질환으로 죽었기 때문에, 나는 카톨릭 주교가 중재를 해서 멕시코 정부가 적당한 건강 치료를 해주기를 간청했다. 주교는 나의 이상주의에 관대하게 웃었고, 나에게 이것은 하느님이 계획한 것이 아니라고 말했다. 주교는 인디언들이 진흙의 오두막에서 돼지와 함께 살고 있는 동안 어떻게 공정하고 자애로우신 하느님께서 그를 TV가 있는 대저택에 앉히셨는지 설명하려고 고민하지 않았다. 내가 이러한 불공평이 하느님의 계획의 일부인지 의심하였을 때, 주교와의 알현은 갑자기 취소되었다. 나는 주교의 면담 거부에 어리벙벙해졌다. 라틴 문화에서 여성의 종교적 지위는 보잘것 없었지만, 〈아버지의 딸〉인 나는 변화를 기대했다. 내가 가문, 권력, 여성, 아이들, 토착민과 땅을 착취하는 경제 제도를 지지하는 가부장적 계급 제도를 이해하기 시작한 것은 그때였다. 나는 또한 나의 아버지의 눈을 통해 나에게 태양이 비추어진다고 할지라도, 불합리한 것은 불합리한 것이라는 사실을 깨닫기 시작했다.

가부장 제도에서의 영적인 딸들

모든 부녀 관계에서 아버지(가부장)의 경배와 어머니(여성)의 부정을 가장 구체화하고 영속시키는 것은 아버지와 〈아버지의 딸〉과의 사이에서이다. 〈아버지의 딸〉로서 여성은 아버지와 함께 여성의 자아 확인에서 여성의 신성함을 부정하는 압제적인 이데올로기를 무의식적으로 영속시키지 않기 위하여 스스로 배울 필요가 있다. 삼십대 후반에 나는 여신 중심적 문화가 최고의 남성신에 한정된 것보다 더 신앙적으로 충만하다는 생각에 흥미를 느꼈다. 나는 다양한 문화에 의해 묘사된 신성한 여성의 강력한 이미지에 주목했다. 나는 여성으로서 신의 관념은 평등하다는 사실에 고무되었다, 이것은 여성은 신성하고 남성과 함께 동등한 지위를 가졌다는 것을 의미했다. 이것은 또한 여성으로서 나는 더 이상 신으로부터 분리되지 않고, 딸로서 신을 알기 위해 아버지와 계약을 맺을 필요가 없음을 의미했다.

나는 다음 두 해를 사회 경제적으로 서로 다른 민족의 개인적인 여신의 이해와 그들의 삶에서 여신이 어떤 활동을 했는지를 인터뷰했다. 『변화하는 여성:여신의 현대의 얼굴』이라고 제목 붙인 이 연구 계획은 케이블 TV의 화제가 되었다. 내가 부모님께 그 프로그램 비디오를 보여드렸을 때 여성의 형상에서 구체화된 신의 관념 때문에 당황한 아버지는 "누가 여신이지?" "저런 실없는 소리를 지껄이는 것이 내 딸은 아닐 거야"라며 고함치셨다. 최고의 여성신에 대한 의견은 여성이 교황이 되는 것처럼 아버지는 받아들일 수 없었다. 나는 아버지의 반응에 놀라서 말이 나오지 않았다. 한참 후까지도 아버지는 내가 높은 가치를 두는 것과 나의 성과에 대해 이해하지 못했고, 이것은 나를 짜증나게 했다. 아버지의 반응은 또한 우리 부녀가 결코 아버지의 가치를 반영하지 않은 나의 어떤 연구도 토론할 수 없다는 것을 명백하게 했다. 만약 내가 신성한 여성의 탐구를 계속하고 싶다면, 나는 아버지가 나의 세계에서 최고의 신이라는, 우리의 오래된 약속을 끊어야만 했다.

『여성의 영적 이해』에서 여성 해방론자 샤렌 스프레트낙은 흥미 있는 질문을 했다. 만일 부권 사회가 오직 몇천 년밖에 되지 않았다는 것과 또한 2500년 이전의 사회에서는 위대한 여신의 개념이 있었다고 하면 어떤 일이 일어날까? 가부장적 종교와 사회구조가 계속 인간의 자연스러운 질서로써 이행될 것인가? 여성들이 남자들의 권력을 계속 인정해 줄 것인가? 아니면 가부장적 종교들이 상대적으로 최근의 역사적 현상이라는 것을 알게 되면서, 여성들은 그들의 동등함과 신성한 지혜를 다시 주장할 것인가?[7]

광범위한 연구를 통해 가부장적 신보다 먼저 존재했던 신의 어머니나 위대한 여신에 대한 지식이 널리 퍼지게 되었다. 나는 아나톨리아 평원의 팔레오시티 동굴에서 발견된 조각들로 미루어 보아 여신 숭배가 적어도 6000년 전에서 2500년 전까지, 모든 생활의 중심이었다는 사실에 매혹되었다. 여성을 묘사한 조각과 상징들은 위대한 여신의 지배를 나타내고 있었으며 동굴의 중앙에 위치하고 있었다. 자연의 상징—태양, 물, 소, 새, 물고기, 뱀, 알들, 나비, 그리고 임신하고 출산한 여신의 형상—은 성역, 집, 항아리, 점토상 등 어디에서든지 발견된다.[8] 여성 중심의 사회에서는 성(聖)과 속(俗)의 분리가 없었다. 종교는 삶이었고 삶은 종교였다. 가정의 주인은 여성이었다. 그녀는 창조자로서 모셔졌다. 그녀의 몸도 신성했다. 모든 삶은 그녀에게서 나왔고, 그 상징으로 대지는 여성의 육체와 같았다.

  비옥한 창조자로서 종종 배우자나 아들과 함께 묘사된 위대한 어머니의 상징은 야만인 쿠간의 침입으로 가부장적 신에게 자리를 빼앗겼다. 그리고 그들 여신은 크리스티아니티(Christianity)의 파괴에 의해 뿌리째 뽑혔다. 여신은 창조자로, 아들은 구세주로 대체되었다.[9] 여신의 배우자나 아들의 위치를 벗어난 전능한 남성신들은 기원전 4500년경 유라시아 유목민에서 출발하여 인디아, 중앙 아시아, 동유럽, 그리스에까지 퍼져 나갔다.[10]

  그러므로 가부장적 종교는 상대적으로 최근에 나타났다. 에덴 동산에서 이브의 추방은 가부장적 지배의 시작을 상징적으로 보여준다. 샤렌 스프레트낙은 "가부장적 사회의 기초적인 이론적 해석은 가부장적 종교이다. 기독교, 유대교, 이슬람교, 힌두교는 모두 남성신들을 섬기고 여성을 요부로써 부정하고 사악한 것으로 여겨 여성의 인권 박탈을 결합시켰다〔역자주—저자는 힌두교에 대한 이해가 부족한 듯하다. 다신교인 힌두교에서는 태모신(太母神) '데비'가 가장 힘이 큰 존재로 믿어진다〕. 우리는 이브의 행동 때문에 인간이 에덴 동산에서 추방되었다고 믿는다. 또한 이브의 행동의 결과로 여성은 남성에게 복종해야 하는 운명을 갖게 되었다고 믿는다"[11]고 말한다.

  초창기 랍비어 해설자와 교회의 수장은 이브가 하느님에게 복종하지 않음으로써 인류에게 죽음을 가져다 주었다며 비난했고, 그래서 모든 여성들도 비난했다.[12] 초창기 교회의 수장은 여성은 영혼이 결핍되었고 그녀에게 영혼이 조금이라도 있다면 그것은 아버지의 정액에 의한 것이라는 '사실'을 확립했다.[13] 이것은 과거의 믿음만은 아니다. 처음에 언급된 아버지가 감리교 목사인 코니는 "나는 아버지가 여성은 영혼이 없다는 것을 믿는다는 사실을 발견했어요. 아버지는 어머니와 두 여동생, 그리고 나를 하늘에 들어가게 하는 게 자신의 책임이라고 생각했어요!"라고 말했다.

 이브는 신의 명령에 순종하지 않았기 때문에 받아들여지지 않았다. 그녀는 신에게 완전히 복종하지 않았다. 이브처럼 우리의 모든 어머니, 〈아버지의 딸〉의 어머니는 아버지께 완전히 순종하지 않기 때문에 그녀의 딸에 의해서 받아들여지지 않는다. 그리고 딸이 만약 계약의 틀에서 벗어나려고 한다면 딸은 역으로 아버지에게 받아들여지지 않는다. 우리는 이브의 이야기처럼 신화적 사실에서 여성성의 훼손이 어떻게 이루어졌는지를 현재의 여성의 꿈을 주시함으로써 알 수 있다. 에피스코팔리안에서 자란 한 〈아버지의 딸〉은 여신을 공부하기 위해 첫번째로 여성 그룹에 참가했을 때 꾼 꿈을 들려주었다.

 나는 밖에서 돌의 성스러운 원을 만들었고, 중앙에 동정의 여신 콴 인(Kwan Yin)을 놓았다. 아버지는 밤에 그곳으로 왔다. 아버지는 그 원 주위를 산책하는 것처럼 지나가면서 갑자기 잭 다니엘의 병을 원의 중앙으로 던져 넣었다. 여신 콴 인은 산산이 부서졌다.

 이 꿈에서 아버지는 사실 여성의 원에 들어올 수 없었다. 그는 다만 주위에서 맴돌았을 뿐이다. 아버지의 행동은 그 원의 명예를 훼손시키고 파괴했다. 여성을 위한 여성 종교의 손실은 또한 남자들에게도 손해이다. 가부장적 종교는 모든 사람에게 압도적인 결과를 가져왔다. 이 〈아버지의 딸〉이 남성신 대신에 원의 중심으로써 콴 인을 꿈꾸었을 때, 사실은 그녀만의 영적 확인을 향해 걸음을 내디딘 셈이다. 꿈에서 그녀의 아버지는 여성의 경배 형태의 상징을 파괴했다. 이것은 그녀가 〈아버지의 딸〉로서 아버지의 이상을 단념하는 것을 상징하는 것이다. 그녀의 아버지는 자신의 기득권을 빼앗길 것을 두려워했던 것이다. 이런 꿈 속의 공포에는 두 가지 원인이 있다. 첫번째 원인은 우리가 1장에서 살펴본 것처럼 아버지에게서 독립하는 것은 아버지를 죽일 수도 있다는 불합리한 공포이다. 그리고 여성이 가부장적 종교에 도전함으로써 받을지도 모르는 결과에 대한 전통적인 공포가 그 두 번째 원인이다. 그러나 이러한 과도기는 궁극적으로 신성화된 남성들로부터 벗어나기 위해 진실로 필요한 것이다.

구체화된 영성

영혼은 알 수 없고, 헤아릴 수 없으며, 말로 표현될 수 없다. 그것은 종종 신화와 아버지인 하늘, 어머니인 대지, 생명, 바람의 이미지로 묘사된다. 영혼 없이는 어떤 생물도 나타날 수 없다. 생물이 자리잡기 위해서는 영성이 심장, 마음, 그리고 육체에 들어가야 한다. 변화는 영혼이 구체화되었을 때 가능하다. 〈아버지의 딸〉들이 이렇게 구체화된 영혼을 경험하기는 매우 어렵다. 그들은 아버지와 자기를 동일시하고 어머니로부터는 점점 멀어져 가기 때문이다. 아버지와 동일시하는 〈아버지의 딸〉들의 초점은 육체가 아니라 정신에 맞추어진다. 낸시는 그녀의 영혼에 별로 개의치 않는 여성으로서 변호사라는 권력 있는 직업을 추구하는 동안 질 감염을 경험했다. 마리안느는 이십대와 삼십대 초반에 동양의 종교에 열중하는 동안 자신의 성별을 중성화했다. 그리고 그녀는 임신 육 개월 만에 두 번째 아이를 잃었다. 그녀가 그녀의 무능력한 자궁이 보내는 고통스러운 메시지를 무시했기 때문이었다. 우리들 각각은 우리 몸의 지혜를 무시했다.

많은 여성들에게 그들의 가장 신성한 순간은 육체적인 것이다. 소유하고, 사랑하고, 메시지를 주고, 아이를 보살피고, 삶의 순간을 느끼면서 죽음의 순간에는 사랑하는 사람 옆에서 숨을 거둔다. 많은 여성들은 출산을, 전에는 알지 못했던 성스런 차원 안으로 들어가는 경험에 비유하여 설명한다.『신의 여성적 얼굴』에서 융 심리학자인 진 시노다 볼렌은 하나의 계시처럼 그녀의 출산 경험을 이야기했다.

> 말로 표현할 수 없는 어떤 것이 짧은 순간에 일어났다. 친근했던 자신의 일부분이 따뜻하고 어두운 풀 안으로 하강하는 것 같았고, 녹는 것 같았다. 그리고 그 순간 나는 내 육체를 통해서 신을 느꼈다. 나는 창조의 기적에 참여했고 그것은 나의 인식을 바꾸었다. 그리고 나를 바꾸었다.[14]

이렇게 신을 경험하는 것은 여성의 출산 경험에만 국한된 것이 아니다. 소설가 앨리스 워커의『칼라 퍼플』에서 셀리가 모든 다른 남자들처럼 신은 보잘것 없고, 잘 잊어버리고, 비열하기 때문에 앞으로는 신에게 편지를 쓰지 않겠다고 하자 슈는 자연을 통해 신을 묘사해 주었다.

> "신은 남성이나 여성이 아니라 중성이야. 아무것도 없는 것처럼 보지 마"라고 그녀가 말했다. "자연은 그림 전시가 아니야. 신은 분리되어서 바라볼 수 있는 무엇이 아니야. 나는 신이 모든 것이라고 믿어"라고 슈가 말했다. "모든 것은 현재에 있거나, 과거에 있었거나, 아니면 미래에도 계속 있을 거야. 그리고 네가 무엇을 보고 행복한 느낌을 가졌다면, 너는 신을 발견한 거야." 늙은 백인 남자에게서 벗어나서 내가 처음 발견한 것은 나무였다. 그 다음은 새였다. 다음에는 다른 사람들이었다.
> 어느 날 조용히 앉아서, 마치 내가 고아처럼 느껴졌을 때, 그것이 마침내 왔다. 내가 모든 것의 일부라는 느낌. 나는 알았다. 내가 나무를 자른다면 내 팔이 피를 뚝뚝 흘릴 것이라는 것을. 나는 울고 웃으며 집 주위를 뛰어다녔다.[15]

모든 것의 부분이 되는 느낌은 영적 경험의 핵심이다. 〈아버지의 딸〉이 알아야 할 것은 그녀의 개인적 경험은 그녀만의 것이 아니라는 점과 그녀가 앞으로 해야 할 일은 아버지와 자신을 분리시켜 나가야 한다는 점이다. 그러나 그녀가 모든 것의 진정한 일부분이 되는 과정은 먼저 그녀 자신의 자아 정체성이 확실한 경계 안에서 견고하게 선 이후에 가능하다. 그래야 다른 사람에 의해 끌려가지 않고 진정한 영혼의 합병을 이루는 것이다.

신에 대한 인식에 있어서의 변화

신에 대한 우리의 이미지는 우리가 우리 자신의 용어로 영혼〔靈〕을 이해하려고 추구함에 따라 일생을 두고 서서히 전개되어 간다. 〈아버지의 딸〉은 신에 대한 인식과 아버지를 분리시킬 수 있을 때에야, 그리고 영혼에 대한 좀더 확고한 의식을 수립하고 나서야 좀더 성숙한 인식의 세계로 나아갈 수 있다. 그리고 나면 그녀는 신성이란, 보이는 곳과 보이지 않는 곳 모두에 편재해 있음을 알게 된다. 아래의 꿈에서 코니의 자신에 대한 인식과 성경근본주의자 목사인 아버지에 대한 인식은, 그녀가 불가해한 일을 경험하고 나서 바뀌어 버린다. 영혼이 그녀에게 들어와 그녀는 공중에 떠오르고 자신을 신령한 여성 중의 하나로 인식하게 된다.

나는 거리를 걷다가 전에는 한 번도 본적이 없는 근본주의 교회를 보게 되었어요. 나는 걸어 들어갔죠. 한 남자가 열정적인 어조로 설교를 하고 있었어요. 신자들 대부분은 흑인이었고 예배는 정말 재미있었어요. 그들은 '만세반석'이라는 찬송을 부르고 있었죠. 나는 남아 있다가 떠나는 모든 사람들을 하나씩 살펴보았어요. 그들은 모두 평화롭고 아름답게 보였죠. 흑인 목사가 뒤쪽으로 왔어요. 카키색의 짧은 옷을 입은 그는 당장이라도 사냥갈 준비가 된 듯이 보였죠. 나는 그에게 다음 주에도 예배가 있느냐고 물었어요. 그는 다음 주는 '신령한 여성'을 위한 훈련 기간이라고 말했어요. 나는 누가 신령한 여성이냐고 물었더니 그는 "그들은 그렇게 태어난다"고 짧게 말했어요. 목사는 냉랭했고 무례했죠. 나는 그 문제는 그만 접어 두기로 했어요. 아마 나는 올 수도 있겠고 또 그렇지 않을 수도 있을 테니까.

내가 인도를 향해 층계를 걸어 내려올 때 내게 무슨 일인가가 일어났어요. 내가 층계 계단 사이에 떠 있었던 거예요. 나는 걸음을 내디뎠고…… 공중으로 솟구쳐 올랐다가는…… 잠시 떠 다니고…… 다시 지상에 발을 딛고. 그것은 매우 우아한 동작이었어요. 마치 중력을 받지 않는 걸음걸이인 듯했어요. 나는 아무도 나를 바라보고 있지 않은 줄 알았어요. 그래서 마음껏 그 느낌을 즐겼죠. 그런데 목사가 인도 쪽으로 걸어 내려왔어요. 그가 보고 있었던 거예요. 인도 쪽에는 묘지가 있었어요. 그는 그 안에 누웠죠. 갑자기 그의 장례식이 시작되었고 군중이 그의 주위로 모여들었어요. 나는 계속해서 떠 있었고 목사는 나를 주의깊게 바라보았어요.

목사는 "서른이 안 되었지요?"라고 물었어요. 나는 그의 어조로 대부분의 신령한 여성은 서른이 안 되었고 또 목사는 나를 신령한 여성을 위한 피정에 초대하려 한다는 사실을 짐작했지요. "서른이라니요? 마흔에 가까운 걸요"라고 대답했어요. 목사는 내게 얼굴 성형수술을 했는지 물었어요. 그때서야 나는 알았어요. 목사는 내가 공중에 떠 있는 것을 본 게 아니라 단지 나에게 어딘가 젊은 구석이 있다고 느꼈음을. 나는 그의 무덤 옆에 앉아 "절대로 아니에요"라고 말해 버렸지요. 나는 근본주의자 목사가 재생(다른 사람의 몸을 빌어 다시 태어나는 것)에 대해 말할 준비가 되어 있을 거라고 확신할 수 없었어요. 나는 계속해서 말했죠. "당신도 어떻게 되어 가는지 알고 있잖아요. 당신은 잘 살았고 또 이제 이렇게 편안히 죽으니 다음 생도 당신은 좋을 거예요. 선량한 죽음이 몇 차례 있고 나면 당신은 편안한 인생을 이 생에서 살고 있을 거예요."

이 꿈은 코니에게 내면화된 권위로 자리잡고 있는 아버지와 교회에 대한 그녀의 관계에 전환점이 올 것을 예고하는 꿈이다. 꿈의 처음 부분은 그녀가 아버지의 보호를 바라며 그에게 순종하고 교회의 규칙에 충실한 모습을 보여준다. 그러나 꿈에서 그녀는 공중에 떠오름으로써 교회에 대한 신봉을 초월해 버린다. 그녀는 빛과 화려한 기운으로 가득 찼다. 목사는 그녀의 변신을 알아보고 자신은 죽음을 맞이하고자 무덤에 들어간다. 그리고 그가 죽어 갈 때 그는 신령한 여성을 구성하는 요인에 대한 그의 신념을 바꾼다.

코니의 아버지는 신앙에 있어서 이와 같은 팽창을 경험해 보지 못했다. 그러나 그녀는 아버지가 돌아가시기 전에 경험하기를 바랬다. 아버지는 교회에서 일생에 걸쳐 열심히 가르쳐 왔지만 언제나 교회 지도자들이 자신을 잘 인정해 주지 않는다고 실망해 왔다. 그는 이제 죽어 가고 있고 자신의 신앙에서조차 소외감을 느끼고 있다.

"내가 집에 돌아갔을 때 나는 아버지에게 묻곤 했어요. 영적으로 어떻게 느끼시냐구요. 그러면 아버진 '길을 잃은 것 같다'고 대답하셨죠. 나는 다시 죽음에 대한 그의 감정과 아직도 천국을 보상으로 여기는가를 물었죠. 아버지는 대답했어요. '잘 모르겠다'고. 그리고 그는 울기 시작했죠. 나는 그가 교회의 규칙들과 영성을 혼동했다고 생각해요. 그는 영적인 진공 상태에서 생을 마감하고 있었죠."

코니의 아버지는 사람이 현재 어떻게 사는가가 천국에 갈 수 있는지 없는지를 결정한다고 가르쳐 왔다. 그러나 그의 삶이 교회의 윗사람들에게조차 인정을 받지 못했기 때문에 그는 하늘에서의 보상에 대한 확신도 잃고 말았다. "나는 아버지를 오래도록 묶어 왔던 그 신앙의 시스템이 이제는 그만 아버지를 놓아 주기를 바랬어요. 그러나 이제는 더 이상의 출구가 없었죠. 아버지는 또 내가 도와주는 것을 원치도 않았어요."

코니의 경우와 달리 〈아버지의 딸〉들 중 많은 이들은 죽음이 다가올 때 아버지가 그들과 영적인 문제를 의논하려 하는 것을 발견한다. 그들은 딸들의 지혜를 인정하고 그것을 듣기를 원한다. 〈아버지의 딸〉 중 어떤 이는 아버지의 노년과 죽음을 보며 신에 대한 개념에 변화를 겪기도 한다. 아버지가 영웅적인 이미지를 점차 잃어감에 따라 보다 깊은 영적인 이해를 위한 여지가 생겨나기 때문이다.

낸시는 아버지가 21년 전 익사로 돌아가신 후 처음으로 그의 무덤을 찾았다. 이 방문은 그녀가 몇 달 전에 꾼 꿈 때문에 촉발된 것이다. 꿈에서 그녀는 아버지의 몸을 다리 건너 운반해서는 잔디가 좋은 둥근 언덕에 누이고 아버지에게 이제는 쉴 시간이라고 말했다. 아버지도 동의를 해서 낸시는 그를 열린 무덤에 누이고는 이별을 고했다. 낸시는 이 꿈을 꾸고 나서 유대교에 대한 새로운 흥미를 느꼈다. 나에게 보낸 편지에서 그녀는 다음과 같이 쓰고 있다.

"당신도 알다시피 나는 아버지가 돌아가신 이후로 신앙을 버렸어요. 아버지가 물에 빠져 돌아가신 날 내 안에서는 신도 죽고 말았죠. 그러나 나는 지난해 인간의 능력을 넘어서는 영적인 힘이 있을 수 있다는 가능성을 느꼈어요. 나는 얼마 동안 동방의 종교를 찾아다니며 시간을 허비했죠. 그러다가 나는 좋든 나쁘든 유대교가 내 영혼에 깊게 뿌리 박혀 있다는 사실을 알았어요. 유대교의 찬송과 기도가 바로 내 감정의 선율을 움직이는 것이었죠. 그래서 나는 뛰어나고 지혜로운 늙은 랍비에 의해 열리는 그 지역의 유대교 신앙 수업에 참가했어요. 나는 많은 글들을 읽으며 영성에 대한 느낌과 종교를 화해시킬 수 있는 방법이 있는지를 찾아보려 애썼죠. 나는 유대교에 대한 나의 새로운 열정이 나를 어디로 데려갈 것인지 잘 모르겠어요. 어쨌든 종교에 대해 배움으로써 나는 아버지를 잃은 상실감에서 벗어나는 데는 성공했죠. 이제 나는 아버지를 잃은 상실감에 대처할 만큼 충분히 강해졌고 새로운 인생을 시작하려고 하고 있어요. 잃어버린 유대교의 일부분을 나의 삶 속에 접합시켜 나의 영적인 갈증을 충족시켜 가면서 말이에요."

코니와 낸시에게는 각자 테와(Tewa) 마술사와 현명한 늙은 랍비가 있었다. 이들은 여성으로 하여금 그들의 영적, 직관적 본성을 되찾도록 도와주는 안내인으로서의 '현명한 늙은 남자'라는 원형을 구현하고 있다. 그러나 두 여성 모두는 자신의 삶의 모든 영역에서 자신만의 믿음과 흥미를 추구하기 위해서는 먼저 아버지와의 엉긴 관계에서 각자를 자유롭게 해야만 했다. 각자는 자신들이 아버지에게 너무나 의존하고 있다는 사실을 직시하고 그로부터 벗어나 진정한 개인이 되는 고통스러운 과정을 겪어야 했다. 다음 장에서도 살펴볼 것이지만 〈아버지의 딸〉이라는 역할을 포기함으로써 딸은 자신을 찾기 위한 값비싼 대가를 치뤄야 한다. 원형적인 딸로 남아 있을 때에 누릴 수 있었던 특권과 기쁨을 포기해야만 하는 것이다.

제3부

아버지와 딸의 화해

제8장 더 이상은 아버지의 딸이 아닌 그녀들
제9장 아버지와 타협하기
에필로그: 미래의 아버지들에게

평온한 삶:리치 들판 #1, 앤 글로버 작
(판넬 위에 유화, 20x30인치, 1987~1988)

제8장
더 이상은 아버지의 딸이 아닌 그녀들

> 갈등의 뿌리는 무턱대고 속을 만큼이나 간단하다. 당신은 자유를 갈망하는 것과 동시에 사랑받기를 바란다는 것. 만약 당신 인생의 첫번째 남자가 이 둘은 함께 얻을 수 없다는 걸 가르친다면 자유의 가치는 아마 불가능할 정도로 커질 것이다.
> — 에린 페어웨더, 『오렌지 상자 속의 남자』

> 만약 우리가 아버지의 집을 떠난다면 우리는 스스로를 의지해야 할 것이다. 그렇지 않으면 우리는 또 다른 아버지의 집으로 떨어져 버릴 테니까.
> — 매리온 우드맨, 『아버지 집을 떠나며』

    건강하고 독립적이면서도 감정적으로는 연결된 삶을 살기 위해서 〈아버지의 딸〉은 성장기의 어느 지점에서는 아버지에 대한 정신적인 의존을 벗어나야 된다. 대부분의 〈아버지의 딸〉에게 이것은 분리와 개인화의 고통스러운 과정을 요구하게 된다. 이는 아버지에 대한 사랑과 아버지를 잃게 될지도 모른다는 두려움이 너무나 커서 아버지와의 관계에 있어서 어떠한 변화도 딸들이 원하지 않기 때문이다. 시인 샤론 오울즈는 「마지막 말」이란 작품에서 다음과 같은 말로 이 관계의 강력함을 묘사한다. "나는 네가 간청하기 전에는 절대로 떠나가도록 허락하지 않을 거야."[1]

    〈아버지의 딸〉은 주로 아버지와 강력한 관계를 이루기 때문에 딸들이 겪는 분리의 아픔은 대부분 아버지에게 집중되어 있다. 어머니는 딸에게 단지 수동적이고 방해를 잘하며 거절을 잘하고 냉담하고 멀리 떨어져 있는 다른 여성으로 보일 뿐이다. 그러나 〈아버지의 딸〉이 아버지와 자신의 관계를 검토함에 따라 딸은 어머니가 왜 그런 모습을 띠게 되었는가를 이해하게 된다. 그러나 이런 이해가 아버지로부터의 분리를 보증해 주는 것은 아니다. 『여자의 일생』에서 캐롤린 헤일브런은 다음과 같이 묘사하고 있다.

"어머니들은 새로운 사랑과 함께 인식될 수 있다. 그러나 이 어머니는 여성을 아버지로부터 해방시킬 수는 없다."[2] 그래도 어머니에 대한 새로운 애정은 아버지로부터 떨어져 나오는 딸의 아픔을 덜어 주기는 한다. 이는 이제까지 완벽하다고만 여겼던 아버지가 그렇지 않다는 걸 확인할 수 있기 때문이다.

아버지와 딸의 이별 의식은 각 가정마다 다르지만, 대부분 딸이 먼저 변화의 노력을 시도하는 형식으로 나타난다. 만약 변화가 있다면 말이다. 아버지와 딸이 분리되기 위한 첫번째 단계는 애정의 정도를 의식적으로 살펴보는 것이다.

"나는 아버지와 헤어질 수 있다는 건 생각도 못 했어요. 아버지가 마을을 벗어나면 나는 아버지의 부재를 느꼈고 아버지가 마을로 다시 돌아오면 기뻐서 신이 났었죠. 나는 아직도 아버지가 옆에 있어야 되는 것처럼 느껴요." 마리안의 말이다. 유사한 경험을 얘기하는 첼시아는 아버지가 돌아가실 때까지는 진정한 자신은 될 수 없을 거라고 두려워했다. 그녀가 결혼을 하고 성공적인 직업을 가지고 있는데도 아버지는 그녀의 생각과 감정에 너무나 많은 영향을 주기 때문에 아버지가 없으면 그녀는 무엇을 어떻게 해 나가야 할지를 모른다고 했다. 첼시아는 다음과 같이 자조섞인 이야기를 한다. "나는 내가 나로 남아 있기 위해서 아버지가 돌아가시지 않았으면 좋겠어요."

스물다섯 살 난 제니퍼는 아직도 아버지를 필요로 하는 자신에 대해 불편해 한다. "나는 아직도 아버지의 사랑과 관심과 인정을 원해요. 아버지의 존재를 너무나 필요로 하는 거죠. 나는 내가 아버지와 너무나 가까이 있으려 한다고 느껴요. 가장 친한 친구가 작년에 아버지를 잃었죠. 그 애는 나만큼 아버지와 친하지 않았어요. 그래도 아버지를 잃은 슬픔을 견뎌내는 그 애를 바라보는 건 또 다른 슬픔이었죠. 나는 아버지 없는 인생은 살고 싶지 않아요. 아버지는 내 인생의 거대한 부분이니까요."

미셸의 아버지는 아버지를 잃을까봐 두려워하는 미셸을 달래 주었다. 스물여덟 살의 나이에도 아직 아버지와 함께 살고 있는 그녀는 늙어 가는 아버지 때문에 걱정이 이만저만이 아니다. "아버지는 자꾸 연로해지시고 나는 아버지가 여기 계시지 않을 거라는 생각만 해도 끔찍해요. 나는 아버지에게 내 두려움에 대해서 말했고 아버지는 그때쯤이면 내게는 나만의 가족이 생길 거라며 달래 주셨지만 그래도 여전히 가슴이 아프죠. 나는 아버지에게 모든 이야기를 할 수 있고 아버지는 어떤 상황에서도 나를 도와주시니까요."

딸이 사춘기에 혹은 성년의 나이 초기에 아버지에게서 떠나가는 의식은 문화적으로 널리 받아들여지지만 딸이 아버지에게서 정신적으로 떠나가는 의식은 거의 일생에 거쳐 치루어지는 의식이다. 딸은 물리적으로 대학이나 직장, 여행을 위해 집을 떠날 때, 또는 그녀의 첫번째 아파트로 이사를 가거나 집을 사거나 결혼을 할 때 아버지로부터 떨어지게 된다. 아버지는 딸의 첫번째의 심각한 사랑의 대상과 자리바꿈을 하게 된다.

그러나 아버지와 딸의 관계가 〈아버지의 딸〉에서처럼 특별한 경우 아버지에 대한 딸의 감정적 의존을 끝내는 방식은 거부와 반항, 배신, 아니면 상호간의 실망을 통해서 이루어질 뿐이다. 딸이 만약 아버지와는 다른 선택을 한다면 딸의 인생을 지배하려 했던 아버지의 태도는 바뀌고 아버지의 태도 변화는 딸의 거부를 이끌어낸다. 아버지는 딸이 배우자를 선택하면 배신감을 느끼고(거의 무의식적으로), 또 결혼한 딸이나 독립적인 삶을 선택한 딸은 아버지가 예전과 같은 사랑을 퍼부어주지 않기 때문에 버림받았다고 느낀다. 결국 아버지와 딸은 서로에 관한 부풀려진 이미지를 지금까지 투사해 왔던 것이고 서로가 지킬 수 없는 무의식적인 약속을 한 것이다. 이 투사된 이미지 밖으로 서로가 이동할 때까지 아버지와 딸은 서로 감정적으로 얽매여 있는 것이다.

아버지로부터의 해방을 방해하는 장애물

〈아버지의 딸〉은 지금까지 아버지와 그녀가 맺어온 관계는 완벽하다는 환상을 깨기 싫어서 그 관계의 성격을 검토해 보길 원하지 않는다. 『여성과 그들의 아버지』에서 빅토리아 시쿤다는 "아버지를 불완전한 하나의 인간으로 보는 것은 딸을 아버지로부터 감정적으로 독립시키고, 아버지를 뭐든지 할 수 있는 강력한 영웅으로 보는 아버지에 대한 그릇된 환상을 깨는 것이다"라고 말했다.[3] 만약 딸이 자세히 살펴본다면 그녀가 아버지로부터 제대로 받지 못한 것과 더불어 어머니와 그녀의 텅 빈 관계에 대하여도 깨닫게 될 것이다. 그리고 그녀가 아버지에 대한 이미지에서 바람을 빼면 뺄수록 그녀는 아버지의 반영에서 벗어난 자신만의 이미지를 찾게 될 것이다.

『오즈의 마법사』에서 도로시와 그녀의 개 토토는 집으로 돌아오는 긴 여정을 갖는다. 여기에서는 물론 대부분의 신화적인 여행에서 집은 시작으로 돌아가고픈 보편적인 욕망을 대변한다. 자신만의 자아와 영혼과 중심을 찾고 싶어하는 욕망들 말이다. 도로시는 아버지가 부재하기 때문에 그녀의 모든 희망과 믿음과 기대를 모두 위대한 오즈에게 투사하는 소녀로 묘사된다. 도로시가 도중에 만나는 허수아비와 틴맨, 그리고 사자 등은 각기 머리와 가슴과 용기를 찾고 있는데 도로시는 그들에게 오즈가 도와줄 거라고 말한다. 도로시는 다 아는 듯한 얼굴로 "마법사가 모든 걸 바로잡아 줄 거야"라고 그들을 안심시킨다.

그러나 도로시가 마침내 오즈는 마법사가 아니라 평범한 사람일 뿐이라는 걸 알게 되었을 때, 그녀는 오즈가 그들을 속였고 그들을 구해 줄 힘도 없다는 것에 화를 터뜨린다. "당신이 정말로 위대하고 힘이 세었다면 아마 당신은 약속을 지켰을 거예요. 당신은 정말 나쁜 사람이군요." 그러나 도로시의 말에 오즈는 "나는 나쁜 사람은 아니란다. 단지 무능한 마법사일 뿐이지"라며 고쳐 주고 이제는 도로시와 그녀의 동료들이 쫓아다니던 것은 이미 벌써부터 그들 것이었다는 사실을 깨닫게 해주는 현명한 아버지의 역할을 떠맡는다. 그의 결함에도 불구하고 오즈는 도로시와 그 동료들의 성장과 독립에 촉매 역할을 한 것이다.

아버지의 가면을 벗기고 아버지도 한 인간일 뿐이라는 사실을 받아들일 때 많은 〈아버지의 딸〉들은 도로시가 재능뿐 아니라 결점까지 받아들여야 했던 오즈의 탈신비화 과정과 유사한 여행을 한다. 어릴 때 〈아버지의 딸〉은 아버지에 대한 부풀려진 이미지를 갖는다. 아버지는 마치 오즈의 마법사처럼 모든 것을 알고 사랑만 가득 차 있으며 모든 일을 다 할 수 있는 것처럼 생각되어서, 그녀는 사람들에게 영웅 같은 아버지에 대해 얘기하는 걸 좋아한다. 그러나 어른이 되면서 그녀는 아버지가 물려줄 것으로 여겼던 머리와 가슴과 용기를 아버지가 줄 수 없다는 것을 알게 된다. 이러한 것들은 그녀가 그녀 안에서 개발시켜 나가야 하는 것이기 때문이다. 도로시처럼 〈아버지의 딸〉은 아버지에게 화를 내기 시작한다. 사실, 이런 것들은 그녀가 아버지와 암묵적으로 맺었던 계약의 일부분들이 아닌가? 아버지의 가면을 벗김으로써 딸은 마침내 자신의 가치를 발견하고 아버지에게도 아버지만의 삶을 살 수 있는 자유를 주게 된다.

한 여성이 아버지로부터 벗어나는 것은 그녀가 '아빠의 어린 딸'로서의 갖은 특혜를 포기할 때 비로소 시작될 수 있다. 이때의 특혜란 주로 아버지로부터 나오는 재정적인 측면도 크지만, 여기에 더하여 아버지의 의견과 인정, 선택 등도 포함된다. 딸이 이러한 특혜들을 포기하고 나면 그녀는 공허감과 고립, 그리고 당혹감 등을 느끼게 되며, 발 아래에서 그녀를 지탱해 주고 있던 감정적인 깔개가 빠져 나간 것처럼 느끼게 된다. 이 고통스러운 기간 동안에 그녀는 지금까지 아버지를 모셔 왔던 왕좌에서 그를 물러나게 해야 한다. 그러나 이 시도를 성공적으로 매듭짓기 위해서는 딸뿐 아니라 아버지도 딸을 있는 그대로 받아 주어야 한다. 아버지와 딸 모두가 자신이 각자에게 던졌던 투사를 걷어들여야 하는 것이다. 만약 이 임무가 성공적으로 성취되면 딸은 스스로도 자신의 결정을 해낼 수 있다는 믿음을 가지게 되고, 아버지는 스스로의 인생을 펼쳐 나가는 딸에 대한 감정적인 관계를 새로이 정립하게 된다. 그러나 아쉬운 것은 이 과정이 양쪽 모두의 슬픔 없이는 이루어질 수 없다는 것이다.

딸을 계속해서 옆에 붙잡아 두려는 아버지

딸을 떠나 보내는 일은 아버지에게도 상당히 고통스러운 일이다. 아버지와 딸의 친밀했던 관계는 아버지로 하여금 딸의 인생을 어느 정도 지배하게끔 했고(지배자의 역할) 딸의 보호자와 제공자라는 역할도 아버지를 무척이나 만족시켰기 때문이다. 아버지는 딸의 사랑을 잃고 싶어하지 않는다. 이는 딸의 사랑이 점점 나이를 먹어 가는 자신의 자아를 위로해 주고 아내와의 소원한 관계를 메꾸어 주기 때문이다. 아버지는 어린 딸에게는 아직 젊고 활력에 차 있으며 소중한 존재이다. 1940년에 제작된 영화 『필라델피아 스토리』에서 아버지는 딸에게 다음과 같이 말한다(이 영화는 현대 독립적인 여성의 상징인 캐더린 햅번이 주연을 맡았다). "나이를 먹어 가는 남자에게 가장 좋은 버팀목이 되는 것은 그의 딸이란다. 올바른 딸이지. 아버지를 사랑하는 어린 딸은 그가 여전히 젊다는 환상을 아버지에게 심어 준단다."

2장에서 살펴보았듯이 대부분의 〈아버지의 딸〉들의 아버지는 아내와 원만한 관계를 유지하지 못하는 사람들로서 이들은 딸에게서 필요한 애정과 사랑을 얻고자 한다. 딸들이 떠나갈 때 이들은 그들의 인생에서 중요한 한 여성의 따뜻한 애정을 떠나 보낼 뿐 아니라, 그들에게 필요한 창조적인 에너지의 근원과 모성애 같은 사랑도 떠나 보내는 것이다. 다이엔 엘리자베스 드레어는 셰익스피어의 극에 나오는 아버지와 딸의 관계를 연구했다. 드레어는 여성과의 사랑을 완성시키지 못한 아버지들이 그들의 필요를 딸에게 투사하는 걸 밝혀냈다. "결혼 생활에서 좌절을 맛보았을 때 아버지들은 자주 그들의 필요를 딸에게 투사하더군요. 극중의 아버지들은 아름다움과 순수, 심지어 모성적인 애정도 딸에게 구하고 있었어요. 이 인물들은 거의 강박관념을 가지고 근친상간에 가까울 정도로 딸들을 사랑하죠. 독재자처럼 딸들을 소유하듯이 사랑하는 이들은 딸들을 잃을까봐 두려워합니다. 왜냐하면 그들의 안정은 바로 딸로부터 나오니까요."[4]

많은 아버지들은 딸이 일이나 다른 남자를 좋아하게 될까봐 두려워한다. 그리고 아버지들은 이러한 변화의 국면에 발맞추어 딸의 사랑을 유지할 방법을 강구하는 게 아니라 오히려 더욱더 지배하려 들고 소유하려 든다. 드레어는 셰익스피어의 극에 나오는 아버지들을 각각 저항하는 아버지와 금전적인 아버지, 자기 중심적인 아버지, 그리고 질투하는 아버지로 나누어 놓았다. 이는 오늘날의 아버지상에도 적용된다.[5] '저항하는 아버지'는 딸이 성장한 것을 인정하지 않는 아버지이다. 이러한 타입의 아버지는 딸의 인생에 영향을 줄 수 있는 힘을 포기하지 않으며 만약 딸이 다른 사람을 사랑하면 이를 자기에 대한 도전과 반항으로 받아들인다.[6] '금전적인 아버지'란 딸을 자기의 상황에 따라 조종할 수 있는 물건으로 본다(셰익스피어의 시대에는 딸을 팔거나 거래할 수 있었다). 오늘날에 비추어 보면 이 용어는 자기의 필요를 충족시키고 딸을 옆에 잡아 두기 위해 딸에 대한 재정적인 지원을 이용하는 아버지에게 해당하는 표현이다. '자기 중심적인 아버지'는 딸을 하나의 개체로 바라보기를 인정하지 않고 딸을 놓아 주려 하지 않는 아버지이다. 이런 아버지는 딸을 자신의 분신으로 보고 두 사람 사이에는 어떠한 경계도 있을 수 없다고 생각하기 때문에, 감정적으로 지배하려고 한다. 그는 자신이 인정하지 않는 배우자나 직업을 딸이 선택할 수 있다고는 상상도 하지 못한다. '질투하는 아버지'는 딸이 독립적인 생활을 시작할 때 마치 버림받은 연인처럼 행동한다. 이런 아버지는 딸이 결정한 선택이 그가 딸에게 다가가는 데에 악영향을 미치는 것이라면 어떠한 것도 허락하지 않는다. 그리고 딸이 다른 남자와 사랑에 빠진다면 아버지는 일부러 딸을 멀리함으로써 딸에게 감정적인 처벌을 가한다.

　대부분의 〈아버지의 딸〉들은 다른 모든 남성을 거부할 정도로 아버지에게 의존하며 자라났다. 더불어 아버지가 딸에게 주는 메시지 중에는 그녀의 자율성을 상당 부분 포기할 것과 다른 사람으로부터 감정적인 지원을 바라는 것은 두려운 일이라는 내용도 들어 있다.

네가 원하는 곳으로 가더라도 나를 떠나지는 말아다오

어린 시절에 아버지로부터 자립심과 창의력을 키우도록 격려를 받아 왔던 여성들은 그들이 성장해서 아버지로부터 교육 받은 위와 같은 자질을 표현하려 할 때 아버지의 예기치 못했던 반대에 부딪쳐 상당히 놀라게 된다. 아버지의 반대는 위에서 살펴보았던 드레어의 분류에 들어맞는 경우가 많다. 예를 들어 작가인 셜리 애보트는 글을 쓰는 일에 전념하기 위해 뉴욕으로 떠나갈 때 아버지가 애인에게 버림받아 질투하는 연인처럼 행동하는 것을 경험했다. 대학 4학년 때 『마드모아젤』이라는 잡지의 인턴 사원으로 선발된 애보트는 인턴 사원으로서의 일이 끝나갈 때쯤 뉴욕에서 살기 위해 부모님 곁을 떠나야겠다는 인사를 하러 아칸소 주에 있는 고향 핫 스프링에 들렀다. 그러나 애보트의 아버지는 그녀가 부모를 저버렸다고 비난하며 축복의 인사조차도 해주지 않았다. 애보트의 가족은 침묵 속에 그녀를 기차역까지 바래다 주었다. 그때까지도 아버지는 계속해서 그녀를 마치 배신자처럼 대했다. 애보트가 이룬 꿈은 바로 아버지가 당부해 마지 않았던 바로 그 '책을 만들어내는 사람'인데도 말이다. 바야흐로 차가 기차역에 도착했을 때 애보트의 아버지는 그녀가 어린 시절 내내 얼마나 다루기 힘든 아이였는가와 만약 자신이 죽고 나면 그녀를 그토록 높게 평가해 주는 인물이 없어서 아마 그녀는 슬퍼하게 될 거라고 힘주어 말했다.

애보트의 어머니는 남편을 달래며 딸에게 기회를 주자고 설득했지만 아버지는 막무가내였다. 『책 만드는 사람의 딸』이란 책 속에서 애보트는 다음과 같이 쓰고 있다.

아버지의 얼굴은 갑자기 온통 눈물로 젖어 버렸고 아버지는 내 손을 꼭 잡으셨다.

"애야, 나에게 이러지 말아라. 제발 나를 떠나지 말아다오. 너는 내가 가진 전부야.

너 없이 이제 내가 누구에게 말을 할 수 있겠니?" "아빠 제발 이러지 마세요. 부탁이에요."

나는 아버지의 목을 껴안았다. 그리고 나는 갑자기 어머니에 대한 깊은 슬픔을 느꼈다.

아버지가 만약 하려고만 했으면 어머니한테 이야기할 수 있었을 것이라는 걸 알았기 때문에…….[7]

그렇지만 아버지는 어머니에게 말을 걸려는 시도도 하지 않았다. 아버지는 무의식적인 희망과 억제된 감정과 지적 호기심을 모두 쏟아부어서 딸인 애보트를 책과 아이디어의 세계로 이끌었다. 이제 애보트는 자기만의 세계로 나아가려 하는데 아버지가 그녀를 놓아 주려 하지 않는 것이다. 아버지는 다른 〈아버지의 딸〉들의 아버지처럼 아버지를 떠나려는 딸을 배신자로 보고 있다.

아버지는 내가 뉴욕에 가지 못하도록 말리셨죠. 하지만 그게 나에게 무슨 의미가 있겠어요. 나는 끝내 뉴욕으로 갔죠. 이젠 아버지의 승인 없이도 살 수 있으니까요. 우리의 낡은 계약은 깨져 버렸어요. 아버지의 해석대로라면 나는 아버지를 영원히 사랑하고 섬겨야 되는 계약을 깨 버린 거죠. 하지만 나는 그렇게 생각하지 않아요. 적어도 나는 내 스스로 '책을 만들 수 있는 사람', 즉 아버지와의 보다 큰 계약을 성취할 기회를 얻은 것이니까요. 또 내 두 발로 굳건히 서서 다른 어떤 남자에게도 의지하지 않는 것도 아버지와의 계약이기도 하구요.[8]

애보트가 했던 일 중에 아버지를 화나게 할 만한 것은 별로 없었다. 그녀는 뉴욕에서 출판업에 종사하며 일 년을 보냈고 프랑스와 콜롬비아 대학에서 공부할 수 있는 기회도 얻었으며, 『수평선』이라는 잡지의 편집장도 되고 마침내는 결혼도 하였다. 그러나 애보트의 아버지는 병으로 그녀의 결혼식에 참석도 못 하면서 애보트는 이제 영원히 아버지로부터 버림받았음을 다시 선언하였다. 애보트의 아버지는 먼 거리로라도 그녀의 남편과 친해지려는 시도를 전혀 하지 않았다. 아버지는 계속해서 애보트의 직업적인 성공을 폄하했고, 언제나 다시 집으로 돌아오라는 이야기만 되풀이하였다.[9]

애보트의 아버지는 고집스럽게도 딸이 독립적인 삶을 사는 걸 허락하지 않았다. 그러나 모든 아버지들이 애보트의 아버지처럼 싫어하는 내색을 직접적이고 노골적으로 표현하는 것은 아니다. 딸의 졸업식에 참석하지 않는 것으로, 너무나 바빠 딸의 소설을 읽지 못하는 체하는 것으로, 딸의 개업식 날을 잊어버리는 것으로, 딸의 결혼식에 참석할 수 없게 되는 구실을 만드는 것으로, 각각의 아버지들은 딸에 대한 섭섭함을 표현한다. 그러나 아버지로부터 오는 거절이 어떤 형식을 띠더라도 그것은 딸에게는 매우 생경하고 고통스러운 경험이다.

나의 대리인이 이 책을 출판사와 계약하고 온 날 나는 아버지에게 전화를 걸었다. 나는 아버지가 아버지와 딸의 관계성에 대해 내가 글을 쓰게 된 사실을 누구보다도 먼저 알게 되기를 바랐었다. 나는 아버지가 나의 사회적 진보에 스릴을 느낄 만큼 기뻐하실 거라 생각했었지만 내 예상은 완전히 빗나갔다. "누가 그런 걸 읽겠니?" 아버지가 보인 반응이었다. "아빠! 그건 딸과 아버지 모두에게 충분히 필요한 내용이 될 거예요. 그리고 이제 막 어린 딸의 아버지가 된 신참 아버지들에게도요." "글쎄 요즘 나는 콜트에 대한 책을 읽고 있는데." "콜트라구요? 아빠, 말에 대해 읽고 계신다는 거예요?" (역자주―Colt는 말[馬]이란 뜻도 가지고 있다.) "아니, 총 말이다. 너도 알지, 내가 오래된 총에 얼마나 관심이 많은지?"

나는 어리벙벙한 채 한참을 그대로 있었다. 마치 아버지는 딴 나라 말을 하고 있는 것 같았다. 정신을 차리고 나서야 나는 깨달았다. 나의 성취라는 게 아버지의 관심을 어느 정도 반영하지 않고는 그에게 어떤 관심도 될 수 없다는 것을. 아버지는 언제나 총이나 지도, 보트, 집과 같이 매우 정교하게 다듬어진 물건들을 좋아했다. 내 연구는 아버지에게 어떤 반응도 불러일으키지 못했고 괜찮은 출판사에서 내 책을 출판하고자 한다는 사실도 아버지에게는 어떤 영향도 주지 않았다.

모든 〈아버지의 딸〉들은 아버지로부터 인정받기를 원한다. 그러나 만약 아버지가 그녀를 인정해 주지 않는다면 그때는 애보트와 같이 아버지 없이 자신이 직접 첫발을 내디뎌야 한다. 처음에 딸은 극도로 불안해 하며 자신의 선택을 의심하고 자신이 뭔가 잘못하고 있다는 죄의식마저 느낄 것이다. 또한 그녀는 학교를 계속 다닌다거나 친구와 함께 시간을 보낸다거나 아버지의 반대에도 불구하고 직업을 계속 놓지 않고 있다든가 하는 자신의 선택이 매우 이기적이라고 생각할 수도 있다.

반면에 아버지는 딸의 자립이 자신에 대한 도전이거나 불충이라고 생각하며, 적어도 이는 지금까지 지녀온 자신의 생활 방식에 정면으로 맞서는 행위라고 느낀다. 그러나 딸에게 아버지의 요구는 너무 지나친 것이어서 그녀는 결코 아버지로부터 인정을 받지 못할 뿐 아니라 아버지의 사랑을 잃어야만 자립을 할 수 있는 상황에 처한다.

너는 다른 여자와 같지 않다―너는 나와 같을 뿐이다

딸이 아버지에게 오래 의존하는 동안 딸은 "너는 다른 여자들과는 달라, 너는 나랑 닮았단다"라는 메시지를 아버지로부터 받게 된다. 이 메시지는 두 가지의 의미를 함축하고 있다. 하나는 다른 일반 여성들은 약하다는 것과 딸인 자신은 그들과 달리 강하고 독립적이며 재능이 많다는 암시이다. 동시에 아버지로부터 받은 이 메시지는 "너는 내가 하고자 하는 일과 같은 모든 일을 할 수 있을 거다"라는 사실상 더욱 제한적이고 음험한 메시지에 다름 아니다.

어린 시절 내내 〈아버지의 딸〉은 이런 메시지를 내면화하게 된다. 자신이 세계에서 가장 특별한 사람인 것처럼 느끼도록 교육을 받았기 때문에, 딸은 언제나 즉각적으로 자신을 강한 아버지와 동일시하고 어머니나 다른 여성들보다도 우월한 것으로 판단한다. 1장에서 보았듯이 그녀는 남성적인 지성과 의견을 선호하고 어머니나 다른 자매들은 은근히 무시한다. 그래서 많은 〈아버지의 딸〉들은 여자 친구가 거의 없다.

마리안은 이와 같은 사실을 인정한다. "나는 아버지가 어머니를 바라보는 방식을 배웠어요. 나는 또 모든 여성들은 어머니와 같다고 생각했죠. 아버지는 때로 어머니를 놀리고 무능하다고 말했으니까요. 나는 희생자인 어머니 대신 어머니를 희생자로 만드는 아버지와 나를 동일시했어요. 나는 정말 어머니와 나의 관계를 치료할 때까지 여성의 활동에 거의 동참하지 않았죠. 나 자신을 여자로 인정하고 자매애를 느끼며 여성도 중요하다는 인식을 내 인생에 새겨 넣는 일은 정말 힘든 작업이었어요. 계속해서 언덕을 오르는 일만큼이나 말이죠. 내 인생에서는 언제나 남자만 중요했고 여자는 부차적이었으니까요."

〈아버지의 딸〉은 아버지의 견습공으로 남아 있어야 하지만("너는 나와 같다") 더불어 아버지를 능가해서는 안 된다. 이는 딸은 언제나 아버지의 가치와 기준을 지지하고 아버지에게 충성을 다해야 함을 내포하는 말이다. 그 결과 딸은 자신이 여성임을 즐기는 강한 여성으로서의 자기 동일성을 계발시키지 못한다. 아버지와의 계약이 그녀로 하여금 다른 여성과(실제로 남성과도) 깊은 관계를 맺지 못하도록 하고 진정한 자립도 얻지 못하도록 한다. 딸은 언제나 아버지의 의견과 자신의 소망 사이에서 갈등하게 되고, 아버지에게 충실해야 한다는 생각은 그녀가 솔직해지고 아버지로부터 벗어나 홀로 서는 일을 방해한다.

구조되기를 기다리며

대부분의 여성들은 자신이 보살핌을 받기 원한다는 생각을 인정하지 않기 위해 애를 많이 쓴다. 그러나 우리 모두의 마음 저 깊은 곳에는 누군가로부터 보살핌을 받고 싶어하는 구석이 있다. 돌보는 것이 지나쳐 독립을 위협하지만 않는다면.

〈아버지의 딸〉들은 특히 이 역학에 약하다. 왜냐하면 아버지와 딸 사이의 계약에는 아버지가 살아 있는 한 그녀는 최상의 보살핌을 받게 되리라는 항목이 들어가 있기 때문이다. 딸은 아버지의 보살핌과 더불어 자신은 무기력하고 언제나 도움을 받아야 하는 존재라는 자기 평가도 함께 하게 된다. 또 아버지는 어떤 것이 받아들여질 수 있는 무기력함인가에 대한 암시도 늘 딸에게 간접적으로 일러주곤 한다.

〈아버지의 딸〉 중의 어떤 여성은 독립하려는 시도가 아버지를 위협할 수도 있다는 생각에 아예 자신의 성장 욕구를 제한하는 경우도 있다. 그녀 생각에는 아버지가 그녀의 인생에서 주도적인 역할을 하지 못할 때에는 아마 그녀를 버릴 것 같았기 때문이다. 〈아버지의 딸〉 중에 또 다른 타입은 아버지의 자립심과 외면적인 강인함을 흉내는 내지만 속으로는 상당히 불안해 하는 경우이다. 외면적으로는 아버지의 독립심을 모방하지만 내면적으로는 누군가에 의해 구조되기를 기다리며 독립하려는 노력을 자꾸만 유보시키는 여성이 이 타입인 것이다.

사실 〈아버지의 딸〉은 아버지가 좋아하는 성격을 구현하도록 강요받는다. 그것이 무기력함이든, 혹은 강인함이든 간에. 그리고 무기력함을 구현해내는 데에도 여러 가지 다른 방식이 있다는 것을 딸은 학습을 통해 배운다. 어떤 딸은 가재 도구를 수선하는 일이나 재정적인 문제와 같은 특별한 부분에서만 무기력한 듯이 행동하고 또 어떤 딸은 언제나 자신감에 차 있고 힘이 넘치지만 모든 일에 아버지의 의견을 받아들이는 가장된 무기력함을 취하는 것처럼……. 그러나 이 딸들은 모두 아버지가 그녀들을 구하고 싶은 모션을 취하면 언제나 그를 위해 한 걸음 물러나도록 길들여진다.

어떤 한 여성은 아버지가 기술 분야, 즉 서랍장 수선이나 차를 고치는 일에서 얼마나 그녀를 도우려 애썼는지를 기억한다. 그러나 막상 그녀가 감정적으로 어려움을 느껴 진정한 도움을 필요로 할 때는 얼마나 화를 내고 야단을 쳤는지도 기억한다. 그러므로 구조라는 부분은 딸의 입장보다는 다분히 아버지의 입장과 관계가 있는 것이다.

『신데렐라 콤플렉스』에서 작가인 콜렛 도울링은 다음과 같이 기술하고 있다. "내가 가진 진실이란 내가 피해 다니는 데 너무 많은 에너지를 소모했다는 거죠. 나는 다른 사람의 피부 속에 들어가 살기를 원했어요. 상쾌한 바람이나 에너지, 인생 자체보다는 안전하고 따뜻하고 보호를 받는 일을 더 원했던 거죠."[10] 의도했든 안 했든 간에 도울링은 여기에서 〈아버지의 딸〉과 아버지의 전형적인 관계를 보여주고 있다. 대부분의 강한 여성들은 심지어 여성 운동가조차도 때로는 철저히 보호받고 싶어한다는 점은, 어렵지만 인정해야 하는 일종의 딜레마이다. 글로리아 스테넴은 이를 솔직히 인정한 인물 중의 하나이다.

『안으로부터의 혁명』이라는 저서에서 스테넴은 그간의 여성운동으로 소진감을 느꼈던 사십대 후반에 들어 이제까지 잊고 있었던 자신을 돌보아 줄 한 남자를 만나고 싶다는 강한 욕구를 느꼈음을 술회한다. 그러나 그녀는 자신과 공통점이 전혀 없는 남자를 만났다. "이 사람은 이제까지 내가 만났던 남자와는 달라요. 이제까지의 남자들은 내가 관심 있어 하는 분야의 책과 영화를 골라 주는 타입의 남자들이었죠. 나도 역시 그들을 위해 같은 일을 해주었구요. 하지만 이 남자는 자신의 어린 시절과 인생에 대해 이야기할 뿐 남에게 물어 보지는 않아요."[11]

그러나 바로 그 남자가 가진 매력은 스테넴을 편안히 해주고 직업적인 소진과 절망감을 위로해 주며 마치 아버지처럼 그녀를 돌보아 준다는 것이다.

"내가 어느 날 일을 마치고 늦게 공항에 도착해서 그가 차를 보냈는지를 알아보고 있을 때 저쪽에서 그가 차 안에 앉아 작은 안개등을 밝히고 있는 모습, 그것은 마치『버스 정거장』이란 영화에서 마를린 먼로가 싸구려 카페에서 절망적인 심정으로 노래를 마치고 그녀의 카우보이 애인의 양털 점퍼에 파묻히는 느낌과 같은 것일 거예요. 바로 그 심정이 내가 그의 차 안에 깊게 몸을 묻으면서 느낀 감정이었지요."[12]

나는 대부분의 여성이 이런 욕망을 가진다고 확신한다. 내 경우를 비추어 보면 나는 지난 해 내가 생각했던 것보다 훨씬 많은 세금이 나와 자칫 지난 15년 동안 모아 왔던 전 재산을 날릴 위기에 처했었다. 나는 즉시 '나를 구해 주세요(뽀빠이)' 양식에 빠져 버렸다. 나는 아버지나, 혹은 남편이 달려와서 나를 즉시 구렁텅이로부터 꺼내 주기를 희망했다. 나는 내가 모든 일을 처리해야 하는 것에 화가 났고, 또 아직도 내가 내 문제 처리를 위해 아버지나 남편을 찾는다는 사실에 당황했다. 결국 나는 혼자서 일을 끝냈고 세금을 냈다.

처음에 나는 위의 경험을 절대 즐길 만한 것으로 느끼지 않았지만, 회상해 보면 이 사건은 내가 얼마나 아버지와 같은 인물의 도움을 기다리고 있고, 아직도 의식 저 깊은 곳에서는 딸로 남아 있기를 얼마나 원하고 있는지를 느끼게 해주는 사건이었다.

구조되고자 하는 여성들의 욕망은『신데렐라』나『잠자는 숲 속의 미녀』와 같은 동화에도 왕자가 곤경에 빠진 여주인공을 구해내고 그녀에게 왕족의 지위를 주는 형식으로 구현되어 있다. 그러나 이러한 욕망은 일반적으로 책임이나 권력을 남성이나 혹은 아버지에게 떠맡기고 대신 자신은 평안과 안정을 택하는 양식으로 오늘날의 많은 여성들에게서 드러난다. 우리가 6장에서 만났던 영화 감독인 그레첸은 "나는 누군가가 나타나서 일상적인 일을 처리해 주었으면 하고 바랐어요. 나는 메디치 가문의 남자와 같은 사람을 기다렸죠. 그는 내가 예술적 일에 몰두할 수 있도록 나를 돌보아 줄 테니까요. 내가 내 일을 혼자 처리해야 했을 때 느끼게 된 가장 큰 두려움은 그 일이 그다지 재미있지 않다는 거였어요. 가만히 앉아서 가부장적인 누군가로부터—아버지나 남편 혹은 회사—선물을 받는 일이 훨씬 신나는 일이었죠."

드라마처럼 구조되는 환상은 많은 여성들에게서 걸러지지 않고 종종 표현된다. 〈아버지의 딸〉도 예외는 아니어서 그녀의 심층에도 이와 같은 낭만적인 환상이 숨어 있다. 여기에는 〈아버지의 딸〉이 경험했던 아버지—딸—어머니라는 삼각구도의 역학이 작용을 한다. 어머니를 거부하고 모든 애정을 아버지에게만 쏟았던 딸은 사랑과 보살핌의 환상을 모두 아버지에게 투사한다. 아버지는 그녀를 사랑해 주고 돌보아 주는 '좋은' 아버지이고 그녀는 아버지를 숭배하고 의지하는 연약한 딸이다. 이와 같은 어린 시절의 패턴은 그녀가 어른이 되어 의식적으로는 자신을 자유롭고 독립적인 여성으로 생각해도 마음 깊은 곳에서는 배우자가 자신을 위해 많은 것을 제공해 주기를 바라는 이율 배반적인 행동을 하게 된다. 구체적으로, 아버지가 딸에게 재정적인 책임에 대해 가르쳐 주지 않는 경우 그 딸은 자신이 원하는 것을 얻기 위해 다른 사람을 조종하는 방법을 배우게 된다. 처음에 그녀가 아버지를 졸라서 새로운 장난감이나 롤러 블레이드를 얻어냈다면 그 다음에는 디자이너가 만든 청바지를, 그 다음에는 차를 얻어낼 것이고 마침내는 그녀가 가진 무기가 매우 강력하다는 걸 알게 될 것이다.

어른이 되어서 그녀는 자신이 터득한 조종의 기술을 그녀가 맺게 되는 모든 인간 관계에 적용하게 된다. 그녀는 스스로 독립적인 여성이라고 말할지 모르지만 그러나 무의식적으로는 절대로 그녀 몫의 책임을 다하려고 하지 않는다. 점심을 먹고 난 뒤의 계산서나 세금, 가사 비용, 오락 비용까지 그녀는 다른 누군가가 그 일을 맡아 주기를 바란다.

만약 딸이 가장 먼저 경험하게 되는 남자와의 인간 관계인 아버지와의 관계가 이렇게 의존과 필요성에 의해 결정된다면 그녀가 이후에 맺게 되는 인간 관계는 이런 유형으로부터 자유로울 수는 없을 것이다. 단지 그녀는 아버지와의 관계를 반복할 뿐이다. 아버지와의 이러한 관계의 내용을 깊이 성찰하고 지금까지 익혀 왔던 조종의 기술을 버리고자 할 때에만 그녀의 진정한 인생은 시작될 수 있다.

새로운 전기를 마련하며:독립된 여자로서

〈아버지의 딸〉은 아버지와 자신을 너무나 동일시해 왔기 때문에 그녀는 다른 딸이 겪게 되는 것보다 훨씬 많은 노력을 기울여야 아버지로부터 독립을 하고 그러면서도 감정적인 유대 관계를 잃지 않게 된다. 아버지로부터의 독립은 그녀가 자신의 정체성을 구성하는 성분인 필요성이나 신념, 가치, 그리고 재능 등에 대해 눈뜨고 이를 표현하면서부터 이루어진다. 이 헤어짐의 과정에서 딸은 아버지와 자기를 동일시해 왔던 어린 시절이 각인해 놓은 긍정적인 측면을 비로소 바로 볼 수 있게 된다. 어떻게 보면 아버지는 세상의 거친 파도 위에 놓여진 다리였기 때문에 그녀는 좀더 편안하게 세상이라는 바다를 헤쳐 나갈 수 있었고, 아버지는 그녀가 매우 특별한 존재라는 인식도 심어 주었다.

그러나 이러한 긍정적인 측면은 딸에게는 중요한 어떤 문제에서 서로 이견을 보일 때 많이 파괴된다. 이것은 딸이 독립적인 시선을 고집할 때면 아버지는 그녀를 배척하거나 혹은 그녀에게 분노를 터뜨리기 때문이다. 자신만의 정체성이라는 편물을 짜내면서 그녀는 이제까지 아버지에게 순종하기 위해 희생해 왔던 자신만의 목소리와 느낌을 새로 발견하게 된다. 그리고 아버지와의 관계에서 잘못된 점을 제대로 인식해내는 것이야말로 자신만의 독자적인 세계를 향한 첫걸음이 될 것이다.

이러한 의미에서 경제적으로나 정서적으로 딸의 자립을 활발하게 후원하는 아버지를 둔 딸은 대단한 행운아임에 틀림없다.

우리가 2장에서 만나 보았던 내과 의사인 팻은 아주 어렸을 때부터 자신에게 필요한 것은 스스로 장만하도록 배워 왔다. 그녀의 아버지는 가족을 충분히 부양할 능력이 있었지만 아버지는 결코 자식들이 의존적으로 커 나가는 걸 원치 않았다. 아버지는 아들과 딸을 똑같이 대하고 그들이 가진 잠재력을 최대한 실현시켜 보도록 용기를 북돋아 주었다. 팻은 또 아버지가 직원들을 성별과 인종에 차이를 두지 않고 똑같이 대하는 것도 보아 왔다. 그래서 그녀는 자신도 사회에 진출하면 당연히 아버지의 직원들과 같은 대우를 받을 것으로 기대했다.

그러나 그녀가 마취과 전문의 자격을 따냈을 때 병원의 원장은 부양할 가족이 있는 남자 의사들보다 그녀의 월급이 적을 것이라는 통보를 했다. 팻은 이런 상황이 부당하다는 결론을 내렸다. 이유는 의사란 자신이 수행하는 일로서 보수를 받는 것이지 그가 부양해야 할 가족이 몇 명인가에 따라 보수를 받는 것은 아니라는 생각을 했기 때문이다.

팻은 원장에게 여자도 똑같은 보수를 받아야 마땅하다고 항변했다. 다음은 팻의 말이다. "우리 아버지는 언제나 사람의 보수는 그 사람이 수행한 일에 따라 달라져야지 성별이나 인종에 따라 달라져서는 안 된다고 말씀하셨어요. 만약 어떤 사람이 하루 동안 정직하게 일하면 그 사람에게는 하루에 해당하는 정당한 보수를 주어야 하는 거죠. 아버지의 이런 태도가 나에게는 매우 합리적인 것으로 보였어요. 이런 견지에서 나는 내가 일한 가치만큼의 보수를 지급해 달라고 요구하는 것은 지극히 당연한 일이라고 생각해요."

팻은 아버지로부터 생활 속의 '평등'에 대해 배워 왔고 자신도 그런 태도를 자연스럽게 익혔기 때문에 자신의 일이 남자에 비해 뒤떨어져서는 안 된다는 사실과, 같은 일에 대해서는 같은 보수를 받아야 한다는 사실에 똑같이 엄격할 수 있었다. 마침내 그녀의 합리적인 요구는 받아들여졌다.

아버지의 지갑으로부터는 멀리, 그러나 아버지의 마음은 다치지 않게

〈아버지의 딸〉들은 대부분 먼저 경제적, 감정적인 독립을 이루기 위해 자신이 먼저 행동을 취해야 한다고 생각한다. 우리가 4장에서 만났던 타머는 감정적인 독립을 이루기 위해 먼저 아버지의 경제적인 지원을 마다하고 대신 그 대가로 자기의 문제는 스스로 결정해낼 수 있는 권리를 얻으려 했다.

"아버지는 한 번도 내게 독립에 관해서는 말하지 않으셨죠. 그래서 독립이란 내게는 싸워 얻어야 하는 것이었어요. 일단 어떻게 해야 독립을 얻게 되는지 알아낸 후에 나는 아버지에게 선언했죠. '이게 새로운 법칙이에요.' '좋다' 아버지는 아무렇지도 않은 듯 대답했어요. 그러나 아버지에게는 독립적인 딸을 둔다는 것이 별로 내키지 않는 일이었죠. 내게도 사실 편안한 일은 아니었구요. 아버지는 내 수입에 보태라고 계속 돈을 주셨고 나는 아버지에게 그만두시라고 하면서도 진심은 아닌 상황이 계속되었어요."

타머의 아버지는 가족 모두의 일을 스스로 결정했다. 엔지니어였던 아버지는 어떤 문제에 대해서도 답을 알고 있는 듯이 보였다. 타머는 그녀가 "아빠! 나는 이걸 해보려고 해요" 하면 아버지는 언제나 "이런 식으로 해보면 잘 될 거야"라고 말해 주었던 걸 기억한다. 그 후로 타머는 무슨 일이 생기면 아버지에게로 달려가는 버릇이 생겼다.

"아버지는 좋은 뜻에서 하신 일이었어요. 하지만 나는 그만큼 나만의 생각을 통해서 일을 해결해 볼 기회를 잃고 말았죠."

타머가 취직을 하게 되었을 때 그녀는 곧 자신이 변해야 한다는 사실을 깨달았다. 직장의 사장은 그녀가 자신의 힘으로 일을 처리해 주기를 바랐고 그녀도 곧 많은 일을 혼자서 처리할 수 있다는 사실을 깨달았기 때문이다. "나는 한 번도 아버지에게 나를 돕지 말아 달라는 부탁을 한 적이 없어요. 나는 이제야 내가 일을 처리할 수 있는 능력이 있는데도 결정을 하지 못했다는 사실과 맞닥뜨리게 된 거죠. 이제는 아버지가 '이런 식으로 일을 처리하면 좋단다'라고 말을 할 때 '나는 내가 충분히 생각해 보고 일을 할 거예요. 아버지가 권하는 식으로가 아니라요'라고 대답을 합니다. 나는 아버지에게 무엇을 해달라고 더 이상 요청하지 않아요. 어쩌면 이런 상황은 일종의 복잡한 축복이라 할 수 있죠. 아버지는 내가 스스로의 길을 가는 것을 기쁘게 생각하지만 그러면서도 여전히 당신이 필요해질 때를 바라시니까요. 아무런 불평도 하지 않은 채 말이지요."

결혼식 종소리: 마음은 다른 사람에게로, 그러나 아버지와는 여전히 좋은 관계를 유지하기

아버지와 딸의 결별은 딸이 결혼하기로 결심을 굳혔을 때 더욱 강화된다. 그리고 딸의 결혼이 아버지와 딸의 관계를 갈라 놓을지, 아니면 더욱 공고히 해줄지는 아버지와 딸 모두가 이제까지 습관이 되다시피 한 그들의 관계성을 탈피하고자 하는 마음가짐에 달려 있다.

첼시아는 그녀가 약혼을 하였을 때 아버지의 지배하려는 듯한 태도가 더욱 심해졌음을 알아챘다. 아버지는 그녀와 약혼자 짐이 싫어하는 약혼식 파티를 강행했다. 아버지에게는 딸과 함께 사위될 사람을 사람들 앞에 소개하는 행사가 정말 중요했기 때문이다. 하지만 이것은 아버지와 투쟁을 벌일 만큼 중요한 일은 아니었다. 첼시아에게 중요한 것은 결혼식의 정신적인 의미이기 때문이다. 그러나 아버지가 이마저도 자신의 친구에게 사회를 맡기려고 했을 때 첼시아는 단호하게 거절했다. 그리고 첼시아와 짐은 평소에 존경하던 랍비를 찾아가 결혼식을 부탁했다.

첼시아와 짐은 아버지의 예순다섯 번째 생일을 기념하여 아버지와 어머니를 모시고 근처로 한잔하러 나갔다. 계산서가 나오자마자 아버지는 자신이 지불을 해야 한다고 주장했다. 이에 첼시아는 이번에는 자신들이 지불을 할 것이며 이는 지배력 다툼이 아니라 사랑의 표현이라고 설명했다. "아버지가 이런 방식을 받아들였을 때 아버지는 정말 기뻐했어요. 만약 아버지에게 맡겼다면 아무것도 달라지지 않았을 거예요. 아버지는 아마 백 살이 넘을 때까지도 모든 걸 자신이 계산하려 하실 테고……. 하지만 그날 저녁은 달랐지요. 아버지는 받는 것도 괜찮다는 것을 이해하셨고 아버지 내면의 경직된 무엇이 부드럽게 풀려 나가는 것 같았어요. 그리고 나도 정말 어른이 된 것 같았구요. 이제 아버지로부터 무언가를 얻기 위해 반항적인 아이나 사춘기 소녀 같은 행동을 하지 않아도 되니까요."

첼시아는 아버지로부터 독립하면서도 감정적으로는 아버지와 계속 연결되는 과제를 성공리에 마쳤다. 이 일은 딸만의 참여로 이루어지는 게 아니라 아버지도 반드시 함께 해야 하는 것이다. 다음의 예는 아버지가 계속해서 무언가를 제공하는 인물로 남아 있을 때 딸과 감정적으로 연결이 되는 경우이다.

마티는 스물한 살에, 아버지와 공유했던 친밀성이나 자기가 특별하다는 등의 느낌을 미처 정리할 겨를도 없이 결혼을 하고 말았다. 마티와 남편은 다른 도시로 이사를 갔고 아버지와의 관계도 점차 소원해져 갔다. 아버지는 마티에게 그들의 결혼을 방해할 마음은 없다고 분명히 잘라 말했지만, 마티는 아버지가 일부러 그녀로부터 멀어져 간다는 느낌을 떨쳐 버릴 수가 없었다. 그리고 그 결과 마티는 형용할 수 없는 상실감을 맛보았다.

십일 년 후 마티가 이혼을 하게 되었을 때 아버지와 그녀의 관계는 변화를 맞았다. 이미 어른이고 이혼녀가 된 딸을 어떤 식으로 대해야 할지를 몰랐던 아버지는 이미 자신의 익숙한 행동이자 딸도 익히 알고 있는 방식인 '제공자'라는 역할을 택했다. 즉 양쪽 집안을 꾸리는 가장으로서 경제도 의논하고 사업이나 집안을 꾸려 나가는 일 등에 대한 정보를 제공하는 역할 말이다. 마티의 아버지는 아이들이 이혼 후에 너무 갑자기 환경이 변하면 안 된다고 생각해서 그대로 그곳에 살도록 하고, 또 마티의 빚도 계속해서 갚아 주었다. 마티는 자신의 월급만으로 빚을 갚은 적이 없었으므로 아버지의 도움이 그녀의 가정에 안정을 주는 요소인지도 몰랐다.

　그러나 마티의 두 번째 결혼은 그녀를 다시 아버지로부터 갑자기 떼어 놓았다. 아버지는 마티가 다른 사람에게 속했다는 것을 이유로 다시 그녀로부터 멀어져 갔다. 더 이상 마티가 그에게 의존할 일이 없어지자 아버지는 뒤로 물러난 것이었다. 이제 마티는 아버지로부터 소식도 거의 듣지 못하고 있다. 마티와 아버지가 가지는 부녀의 관계는 다른 사람이 없어야만 손상을 입지 않는 관계이고 마티에게 있어서 남편은 아버지와의 친밀함을 미리부터 빼앗아 버리는 그런 존재가 된다.

　아버지들은 유능하고 독립적이어서 재정적, 감정적 도움을 필요로 하지 않는 딸과 어떻게 관계를 맺어야 할지를 모른다. 그도 그럴 것이 남자들이란 문제를 풀어 나가고 조언을 주는 데 익숙했었기 때문에 이를 거부하는 딸은 이제까지와는 색다른 무엇을 만나는 것과 같다. 60대나 70대 혹은 80대의 남자들은 특히 여자를 동료로 대하는 데 익숙하지 않다. 그래서 그들은 딸을 보이지 않는 존재나 혹은 걱정만 끼치는 존재로 대하거나 아니면 그냥 아들 대하듯 한다.

　딸도 아버지에게 '아니요'라고 말하고 자신만의 결단과 선택을 찾는 일은 매우 어렵다. 그러나 만약 딸이 자신의 정체성을 아버지로부터 떼어내고 그녀만의 에너지를 풀어내기를 진정으로 원한다면 그녀는 어느 지점에서든 아버지의 외면적 권위를 거부하고 스스로를 책임져야 한다. 가끔은 고통스러울 이 과정은 그녀에게 자기를 돌아볼 기회를 마련해 주고 그녀만의 창의성을 키워 나가고 궁극적으로는 아버지와 그녀를 묶어 왔던 끈을 끊어내는 데 진실로 필요한 것이다.

　아버지와의 관계에서 변화를 필요로 하는 딸은 그녀가 누구인가를 아버지가 다시 한 번 돌아보게 함으로써 목적을 성취할 수 있다. 이제까지 대부분의 경우는 아버지가 외부 세계에 대해서 딸을 가르쳐 온 입장이었다. 그러나 아버지가 점점 노쇠해지고 딸의 세상에 대한 이해는 점점 자라나감에 따라 딸은 아버지가 미처 알지 못하는 분야와도 접하게 된다. 즉, 지금까지 굳어져 왔던 아버지와 딸의 위치가 뒤바뀌는 것이다. 더 시간이 흘러가면 아버지와 딸 사이의 대화는 주로 그들의 옛날 가정사나 자연 세계, 혹은 영적인 문제로 바뀐다. 그리고 대부분의 딸들도 이때쯤에는 아버지와 이런 대화를 나눌 정도의 준비가 되어 있다. 아마 아버지와 딸이 더욱 깊은 이해와 사랑의 관계를 시작할 공간은 바로 여기에서 만들어질지도 모른다. 동등한 입장에서 생겨나는 사랑과 이해의 공간 말이다.

"높이 뛰어내려 봐, 내가 잡아 줄게": 배신을 통한 분리

〈아버지의 딸〉들 중 많은 이들은 예기치 못했던 다양한 방해—결혼, 배신, 질병, 죽음—가 끼어들기 전에는 아버지로부터 심리적인 독립을 하지 못한다. 우리는 지금까지 결혼이 어떻게 아버지와 딸의 분리에서 촉매 작용을 하는지를 살펴보았다. 다음은 배신을 통해서 어떤 긍정적, 부정적인 결과가 생겨나는지를 살펴볼 차례이다. 아버지와 딸 사이에 맺어지는 계약은 아버지가 딸을 보호하는 대신 딸은 자신의 정체성을 아버지와 항상 연관시킨다는 것이다. 이러한 면에서 아버지에 대한 딸의 믿음은 얼마나 아버지가 자신을 성공적으로 보호하는가에 따라 달라진다. 그리고 만약 아버지가 그녀를 보호하지 못하면 딸은 무척이나 혼란스러워한다. 왜냐하면 아버지의 실패는 여전히 아버지와의 계약을 충성스럽게 이행하고 있는 그녀의 입장에서 보면 명백한 배신 행위이기 때문이다.

아버지와 딸을 묶어 주는 끈이 약하고 딸이 자주 보호를 받지 못한 채 따로 떨어져 있으면 그때 딸이 느끼는 배신감은 좀 덜하게 된다. 사실, 자신은 아버지를 위해 최선을 다했는데 언제나 "너는 특별한 아이야. 너를 위한 일은 무엇이든 하겠다"를 외치던 아버지가 그의 계약 의무를 다하지 않는 것은 딸이 환상으로부터 벗어나서 독립을 취하는 것을 도와줄 때도 있다. 아버지와 아들의 이야기로부터 각색을 한 다음의 이야기는 아버지의 고의적인 배반이 어떻게 딸이 자신을 찾아 나가는 일을 돕게 되는지를 들려준다.

아버지가 어린 딸에게 아파트 밖에 있는 계단에서 뛰어내리는 일을 통해 용기를 기르는 훈련을 하고 있었다. 아버지는 딸을 두 번째 계단에 내려놓으면서 "자, 뛰어내려 봐. 내가 꼭 잡아 줄게"라고 말하였다. 딸은 뛰어내렸고 아버지는 그녀를 붙잡아 주었다. 아버지는 다시 딸을 세번째 계단에 내려놓고 "자, 뛰어 봐. 내가 잡아 줄게"라고 하였다. 딸아이는 겁이 나고 무서웠지만 그녀는 아버지를 믿는 착한 딸이었다. 이번에도 딸은 뛰어내렸고 아버지는 다시 그녀를 품에 꼭 안아 주었다. 그 다음 계단, 다시 그 다음 계단…… 아버지는 언제나 "자, 뛰어 봐. 내가 잡아 줄게"라고 말하였고 아이는 그때마다 아버지의 품으로 뛰어내렸다. 마침내 딸은 제일 꼭대기에 있는 계단으로 올라가서 그녀가 했던 것처럼 다시 뛰어내렸다. 그러나 이번에는 아버지가 뒤로 물러나 잡아 주지 않았다. 딸은 그대로 바닥으로 떨어졌고 피를 흘리면서 울어댔다. 이런 딸에게 아버지는 다가가서 다음과 같이 말했다. "아무도 절대 믿지 마라. 설령 상대가 아버지일지라도 말이다."[13]

위의 이야기는 동전의 양면과도 같은 배신과 신뢰의 이야기이다. 배신은 신뢰 없이는 일어날 수 없고 또 어떠한 신뢰도 배신의 가능성을 완전히 배제할 수 없는 법이다.[14]

어린아이는 아버지를 영원히 믿을 수는 없다. 아버지도 사람이고 그는 언제든 그 약속을 깰 수 있기 때문이다. 만약 아버지가 자신이 만든 약속을 절대로 깨지 않는다면 그는 필시 신적인 존재일 것이다. 이런 것을 모두 고려해 볼 때 딸에게 중요한 것은 어떻게 그녀가 아버지의 배신에 대처하는가이다. 딸의 충성을 바라는 아버지와 닮아서 배신에 민감한 딸이 어떻게 아버지의 배신을 처리하는가가 바로 그녀의 아버지로부터의 독립을 가늠하는 기준이 되는 셈이다.

이 이야기를 분석하면서 원형 분석학자인 제임스 힐만은 "만약 받아주는 손이 있다면 그때의 행동은 진정한 의미의 뛰어내림이 아니다"[15]라고 언급하였다. 이는 실로 적절한 표현이다. 아버지와 딸의 관계에 있어서도 딸이 진정 독립을 하고자 한다면 그녀는 이제껏 그녀가 친숙히 여겨왔던 아버지의 도움과 계약으로부터 벗어나야 한다. 아버지의 안전한 팔 밖으로 발을 내디뎌야만 하는 것이다. 그리고 아버지의 배신은 바로 그녀가 앞으로 펼쳐 나가야만 하는 그녀만의 여정에 불을 당겨 주는 역할을 한다. 즉 아버지의 배신은 딸의 자의식의 시작을 알림과 동시에 그녀의 순진성의 소멸을 알려주는 하나의 이정표가 되는 것이다. 딸이 아버지의 죽음을 충분히 이해하는 길을 선택한다면 말이다.

우리가 7장에서 만났던 코니는 신체적으로나 감정적으로 딸들을 함부로 대하는 어머니를 둔 목사의 딸이다. 그녀가 아직 어렸을 때 언니 두 명은 어머니로부터 그녀를 보호해 주었지만 언니 둘이 집을 떠나게 되었을 때는 그녀가 어머니의 좌절과 분노의 표적이 되었다. 열다섯 살이 되었을 때 코니는 어머니로부터 자신을 보호할 수 있는 제안이 들어 있는 쪽지를 들고 아버지를 찾아갔다. 이혼할 것, 자신을 기숙사로 보내 줄 것, 언니들 중 한 명과 함께 살게 해줄 것, 가정 상담을 요청할 것……

아버지는 각각의 제안을 모두 거절했다. 목사가 이혼을 하거나 자녀를 멀리 보내 버리는 것은 옳지 않으며 만약 가정 상담을 요청하면 모든 사람들이 그들 가정에 무언가 문제가 있는 것으로 생각할 것이기 때문이다. 코니는 몸이 실제로 아파 올 정도로 실망을 느낀 채 자신은 완전히 버림받았다는 생각을 하며 아버지의 사무실을 나왔다. 그때 이후로 코니는 아버지를 완전히 '그녀의 마음으로부터 떼내 버렸다.' 28년이 지난 뒤에 정신과 치료에서 코니는 아버지와 자신이 그 이후 한 번도 감정적인 교류를 갖지 못했음을 인정했다. 아버지가 그녀를 보호해 달라는 요청을 거절했기 때문이다. 그리고 코니는 이런 상황에 처한 자신을 책망하려 하지도 않았는데 왜냐하면 이는 모두 아버지 탓이기 때문이다. 그러나 그녀는 다음과 같은 말도 덧붙였다. "어쩌면 내가 계속 그리워하며 놓쳐 왔던 것은 나의 선택만큼이나 그가 바라는 선택이었는지도 몰라요."

딸은 대개 아버지로부터 거절당하는 이유를 다른 가족이나 어머니 탓으로 돌리는 경우가 많다. 하지만 비난이라는 말은 여성을 언제나 딸로 남겨 두려는 속성을 갖고 있다. 보호받기를 바라는 딸로 남겨 두는 속성 말이다. 만약 딸이 아버지도 역시 한계를 가진 인간이라는 성숙된 시각을 가지지 못한다면 그녀는 아직 아버지에게 어린아이 같은 감정으로 매여 있는 셈이다. 그녀는 아직 아버지를 뭐든지 할 수 있는 사람으로, 그런데도 그녀를 구해 주지 않는 사람으로 바라보는 것이다. 아버지의 실수와 감정을 인간적인 것으로 받아들일 마음을 열지 않고서.

치료 이후에 코니는 아버지의 한계를 받아들였고 아버지와 그녀의 관계를 제한한 데에 대한 책임을 인정했다. 코니는 또한 아버지도 어머니의 독재를 견디기 어려워했다는 사실을 기억해냈다. 하지만 아버지는 어머니의 전횡을 막을 방법을 몰랐고 텍사스의 작은 마을에서 목회를 보는 그로서는 외부에 도움을 청한다는 생각은 감당할 수 없을 정도로 부끄러운 일이었다. 일단 생각이 여기에 미치자 그녀는 아버지로부터 보호를 거절당한 한 어린아이의 슬픔을 진정으로 느끼기 시작했고 가장으로서의 아버지의 상처에 대해서도 이해하게 되었다. 이제까지는 뭉뚱그려져 단지 침묵으로만 표현해 왔던 아버지와 딸의 슬픈 감정들을. 코니가 아버지를 전적으로 용서하지는 않았지만, 그래도 그녀는 아버지가 처했던 상황을 이해하게 되었으므로 보다 성숙한 시각을 가지고 아버지와의 감정적인 교류를 시작할 수 있게 되었다. 아버지가 자신의 구세주가 될 거라는 기대는 하지 않으면서.

〈아버지의 딸〉이 그녀와 아버지가 비슷한 성격을 공유하고 있다는 사실을 깨닫기 이전까지 그녀는—코니처럼—아버지의 배신이나 실패를 아버지 자체를 부인하고 아버지가 바로 자신에게 상처를 준 사람이라는 공식을 형성하는 데 사용한다. 딸은 계속해서 아버지가 자신을 보호해 주지 않았거나 그녀의 비밀을 누설했고 그녀를 둥지 밖으로 밀어냈거나 그녀의 애정을 받아들여 주지 않았다는 걸 이유로 아버지와 자기 사이에 참호를 둘러 놓는다. 아버지의 배반에 씁쓸해져서 딸은 아버지를 거부하거나 그가 거는 전화도 받지 않거나 심지어 다른 도시로 이사까지 가 버린다. 아버지를 용서할 수 없기 때문에 그녀는 아버지에게 받은 상처를 다른 남자에게까지 확대시킬 수도 있다. 딸은 남자란 믿을 수가 없는 존재라고 생각해서 남자들의 사랑을 아예 배제하거나 혹은 자기의 기대를 저버린 남자들에게는 처벌을 가해야 한다고 다짐한다. 이러한 딸들이 구하는 남편상은 그 기대 수준이 남달리 높게 마련이다. 왜냐하면 그녀의 남편은 세상으로부터 자기를 구해내야 할 뿐만 아니라 아버지에게 받은 상처를 메꾸어 주어야 하기 때문이다.

　힐만은 우리에게 "뛰어 봐, 내가 잡아 줄게"에 드러나 있는 배신을 사랑과 배신이라는 보다 넓은 문맥 속에서 다시 한 번 생각하도록 권고하고 있다. 아버지는 딸이 자신으로부터 멀리 뻗어 나가는 걸 돕기 위해서 딸아이의 뼈가 부러지는 것도 감수하고 자신에게 주어져 왔던 신의도 포기하고 그의 이미지도 포기한 것이다.[16] 아버지는 물론 딸이 아버지를 용서하지 않고 계속 거부하기 때문에 죄의식과 고통 속에서 살아야 한다. 하지만 여기에서 중요한 것은 아버지의 이와 같은 행동은 사랑과 희생의 의식적인 행동이었다는 점이다. 그러면 얼마나 많은 아버지들이 자녀의 독립성을 더욱 진작시키기 위해 이와 같은 의식적인 배신을 하는 걸까? 사실 그렇게 많지는 않다. 실제 생활에서 대부분의 아버지들이 딸의 믿음을 배신하는 경우는 그의 인간적인 한계나 나약함 때문인 경우가 많다.

　하지만 딸이 이러한 아버지의 배신을 자신이 성장할 기회로 생각하고 의미를 찾으려 한다면 그녀는 아버지를 비난만 하는 수준을 벗어나게 될 것이다. 아버지도 역시 약점이 있는 나약한 존재라는 사실을 인식하게 되면 그녀는 어린아이 같은 기대를 저버리고 자신만의 자아를 찾게 될 것이기 때문이다. 그러나 이 과정은 절대 고통 없이는 이루어지지 않는다. 아버지와 딸 모두가 배신의 의미를 깨닫게 되는 것은 둘 사이의 기억이 용서로 바뀌어야 이루어지는 것으로, 이때의 용서는 아버지의 배신을 좀더 폭넓은 상황 속으로 투영시켜야 얻어질 수 있다. 아버지의 배신이 한편으로는 그의 죄인 듯이 보이지만 그러나 이런 배신은 딸의 성장을 위해서는 반드시 일어나야 되는 일종의 필요악일 수가 있다. 동시에 〈아버지의 딸〉이 아버지를 하나의 인간으로 보기 위해서라도 반드시 건너야 하는 하나의 징검다리이기도 하다. 그러나 배신의 이와 같은 면모가 이해되고 용서되기까지는 많은 세월이 걸린다.

왜냐하면 아버지와 딸이 공유했던 경험의 부정적, 긍정적 측면이 모두 이해되고 받아들여지기까지는 양측 모두의 화합이, 상대방에 대한 화합이 아니라 그 일이 일어날 수밖에 없는 상황에 대한 공감이 이루어져야 하기 때문이다.[17]

만약 아버지가 일찍 세상을 떠나서 딸이 혼자 남게 된다면 딸에게는 그녀의 분노와 상실감을 받아 주고 풀어 줄 누군가가 필요하다. 아버지로부터 받은 상처를 표현하지 못하게 되면 실망과 분노, 후회의 감정으로 그녀는 계속해서 아버지에게 얽매여 있을 것이기 때문이다. 그녀에게는 이야기를 들어줄 친구나 정신요법 치료사 혹은 그녀와 같은 경험을 했던 이들의 도움이 필요하다. 그림을 그리거나 글을 쓰는 것도 치료의 한 방법이 될 수 있는 것으로 어쨌든 그녀에게는 출구가 절실히 필요한 셈이다. 사회 심리학자인 콜벤슐레그는 다음과 같이 말한다. "자아나 영혼이 수축하거나 팽창할 때가 인생에서의 포인트가 되는 지점이라고 할 수 있다. 의식이란 절대로 중립으로 남아 있지 않는다. 일단 하나의 결정이 만들어지고 그 결과가 받아들여지고 나면 우리는 절대로 그 이전과 같은 존재로 남아 있지 않는 것이다."[18]

질병을 통한 분리

아버지의 병이 딸과 아버지의 관계에서 하나의 전환점이 될 수도 있다. 나이가 들어감에 따라서 아버지는 어쩔 수 없이 건강이 악화되고 자연히 딸에게 의존하게 되며 그 결과 그들의 역할은 드라마처럼 뒤바뀌게 된다. 딸은 자신이 어렸을 때와 거의 닮은 점이 없는 노인이 된 아버지를 돌보아 주게 된다. 아버지의 강력했던 존재와 지배는 그의 쇠퇴해 가는 건강으로 인해 거의 없어져 버렸기 때문이다. 아버지와 딸은 각각의 변화된 역할에 잘 적응해 나가는데 아버지가 약해지고 어린아이 같아지며 그녀에게 의존을 많이 하게 되는 이때야말로 아버지가 딸을 정말 다 자란 어른으로 느끼게 되는 첫번째 순간이다.

예순여덟 살 난 마리안의 아버지는 혈관 계통에 심각한 수술을 받았다. 아버지는 가족 중에 심장마비를 견뎌낸 유일한 인물이었다. 마리안은 회복기의 아버지에게 음식을 떠먹여 주면서 비로소 아버지가 약하다는 사실을 처음으로 경험했다. "아버지는 지금까지 내 인생을 모두 책임져 주었는데…… 나는 말할 수 없이 슬펐어요. 아버지를 잃어버릴 것만 같았지요. 나는 지배받는 걸 별로 좋아하지는 않지만 그래도 지배의 중심이 손에서 빠져 나가는 걸 보는 일은 더 끔찍했어요. 아버지가 나이 드는 걸 바라보면서 나는 나 역시도 불멸의 존재는 아니라는 사실을 새삼 알게 되었죠."

아버지의 질병은 가족과의 관계성과 아이들이 얼마나 독립을 성취했는가에 따라 다르게 가족에게 영향을 미친다. 피비와 앨리스는 아버지와 각각 다른 관계성을 맺고 있는데 피비가 〈아버지의 딸〉이라면 앨리스는 아버지의 눈에는 그야말로 '어린 아기'이다. 자매는 서로 좋은 관계를 유지했고 모두 훌륭한 유머 감각을 가지고 있었다. 두 자매는 마흔이 넘도록 결혼도 하지 않고, 어머니가 세상을 떠난 후 바로 알츠하이머 병에 걸린 아버지를 돌보는 일에만 헌신했다. 학교 선생님인 앨리스는 매일매일 집에서 아버지를 돌보았고 다른 주의 대학에서 교편을 잡고 있는 피비는 그런 동생을 위해 여름 방학과 휴일 때 아버지를 돌보았다. 그런데 이들은 최근에 남자 형제들과 의논해서 아버지를 양로원에 보낸다는 결정을 내렸다.

피비는 언제나 아버지가 가장 사랑하는 딸이었다. 그래서 아버지는 그녀에게 많은 주의를 기울였고 책임감을 길러 준다는 이유로 마치 남자 아이처럼 길렀다. 휴즈를 갈아 끼우는 일에서 집 주변을 수선하는 일까지 피비에게 가르쳐 주지 않은 일이란 거의 없을 정도였다. 아버지는 동료들과 한잔하고 오는 금요일 밤이면 언제나 피비를 찾았다. 그리고 피비는 자신이 아버지에게 평온을 가져다 준다는 사실을 알기 때문에 늦게까지 아버지와 커피를 마시며 그의 이야기를 들어주었다. 피비는 가족 중에서 처음으로 대학에 가기 위해 다른 주까지 진출했다. 그녀는 생물학을 전공하고 나중에는 암 연구 센터에 들어갔다. 반면에 앨리스는 지방 대학을 다녔고 자연스럽게 그 지역의 중학생을 가르치는 교사가 되었다. 뉴잉글랜드 지역의 아일랜드 카톨릭 집안의 딸로서 앨리스는 매우 제한된 영역만을 부여받았고 아버지로부터도 단지 '작고 귀여운 것' 이상의 관심은 받지 못했다. 아버지의 눈에는 앨리스가 여전히 어린아이였으며 절대로 자라는 것 같지 않았기 때문에 아버지가 그녀를 어른으로 대접한다는 것은 극히 힘든 일이었다.

아버지의 쇠퇴해 가는 건강은 두 딸 모두에게 큰 문제였다. 그러나 피비에게 이 문제는 앨리스보다 심각하지 않았다. 아버지는 이제까지 그녀를 어른으로 대우해 왔고 충분한 지위도 보장해 주었기 때문이다. 다음은 피비의 말이다.

"아버지에게는 원칙이 하나 있었는데 그 중의 하나가 집안에는 가족을 이끌어 나갈 인물이 하나 있어야 한다는 것이었죠. 우리 집안에서는 그게 바로 나였어요. 아버지는 언제나 우리 형제 모두는 늘 가깝게 지내야 한다고 말했죠. 그 이야기를 들으면서 나는 내가 세상에서 가장 어린 순교자가 되어 버린 듯한 느낌을 받았어요. 나는 세상의 악을 치료해내야 한다는 강한 메시지를 받았죠."

실제로 아버지는 피비에게 늘 최고가 되라고 말했고 그녀도 아버지의 기대를 저버리지 않았다. 그녀는 박사 학위를 받고 방사능 생물학자가 되었으며 그녀의 모교에서 125년 만에 처음으로 여자 교수의 직함을 받아냈다. 피비는 이제 아버지와도 끝났다고 생각했다. 왜냐하면 그녀에게는 더 이상 채워야 할 부분이 남아 있지 않기 때문이다.

이와는 대조적으로 앨리스는 아버지에게 한 번도 그녀의 재능과 가치에 대한 인정을 받지 못했는데 이는 아버지가 병들어 그녀에게 의존하고 있을 때도 마찬가지였다. 사실 아버지는 피비를 불러 앨리스가 그의 돈을 몰래 훔쳐간다거나 그녀가 자신을 독살하려 한다는 푸념을 늘어놓곤 했다. 이러한 처지의 앨리스에게 가장 큰 고민거리는 아버지가 그녀에 대해 갖고 있는 어린아이라는 이미지와 싸워 나가는 것과, 아버지와 그녀는 지금까지 한 번도 성숙한 관계성을 유지하지 못했다는 사실과 맞닥뜨리게 되는 일이었다. 실지로 아버지와 앨리스는 아버지가 정신적으로 쇠퇴해져서 그녀에게 의존하기 전까지는 어떠한 관계성도 맺지 못했다고 인정하는 편이 옳을 것이다.

"아버지와 나의 관계는 아버지가 늙고 내가 내 스스로 일어설 수 있을 때 비로소 제대로 시작됐죠. 나는 아버지에게 소리를 지르곤 했어요. '아빠! 아빠는 꼭 나를 믿어야만 해요. 나도 이 일을 할 수 있다구요. 여기에 있는 사람은 나밖에 없잖아요.' 이제 아버지는 좀더 편안해해요. 나는 아버지를 잘 돌보았죠. 하지만 나는 내가 알고 있던 아버지를 돕는 것인지 아니면 다른 사람을 보살피는 것인지 잘 모를 때가 있어요. 어떻게 보면 내가 보살피는 남자는 정확히 아버지는 아닌 것 같아요. 아버지는 아주 어린아이 같거든요. 우리는 완전히 역할을 바꾼 거지요."

이 이야기의 중요한 부분은 아버지가 두 딸에게 준 서로 다른 영향이 될 것이다. 아버지는 피비를 무언가를 성취할 수 있는 매우 유능한 개인으로 보아 주었기 때문에 그녀는 집을 떠나 그녀의 길을 갔다. 그러나 아버지는 앨리스에게는 전혀 격려를 해주지 않았고 계속해서 어린아이로만 보았기 때문에 앨리스는 집을 떠나지 못했다. 아버지의 격려가 피비를 아버지로부터 벗어나게 해서 그녀만의 삶을 살게 하고 아버지와의 관계에서 어떤 후회도 없게 한 반면, 앨리스는 아버지의 좁고 제한적인 시각에서 벗어나 자신도 이제 다 자란 어른이라는 자아의식을 갖게 되기까지 무척이나 많은 고생을 해야 했다. 앨리스는 아직도 아버지가 자신을 전혀 인정해 주지 않았다는 기억과 싸우고 있다.

"나는 피비의 자리를 물려받았지만 아버지의 눈에는 절대로 피비처럼 보이지 않았어요. 아버지는 이제 자신이 나에게 의존한다는 사실 때문에 나를 더 이상 어린아이 취급을 하지는 않았지만 마흔네 살의 다 자란 어른으로 봐 주지도 않았지요. 그리고 나도 아버지 앞에서는 그렇게 행동하지 못해요. 나도 어느새 아버지가 나에 대해 갖고 있던 이미지에 맞추어져 있었나 봐요."

앨리스는 이제 다시 그녀만의 삶을 되찾으려 하고 있다. 아버지가 양로원으로 간 이후에 그녀는 처음 삼 개월 동안은 아버지를 찾아보지도 못했다. "아버지를 돌보는 일을 내가 직접 선택하기는 했지만 가족들이 막내의 의무 운운 하는 것에는 매우 화가 났었어요. 나는 내 삶을 정리하기 시작했죠. 그리고 그 과정은 정말 나를 자유롭게 하는 경험이었어요. 하지만 때로 나는 여전히 내 날개를 펼치기보다는 자꾸만 안으로 움츠러든답니다."

위의 예에서 특이한 점은 두 자매가 각각 〈아버지의 딸〉의 특징 중 서로 다른 면모를 구현하고 있다는 점이다. 큰딸인 피비는 아버지에 의해 부과되었던 이미지를 통해 유능하고 책임감 있는 어른으로 성장해서 아버지로부터 독립을 이루어냈다. 아버지는 자신이 피비에게 투영한 이미지대로 그녀가 성장하기 위해 떠날 수 있는 특권을 주었고 동시에 그녀로 하여금 집안을 이끌어 나가는 책임을 떠맡도록 하였다. 앨리스의 경우에는 공공연하게 인정할 수 없는 아버지 자신의 이기적인 목적을 위하여 그녀를 자기 옆에 붙들어 두었다. 앨리스가 그의 건강과 가정, 심지어 그의 경제적인 문제까지 해결해 주는 데도 아버지는 정말로 자기가 무능해질 때까지 절대로 이 점을 인정하려 하지 않았다. 어쩌면 아버지의 이미지에 맞추어 살아온 피비의 아버지로부터의 독립은 불완전한 것일지도 모른다. 그러나 앨리스는 아버지로부터 벗어나기 위해서 전면전을 감행해야만 한다. 그녀는 지금까지 그녀에게 주어졌던 어린아이 역할에서도 벗어나야 하고 아버지가 지지해 왔던 의존적인 관계도 끝내야 하기 때문이다.

죽음, 그리고 떠나 보내기

사랑하는 아버지를 떠나 보내는 일은 누구에게나 쉽지 않다. 그러나 만약 딸이 아버지에게서 필요와 의존의 관계를 맺지 않고 상호 존중과 이해의 관계를 맺었다면 그녀에게 아버지를 떠나 보내는 일은 그나마 조금은 쉽게 다가올 것이다. 딸이 아직 어리고 여전히 아버지에 대해 환상을 가지고 있을 때 아버지가 죽는다면, 그녀는 어른이 되어서도 아버지를 감정적으로 보내는 일에 매우 어려움을 겪을 것이다. 우리가 이제 살펴볼 테지만 아버지의 죽음과 그 양식을 보며 딸은 아버지의 죽음에 깊은 영향을 받게 된다.

클라우디아의 아버지는 그녀가 열한 살 때 세상을 떠났다. 어렸을 때 아버지를 여읜 많은 딸들처럼 클라우디아는 아버지를 계속해서 우상화했다. 아르헨티나에서 자란 클라우디아의 아버지는 언제나 자기 전에 그녀의 침대맡에 와서는 그녀의 하루 일과를 듣곤 했다. 그런 아버지에게는 클라우디아가 한 일 중에 대단치 않고 작은 일이란 없었다.

"나는 아버지의 무릎에 내 머리를 올려놓곤 했는데 그러면 나는 무척 안전하다는 느낌을 받았어요. 때때로 우리는 저녁을 먹은 후에 산책을 나갔는데 그때 아버지는 별이나 건축가, 혹은 역사 등에 관해서 많은 설명을 해주었죠. 아버지는 나의 마음을 넓혀 주는 수수께끼도 내고 내 창의력을 마음껏 펼쳐 보라는 격려도 해주었어요. 내가 피아노를 치고 싶어하면 아버지는 내게 작은 그랜드 피아노를 한 대 사주었고 내가 그림을 그리고 싶어하면 아버지는 화방에서 필요한 그림 도구를 사주었죠. 아버지와 함께 있을 때면 나는 뭐든지 할 수 있을 것 같았어요. 아버지의 따뜻함과 유머가 내 가슴을 가득 채워 주곤 했었죠."

클라우디아는 자기가 아버지에게 특별하며 아버지는 오빠나 어머니보다도 그녀를 더 좋아한다는 것을 알아챘다. 이러한 아버지의 애정은 그녀에게는 달콤하고도 쓴 경험을 주었는데, 어머니는 언제나 그녀를 시기했고 오빠들은 그녀를 따돌렸다. 아버지의 갑작스러운 죽음은 클라우디아를 무방비 상태로 남겨 두었고 그녀가 남자들과 맺게 되는 관계에도 큰 영향을 주었다.

"삼십 년 전에 아버지가 돌아가셨을 때 나는 충격을 받았고 그 충격은 아직도 계속되고 있어요. 친밀함과 밀접했던 내 감각은 아버지의 죽음과 함께 끝났어요. 나는 아직도 아버지와 같은 관계가 다시 회복되기를 기다리고 있죠. 나는 어린아이로부터 성숙한 어른으로 나아가는 자연스런 진행 과정 일부를 놓쳐 버린 거예요. 그래서인지 남자를 만나게 되면 나는 그만 열한 살 난 아이로 되돌아가고 말죠. 나의 이런 모습에 남자들은 도망가고 말아요. 그들은 분명 다 자란 여인과 데이트를 하고 있다고 생각했었을 테니까요. 또 어떤 남자들은 나를 함부로 대하려고 하죠. 왜냐하면 그들은 내가 어린아이처럼 구는 것을 지배받고 싶어하고 조절되어지고 싶어하기 때문이라고 생각하기 때문이에요."

클라우디아는 자기가 여전히 아버지와 사랑의 관계에 놓여 있음을 알았다. 아버지에 대한 환상은 그녀가 다른 남자와 성숙한 관계를 맺는 것을 방해했다. 그녀는 또한 자신이 미국 영화를 외국어로 동시 녹음하는 일에 그토록 매달리는 것은 아버지가 돌아가시고 나서의 불안감을 메우려는 노력이었음도 알아차렸다. 클라우디아는 어린 나이에 그녀 자신에게 의존하는 법을 배웠다. 왜냐하면 그녀가 사랑했던 사람은 대부분 그녀를 버렸기 때문이다. 이제 그녀가 직면한 문제는 언젠가 아버지가 돌아올 것이라는 신화를 포기하는 일과 다른 사람으로 하여금 그녀를 인정해 주고 사랑해 주도록 함으로써 서서히 아버지로부터 독립을 해나가는 일이다.

루엘라에게 아버지의 죽음은 이별의 인사조차 할 수 없을 만큼 급작스러운 것이었다. 루엘라는 아버지가 돌아가셨을 때 삼십대 초반이었음에도 불구하고 여전히 아버지에게 매달려 있었기 때문에 아버지의 죽음은 그녀를 아버지로부터 강제로 독립하도록 강요하는 일이었다. 루엘라의 아버지는 조오지아에서 가족과 휴가를 보낼 때에 번개에 감전되어 돌아가셨다. 집으로 돌아오기 전 오후에 아버지는 세계와 가족에 대해—어머니 또는 형제들 결혼 문제, 그리고 아버지의 친구나 농장, 심지어 그녀의 애완견 문제까지—논의하기 위한 아버지와 그녀만의 연례적인 점심 식사를 위해 그녀를 데리고 나갔었다.

"우리는 씨 아일랜드(Sea Island)에 있었기 때문에 해물 요리가 나오는 음식점으로 갔죠. 아버지는 맥주를 마시며 담배를 피우고 있었어요. 아버지는 휴식을 취할 때면 담배를 마치 처음 대하는 사람처럼 아주 천천히 피우곤 하셨죠. 아버지의 이런 모습은 정말 특별하고도 소중한 것이었어요. 아버지는 붉은색 셔츠를 입고 모든 것에 대해서 말했죠. 마치 연회를 여는 것 같았어요. 그러나 아버지의 목소리에는 감출 수 없는 듯한 슬픔이 배어 있었죠. 그런 경우는 좀처럼 없었는데 말이에요."

루엘라와 아버지는 점심을 먹고 바닷가로 차를 몰아 멀리 바다를 바라보았다. 그리고 나서 그들은 콘도로 돌아왔고 그곳에서 미리 약속되어 있었던 영업 사원을 만났다. 아버지는 그와 반은 사업 얘기를 하고 반은 사냥과 영국산 개에 대한 이야기를 나누었다. 영업 사원은 루엘라를 아버지의 아내로 착각했지만 아버지는 이를 정정하기 위한 아무런 설명도 하지 않았다.

루엘라와 아버지는 집으로 돌아왔고 그녀는 아버지에게 고맙다는 인사를 했다. 그때 벌써 하늘은 어두워지고 있었고 가족들은 다가올 폭우에 대비하느라 물건들을 안으로 들여 놓고 있었다. 한마디 말도 없이 아버지는 의자를 들여 오기 위해 부두로 나갔다. "번개가 칠 때 우리는 모두 밖을 내다보고 있었어요. 우리는 큰 소리를 들었고 곧 번개가 원형의 불빛이 되어 내려오는 것을 보았죠. 번개는 아버지가 서 있던 지역을 감전시켰어요. 아버지는 뒤로 나가 떨어졌고 이내 비가 무서울 정도로 퍼부었죠. 아버지를 살려내려 안간힘을 썼지만 아버지의 심장은 한 시간쯤 후에 끝내 멈추고 말았어요."

루엘라는 아버지의 죽음이 도전적이고 저돌적이었던 아버지의 인생과 많이 닮아 있다고 느꼈다. "아버지의 죽음은 그분에게는 어울리는 것이었어요. 아버지는 언제나 활동적이고 목표를 추구하는 분이었죠. 회상이나 기다림을 위한 시간이란 아버지에게 없었어요. 사냥꾼으로서 아버지에게 즐거운 것은 동물들보다 앞서는 자신을 보는 것이었죠. 아버지는 지배자였어요. 아버지에게도 경이로움과 감상이라는 감정이 찾아오곤 했지만 아버지는 그런 것들에 굴복하지 않았죠. 아버지는 더 이상 존 웨인이 아닌 늙은 모습으로, 인생의 또 다른 국면을 위해 나아갈 준비가 되어 있지 않았어요. 아버지는 아마 노쇠를 감당하지 못했을 거예요."

루엘라는 아버지가 돌아가신 이후에 자기도 곧 죽을 것처럼 느꼈다. 그녀는 아버지를 죽음에 빠뜨렸던 그 장소를 몇 주 동안이나 계속해서 헤매었다. 아버지가 죽을 수 있었다면 그녀도 죽을 수 있으리라…… 그러나 자전거 사고가 그녀로 하여금 죽어서 아버지를 따라가겠다는 낭만적인 사고를 버리게 했다.

"나는 아직 내 시간이 오지 않았다는 걸 깨달았죠. 나는 나의 삶을 살아가자고 스스로에게 말했어요. 그리고는 그때부터 정말로 슬퍼하기 시작했죠. 나는 사색을 시작했고 일도 많이 줄이고 휴식을 취했어요. 그리고는 영웅을 잃은 그 끔찍한 고통을 조용히 받아들였죠. 언제나 나를 인정해 주고 '너는 괜찮아'라고 말하는 듯한 눈길을 보내 주던 누군가를 보내는 고통을 말이에요. 나는 스스로에게 물었죠. '어떻게 아버지가 이처럼 가실 수 있지? 만약 아버지가 가실 수 있다면 세상의 어느 누구도 죽어야만 할 거야. 나의 둥지는 떠나갔고 내 안전함도 떠나갔지. 이제 나는 더 이상 보호를 받지 못하게 된 거야'라고요."

그러나 루엘라는 아버지가 이미 떠날 준비가 되어 있었다는 것을 깨달았다. 가족들은 모두 저마다의 일을 잘하고 있어서 아버지가 풀어야 할 심각한 문제는 더 이상 없었다. 루엘라는 활동적인 면에 탐닉하는 자신이 아버지와 많이 닮았음을 알고 그의 죽음에 비추어 자신도 매사를 보다 여유롭게 바라보는 습관을 가지기 위해 노력했다. 사실 그녀는 지금까지 그녀의 존재를 부각시키기 위해 지나치게 일해 왔고 가끔은 약의 도움까지 받아 가며 일을 했다.

"아버지의 행동은 나의 행동에 어떤 자격증 같은 것을 주었어요. 항상 일을 함으로써 나는 아버지가 되었죠. 나의 일부는 여전히 아버지와 겨루어 보는 걸 원하고 있어요. 하지만 아버지처럼 광적으로 일을 하고 무엇보다도 활동적인 걸 좋아하며 내가 언제나 옳다는 생각으로 인간 관계를 대수롭지 않게 여기는 것은 위험한 일이죠. 내가 아버지로부터 물려받은 것 중에 가장 좋은 것은 풍부함이었던 것 같아요. 자유와 생산성 모두를 허락하는 그런 풍부함 말이에요. 아버지는 그런 것에 대해서는 정말로 좋은 모델이었기 때문에 그 풍부함은 마침내 내 안에서도 효력을 발휘했어요."

루엘라는 아버지의 성향 중에서 무엇은 본받아야 하고 무엇은 버려야 할지를 정할 수 있고, 감정적인 올바른 관계를 다시 시작하게 되고, 힘을 얻게 되며, 적당치 않은 태도와 행동 등을 버리게 될 것이다.

『미녀와 야수』: 독립, 그리고 감정적인 연결

『미녀와 야수』는 아버지로부터 독립을 취해 나가는 줄거리를 가진 일면 신랄한 이야기이다. 그리고 『미녀와 야수』는 딸이 사랑의 대상과 독립을 찾는 데 성공하면서도 아버지와는 계속해서 감정적인 유대 관계를 유지해 나가므로 이 장을 끝마무리하는 좋은 일례로도 언급될 수 있을 것이다.

18세기에 르프린스 여사에 의해 쓰여진 이 동화에는 '미녀'라고 불리우는 막내를 포함해서 모두 세 명의 아름다운 딸을 둔 홀아비 상인이 등장한다.[19] 아버지는 예기치 않은 사고로 재산을 모두 잃어버리게 되고 그들은 다른 도시로 이사해서 가난한 생활을 하게 되었다. 이사를 한 후 얼마 지나지 않아 아버지는 남아 있는 문제를 해결해서 돈을 조금 마련하려는 요량으로 여행을 떠나면서 세 명의 딸들에게 무엇을 갖고 싶은지를 물었다. 위의 두 딸은 아름다운 가운을 가지고 싶다고 했지만 막내인 '미녀'는 아무것도 요구하지 않다가 아버지가 계속해서 묻자 마지못해 장미가 갖고 싶다고 말하였다.

하지만 아버지는 아무것도 얻지 못한 채 떠날 때와 마찬가지의 가난한 모습으로 집에 돌아오고 있었다. 그런데 아버지는 도중에 길을 잃었고 아무도 살지 않는 낯선 성에서 음식과 잠자리를 찾아 하룻밤을 보내게 되었다. 아버지가 성을 나올 때 아버지는 정원에 피어 있는 아름다운 장미를 발견하고는 막내딸이 생각나서 그만 한 송이를 꺾고 만다. 그러자 갑자기 '야수'가 나타나서 장미를 꺾었다는 이유로 아버지를 죽이겠다고 위협한다. 이에 아버지는 딸을 위해 그랬노라고 대답을 하자 '야수'는 딸 중의 한 명을 데려오면 아버지를 살려 주겠다고 했다. 그리고 야수는 아버지에게 삼 개월의 여유를 주면서 모든 걸 정리하고 가족에게 인사도 하고 다시 오라고 말한다. 금궤도 하나 주면서.

상인은 근심에 싸여 집으로 돌아와서는 막내에게 장미꽃을 주었다. 그리고 금은 위의 두 딸을 위한 결혼식 지참금으로 사용한다. 아버지의 사정을 알게 된 막내인 '미녀'는 그녀가 아버지를 대신해서 성에 가겠다고 우긴다. 아버지는 안 된다고 거절했지만 삼 개월이 지나 아버지가 성에 갈 때 '미녀'는 아버지와 동행한다. 성에 도착하자 '야수'는 '미녀'가 자원해서 왔는지를 물었고 그녀는 그렇노라고 대답을 한다. 아버지와 '미녀'는 눈물의 이별을 하고 '야수'는 아버지를 집으로 돌려보낸다.

성에 홀로 남은 '미녀'는 그녀가 필요한 것은 모두 가질 수 있었지만 몹시 외로웠다. 그녀는 가족을 너무나 그리워했다. '야수'는 밤마다 저녁 식사 때에 그녀를 방문하고 그때마다 '미녀'에게 청혼했다. 그러나 '미녀'는 계속 거절했다. 다시 삼 개월이 지나자 이제 '미녀'와 '야수'는 서로 책도 읽어 주며 보다 많은 시간을 함께 보내게 된다. '야수'는 계속 '미녀'에게 청혼을 하지만 번번이 거절당하자 '미녀'에게 자기를 떠나지 않겠다는 약속이라도 해달라고 한다. '미녀'는 이를 받아들이는 조건으로 아파 누워서 그녀를 애타게 찾고 있는 아버지를 방문하게 해달라고 한다. '미녀'는 '야수'가 가지고 있는 마술의 거울로 아버지의 상태를 모두 보았던 것이다. '야수'는 그녀에게 일 주일의 시간을 주면서 그 시간까지 돌아오지 않으면 자기는 죽게 된다고 하였다.

그 다음날 아침 집에 돌아온 '미녀'는 자기를 보고 기뻐 어쩔 줄 모르는 아버지와 함께 지내게 된다. '미녀'는 아버지와 언니들과 함께 있는 것이 너무나 즐거워 그만 방문 기간을 넘기고 만다. 열흘째 되는 날 '미녀'는 그녀가 약속을 어겼기 때문에 '야수'가 상심해서 죽어 가고 있는 꿈을 꾸게 된다. 꿈을 꾸고 나서 '미녀'는 자기가 '야수'를 사랑하고 있다는 사실을 깨닫고 급히 성으로 돌아오게 된다. 성에서 거의 죽어 가는 '야수'를 발견한 그녀는 '야수'에게 그를 사랑하며 그의 아내가 되고 싶다는 말을 한다. 이 말이 끝나자마자 '야수'는 멋진 왕자로 변했다. 못된 마술에 걸려 '야수'로 살았던 그가 '미녀'의 사랑으로 다시 본래의 모습을 되찾게 된 것이다. '미녀'의 아버지와 언니들은 결혼식에 모두 참석해서 그들의 행복한 결혼을 지켜본다.

'미녀'는 그녀가 가진 성품의 순수함으로 인해 그렇게 이름붙여졌다. 그녀는 자기의 내면과 외부의 환경 사이에 조화를 유지하며 살았다. 이런 면모를 지닌 '미녀'를 두고 래리 게이츠는 「『미녀와 야수』에서의 신체의 부활」이라는 논문에서 "모든 사람은 일종의 신화를 살아내고 있는 셈인데 미녀의 신화란 처음부터 그녀가 〈아버지의 딸〉이라는 점에 있었다. 아버지와 '미녀'는 순수하고 정신적인 특별한 관계를 즐겼는데 여기에 어머니가 없다는 사실은 '미녀'로 하여금 아버지를 독점하게 도와주었다"라고 지적하였다.[20]

아버지와 살아가는 '미녀'는 평화로웠다. 그러나 그녀에게도 어린 시절과 순수함의 단계를 벗어나야 하는 시간이 다가왔지만, 그녀는 결코 안정적인 가정에서 벗어나려 하지 않았다. 그러나 아버지를 대신해 자기를 희생하기를 선택한 '미녀'는 그제서야 자기만의 독립의 과정을 밟게 되었다. '야수'와 함께 있으면서 그녀는 자기만의 매력도 발견하고 다시 한 번 그녀를 되돌아보는 내면적인 성찰의 기회도 가지게 된다. 또한 '야수'의 외모는 그의 선량함과 따뜻함으로 많이 보완되었다. 마침내 '미녀'가 이런 '야수'를 선택하고 아버지를 자발적으로 떠나옴으로써 그녀는 어린 딸에서 한 명의 진정한 어른으로 다시 탄생하게 되었다.

'미녀'의 사랑은 '야수'의 인간성을 회복시켜 주었다. 그러나 사실 '야수'는 '미녀'에게 자신의 본능적인 면이나 성적인 면을 일깨워 주는 역할을 했었기 때문에 '야수'는 '미녀'의 내면 생활의 한 모습으로 남아 있게 되었다.[21] 이제 '미녀'는 왕자로 보이는 외면적인 삶과 언제나 '야수'의 존재를 전제하는 내면적인 삶 모두에 책임감을 가지고 대면한다. '미녀'는 아버지를 떠남으로써 진정한 독립을 성취하게 된 것이다. 그리고 그녀는 아버지를 떠나오면서 그에게 가장 이로운 종류의 애정을 남겨 두고 왔다. 아버지를 지혜로운 웃어른으로 존경하는 그런 자세 말이다.

〈아버지의 딸〉의 감정적인 분리는 다음의 세 단계를 거쳐 일어난다. 먼저 그녀는 아버지에게 얼마나 자신이 매달리고 있는가를 알아야 하고, 두 번째로는 〈아버지의 딸〉로서 누리는 보상을 포기하려는 마음을 가져야 하고, 세 번째로는 재정적, 감정적 독립을 위해 자신을 떼어내는 확고한 발걸음을 시작하는 것이다. 아버지 혹은 딸이 행하는 계약의 배신은 오히려 딸의 독립을 촉진하는 촉매제가 된다. 결혼이 아버지로부터 떠나오는 과정을 도와줄 수도 있고, 혹은 아버지의 질병이 딸로 하여금 더 이상 아버지에게 의존하지 않도록 할 수도 있고, 아버지의 죽음이 그녀를 세상으로 내보낼 수도 있을 것이다. 배신, 결혼,

질병, 죽음 등은 아버지로부터 떨어져 나오는 딸의 분리를 도와주는 이정표 같은 것들이다. 마지막 장에서 우리는 딸을 계속해서 아버지에게 묶어 두는 그 미묘한 실타래에 대해 살펴볼 것이고 그와 함께 이를 풀어내는 정교한 방법도 연구해 볼 것이다.

내 마음을 가져가세요, 머린 머독 작
(파스텔, 수채화 잉크, 11x14인치, 1994)

제9장
아버지와 타협하기

> 나는 여자이다. 그리고 나는 내 머릿속에 아버지를 담고 있는 딸인 이상 절대로 자유로울 수 없다. 신화적인 존재로서의 아버지를 포기하고 성차별의 사회에서 아버지가 의미하는 바에 면죄부를 주는 행위는 나를 진실에게로 좀더 가까이 데려가지 못한다. 나 자신이나 내 아버지에 대한 진실, 혹은 세상의 모든 딸들이나 세상의 모든 아버지를 위한 진실로 말이다. —사라 메이트랜드, 『하나를 대가로 하는 둘』

〈아버지의 딸〉은 기대와 투사로 정교하게 얽혀진 그물 속에 갇혀 있게 된다. 그녀가 직장을 잡고 또 다른 많은 인간 관계를 맺으면서 그녀는 자신이 아버지로부터 독립했다고 느낄지도 모르지만, 그녀의 내면에 존재하는 무의식은 언제나 '아버지가 어떻게 생각하실까?' 또는 '아버지는 이걸 인정해 주실까?' 등에 관련된 생각에 초점을 맞춘다. 아버지와 딸을 묶어 주는 끈은 한 번도 잘린 적이 없는 탯줄 같은 것이다. 따라서 딸이 아버지와 자신을 묶는 그 복잡하고 미묘한 실을 기꺼이 다시 살펴보려 하지 않는 한 그녀는 계속해서 원형적인 딸로 남아 있게 된다.

〈아버지의 딸〉은 동경의 끊임없는 유보 상태 속에 갇혀 있다. 그녀는 이미 파기된 계약으로 인한 상실감을 계속해서 부인하려 한다. 〈아버지의 딸〉은 불가능한 것을 바라는 것이다. 아버지의 무조건적인 사랑,

존중, 지원, 인정, 절대로 나뉘어져 다른 데로 갈 것 같지 않은 관심과 무한히 그녀와 있어 주는 것 등을. 〈아버지의 딸〉은 모든 면에서 아버지의 승인을 받길 원한다. 그녀의 배우자나 아이들, 그녀의 일이나 그녀가 어렵사리 이루어낸 성숙, 심지어는 그녀가 읽는 책에 이르기까지 그녀는 아버지의 인정을 필요로 한다. 그녀는 아직 아버지의 가치체계에 자신을 매어 놓거나, 아니면 은밀히 아버지의 가치체계를 자신의 것으로 바꾸어 놓으려 한다. 계속해서 마음 저 아래쪽에서 흘러내리는 집착의 물결은 그녀에게서 에너지를 빼앗고 그녀를 아버지의 승인만 계속 갈망하는 어린아이 같은 수동적인 상태로 남겨 둔다.

만약 아버지가 그녀가 바라는 승인이나 허락을 하지 않는 경우, 딸은 채워지지 않은 갈망을 주변의 다른 사람에게 투영시킨다. 연인이나 친구나 혹은 직장 상사에게까지. 딸은 아버지가 채워 주지 않았던 것을 채워 줄 또 다른 '아빠'를 계속해서 찾아다니며 그녀의 열망이 어린 시절에 충분히 채워지지 못했다는 기억을 꾸준히 부인한다. 예를 들어 아버지는 나의 지적인 면은 길러 주었지만 나의 환상이나 꿈 등은 제대로 맞추어 주지 못했다. 그러나 나는 아버지에게 나의 열망을 채워 줄 기회를 계속 주면서 결코 이런 면에서의 아버지의 한계를 받아들이려 하지 않았다. 오히려 나의 갈망은 아버지의 실패로 인해 더욱 커져서 끝내는 아버지의 실패를 보상해 줄 누군가를 기다리는 환상에까지 집착하게 되었다.

특별히 하나의 꿈은 내가 어른이 되어서도 기억할 수 있었다. 내가 어렸을 때 아버지는 내게 예쁜 장난감 집을 만들어 주겠다고 약속했다. 아버지와 나는 해마다 그 집에 대해서 얘기를 했고 아버지는 계속해서 시간을 끌면서 그 집이 가지게 될 모양 등을 일러주었다. 나는 덩달아 어떤 커튼을 달아야 하는지 또 인형들과 함께 파티는 어떻게 열어야 하는지를 두고 이런저런 꿈들을 꾸게 되었다. 어쩌면 이 환상은 〈아버의 딸〉들에게는 완벽한 환상일지도 모른다. 왜냐하면 바로 아버지가 어머니가 아닌 그녀만을 위해서, 그리고 그녀만이 아버지를 소유할 수 있는 그런 집을 지어 주기 때문이다.

그러나 아버지는 절대로 장난감 집을 지어 주지 않았다. 그것은 언제나 조심스럽게 그려진 설계 도면으로만 남아 있었다. 최근에 나는 아버지가 채워 주지 않았던 이 약속이 남편과의 관계에 얼마나 많은 영향을 주었는지 또 나의 개인적인 능력을 얼마나 오래도록 유보시켰는지를 알아냈다. 결혼 생활 내내 나는 남편에게 조용히 글을 쓸 수 있도록 시골에 작은 오두막을 하나 사달라고 졸랐다. 내가 돈을 낼 능력이 있었음에도 남편을 계속 졸랐던 것은 그가 내 환상 속으로 들어와 그것을 실현시켜 주기를 기대했기 때문이다. 무의식적으로 나는 아버지가 지어 주지 않았던 장난감 집을 남편이 지어 주기를 바랐던 것이다. 이를 거부하는 남편의 태도는 아버지에게서 느꼈던 실망감을 다시 불러일으켰지만, 표면상으로는 나와 남편의 단순한 힘겨루기인 듯이 나타났다. 장난감 집으로 오두막은 단지 어린 시절의 잃어버린 꿈을 상징하는 것일 뿐 아니라 아버지가 충분히 제공해 주지 않았던 어머니로부터의 보호도 아울러 상징했다.

〈아버지의 딸〉이 일단 자기 안에 있는 갈망을 인식하고 나면 이를 쉽사리 포기하지 않는다. 아버지와의 관계 속에서 길러진 그녀는 자신이 특별하다고 인식하기 때문이다. 우리가 앞에서도 살펴보았듯이 〈아버지의 딸〉을 길러낸 아버지는 마치 자기 딸이 특별한 인물인 듯이 다룬다. 그는 자기 딸을 위해서는 세상에 못 할 일이 전혀 없는 것처럼 행동하기 때문에 이를 바라보는 딸은 실제로 자신은 매우 특별하다는 생각과 함께 그녀가 원하는 것은 어떤 책임을 지지 않고도 가질 수 있는 것으로 착각하게 된다.

〈아버지의 딸〉들 중 대부분은 공격적이고 외면적인 행동을 통해서 그들이 원하는 것을 얻을 수 있지만 그들의 갈망은 조금 더 미묘하고 다른 사람에게 쉽게 인지되지 못하는 까닭에 쉽사리 채워지지 않는다. 이 딸들은 대부분 그들의 영혼 속에 숨어 있는 좀더 여성적이고 부드럽고 영적인 측면을 알아주기를 바란다. 이 성향은 바꾸어 말하면 그들이 어머니로부터 위로를 받기를 원하고 그들의 본능적인 문제에 대한 이야기를 나누고 싶어하며 여성만이 꿀 수 있는 그들의 꿈을 실현시키는 방법을 듣기를 원한다는 걸 보여준다. 〈아버지의 딸〉들은 이런 여성적인 열망들을 대면하면 언제나 주저하고 머뭇거린다. 그들은 아버지에게서 이런 열망들을 처리할 방법을 배우려 하지만 아버지는 결코 그들의 속마음과 외부 세계를 적절히 조화시키는 방법을 찾아 주지 못한다.[1] 자신의 내면을 바라보는 일에 익숙치 않은 딸들은 이런 열망을 채우려고 아무 소득도 없이 바깥 세계를 헤매는 경우가 있다.

어떤 여성이 만약 자신을 자기가 원하는 것은 모두 얻을 수 있는 특권이 있다고 생각한다면, 그녀는 아직도 아버지에게 깊이 매여 있는 것이다. 그리고 그녀는 일이나 한 남성이 그녀의 갈망을 채워 주지 못하면 계속해서 누구도 줄 수 없는 만족을 찾아 다른 남성이나 일을 찾아 헤매게 된다. 〈아버지의 딸〉이 원형적인 딸의 이미지로부터 벗어나기 위해서는 아버지로부터 모든 것을 제공받을 수 있다는 환상에서 먼저 벗어나야 한다. 물론 그녀가 모든 꿈과 소망들을 버려야 하는 건 아니지만 정신적으로 온전한 자아를 이루기 위해서 그녀는 먼저 자기 스스로를 보호하는 법을 배워야 한다. 이러한 현실에 〈아버지의 딸〉이 적응하는 데에는 다른 정신적인 성장 과정에서와 마찬가지로 길고도 미묘한 몇 단계의 과정을 밟는다. 부인, 분노, 고통과 슬픔, 이해, 그리고 끝내는 수용 단계까지……

기대와 투사의 그물로부터 벗어나오기

〈아버지의 딸〉은 아버지가 그녀에게 투영해낸 이미지와 투사가 그녀의 개인적이고 직업적인 정체성에 얼마나 많은 영향을 미치고 있는가를 깨닫기 전까지는 계속해서 그의 이미지와 투사대로 자신의 삶을 살아낸다. 그리고 이 깨달음은 보통 부성적인 인물인 남편이나 파트너 또는 직장 상사 등에 대해서 가졌던 환상이 깨어졌을 때에야 일어난다. 장난감 집의 예를 다시 들어 보면 나는 아버지가 들어주지 않았던 나의 소망을 남편에게 투사해서 내 스스로 할 수 있음에도 불구하고 장난감 집의 대체물인 오두막을 장만하지 않았다. 같은 맥락에서 〈아버지의 딸〉은 아버지에게 인정을 받고 싶어하는 그녀의 갈망을 아버지에서 직장 상사에게로 옮겨 가곤 한다. 보통 그녀는(아버지 때와 마찬가지로) 직장 상사에게 충성스럽게 남아 있으면 그녀가 갈망하는 인정을 받는다. 그러나 만약 직장내의 사안에 대해 그녀가 자신만의 독특한 시각을 계속 주장하게 되면 직장 상사는 그녀와 멀어지게 되고 〈아버지의 딸〉은 그녀의 내면에 숨겨 왔던 저항감과 대면하게 된다. 즉, 〈아버지의 딸〉이 그녀를 둘러싼 남자들과의 상호 관계에서 먼저 변화를 시도해 본다면 그때야말로 그녀가 아버지로부터 벗어나는 여정의 첫 발을 내딛는 시점이 될 것이다.

우리가 2장에서 만나 보았던 다니엘은 건강 관리 프로그램 회사의 기획부장으로 십여 년간 성공적인 직장 생활을 해왔다. 그녀의 상사는 그녀보다 12년 선배이면서 심각한 질병을 예방하는 건강 보조 서비스 프로그램에서 획기적인 아이디어를 내는 인물로 사내에서 상당한 존경을 받고 있다. 다니엘은 그의 비전을 달성시키려고 끊임없이 노력하는 첫번째 '부관'이었다. 그래서 수 년 동안 다니엘과 그녀의 상사는 서로에게 격려와 자극을 주며 좋은 직업적인 관계를 유지하였다. 그러나 이 관계는 회사가 팽창을 하자마자 달라지기 시작했다. 다니엘의 직장 상사는 심각한 개인적인 변화를 겪고 약간은 편집증적이 되었고 다니엘을 포함한 주변 인물이 그를 추월해서 승진을 할까봐 전전긍긍 하였다. 직원회의를 할 때 그는 직원들이 조금이라도 그의 의견과 다른 의견을 내놓으면 당장에 고압적인 자세가 되어 그 의견을 묵살하고 자기 의견만 고집했다. 보다 못한 다니엘이 상사의 잘못된 태도 변화를 지적했을 때 그는 다니엘이 아직 순진하며 또 더 이상 그에게 충성을 다하지 않는다고 오히려 그녀를 비난했다. 그리고 놀랍게도 그는 다음 직원회의에서 그녀의 의견을 단번에 비웃고 무시해 버렸다.

다니엘은 그녀가 가졌던 직장 상사와의 관계가 아버지와 그녀의 관계와 많이 닮아 있다는 걸 깨달았다. 아버지도 그녀가 다른 견해를 내놓지 않는 한 그녀에게 매우 상냥하고 부드러웠지만 그녀가 조금이라도 그녀의 의견을 주장하려 하면 당장 그의 애정과 관심을 걷어가 버렸다. 다니엘은 아버지의 변화를 두려워했듯이 직장 상사의 변화도 두려워하였다. 마침내 다른 사람들 앞에서 가해지는 직장 상사의 모욕을 견디지 못한 다니엘은 상사의 의견을 앵무새처럼 따라 하고 만다. 아버지의 경우에도 다니엘은 조용하고 충성스러운 딸로 남아 있을 것인가, 아니면 그녀 자신을 표현하고 집을 떠날 것인가 둘 중에서 하나를 선택해야 했었다.

다니엘은 마침내 직장을 떠나고 만다. 자기가 몸 담았던 회사를 떠나고 또 한때는 사랑하고 존경했던 직장의 상사를 떠나는 것은 가슴을 에는 듯한 경험이었다. 이 '아버지'와의 관계를 끊으면서 그녀는 마치 자신이 추방자처럼 느껴졌다. 그리고 몇 개월 동안 그녀는 끊임없는 후회의 감정에 휩싸였다.

그러나 마침내 다니엘은 직장을 떠나온 것이 그녀만의 인생을 되찾는 데 결정적인 계기가 되었다는 걸 깨달았다. 직장 상사가 자기를 바라보는 이미지대로 더 이상 살지 않기를 결심하면서, 그리고 그의 인정을 받으려고 끊임없이 노력하는 자신을 되돌아봄으로써 다니엘은 자신만의 목소리를 찾았고 아버지와도 보다 정직한 대화를 나누게 되었다.

〈아버지의 딸〉들에게 내면의 권위를 찾고 자기만의 목소리를 내는 일은 매우 어려운 일이다. 그녀는 지금까지 계속 아버지와 자신을 연결시켜서 생각해 왔기 때문에 그녀만의 독립된 정체성을 향해 발을 내딛는 것은 그야말로 뼈를 깎는 듯한 아픔을 수반하는 일이다. 4장에서 만나 보았던 클레어는 그녀가 만든 아버지 이미지에 너무나 매달려 있어서 아버지가 오십이 넘을 때까지도 그를 전쟁 영웅으로 보았다. 클레어는 아버지가 2차 세계대전 동안 집을 떠나 있을 때 아버지가 빨리 돌아와서 알콜 중독자인 어머니로부터 자신을 보호해 주었으면 하고 바랬다. 그러나 전쟁이 끝난 후 집에 돌아온 아버지는 어머니에 대해서는 아무런 언급도 없이 바로 자신의 직업인 의사로서의 본분에 몰두해 버렸다.

어른이 되어서도 클레어는 아버지로부터 보호받고 싶다는 무의식적인 갈망을 계속해서 간직했다. 그리고 이 갈망은 그녀가 아버지의 부재의 고통을 견뎌내기 위해 어린아이일 때 만들어낸 이미지가 지금의 그녀의 인생에 어떤 영향을 끼치고 있는지를 알아챌 때까지 계속 그녀 안에 있었다. 예를 들어 그녀의 '늘 행복한 얼굴'은 어머니로부터 자신을 보호하고 아버지를 기쁘게 하고자 하는 마음에서 채택된 가면이었다. 이제 클레어는 더 이상 그 가면을 쓰고 싶어하지 않는다. 클레어는 또 이제 더 이상 다른 사람의 기대대로 행동하지도 않고 그들의 보호를 받고 싶어 안달하지도 않을 거라는 결심을 한다. 아래의 꿈은 클레어가 이와 같은 결심을 할 때에 꾼 것으로 이 꿈은 그녀의 마음에서 아버지는 더 이상 구원자가 되지 못함을 드러낸다.

따뜻하고 어두운 베두인족의 옷을 입은 한 소녀가 사막 가운데 홀로 서 있다. 부족에게 버림을 받아서 사막에 홀로 남게 된 소녀 주위에는 말벌의 무리가 있다. 족장인 그녀의 아버지는 집을 떠나 있지만 이제 그녀를 찾으러 돌아올 것이다. 부족 사람들이 멀리 사라지는 걸 지켜보면서 소녀는 아버지가 돌아오기를 기대해 본다. 그러나 다른 사람 모두가 알고 있듯이 소녀는 마음으로 아버지가 돌아오지 않을 거라는 걸 알고 있다. 소녀는 추방자로 사막에서 홀로 죽게 남겨진 것이다.

클레어는 자신이 아버지가 돌아오기를 기다리는 사막의 소녀로 빗대어진 꿈을 꾸었다. 그리고 말벌들은 그녀가 죽을 운명이라는 걸 알기라도 하듯 벌써 그녀 주변을 에워쌌다. 그러나 이 말벌들은 죽음 이외에 재생도 함께 상징한다. 완전한 여인이 되려면 아버지의 구원을 기다리는 소녀는 죽어야 하고 그 내면으로부터 또 다른 딸이 탄생해야 하기 때문이다.

비록 겁나는 꿈이기는 했지만 클레어는 이 꿈이 그녀의 독립적인 삶을 향한 중요한 출발을 시사하는 것이라고 생각했다. 꿈에서 깨어나자마자 클레어는 부족과 공모해서 소녀를 사막에 내다 버린 여인들에게 잠시 분노를 느꼈지만, 그녀는 소녀가 제 힘으로 살아나올 거라는 걸 마음으로 알고 있었다. 그리고 클레어는 아버지가 자식들을 어머니의 알코올 중독으로부터 보호하지 못한 것은, 자신의 아내가 알코올 중독자라는 사실을 부인하고 싶어하는 아버지의 소망이 빚어낸 행동이었음도 이해하게 되었다. 결국 아버지는 그녀가 투사해 온 것처럼 그런 영웅적인 인물은 아니었던 것이다. 아버지를 있는 그대로의 모습으로 받아들이면서 클레어는 마침내 그녀만의 독립적인 정신 세계를 향해 나아가게 되었다.

사실 클레어가 위와 같은 깨달음을 얻은 때는 이미 그녀가 어머니와 아내로서의 자신의 의무를 마쳤을 때이다. 삼십 년의 결혼 생활을 청산하고 최근에 이혼한 그녀는 성공적인 직업 생활을 시작하고 자신도 스스로에게 안정을 제공할 수 있다는 사실에 기뻐하고 있다. 비록 클레어는 어린아이처럼 이제 자신을 발견하는 일을 시작하고 있지만 그러나 그녀는 더 이상 그녀의 가슴속에 그 질식할 것 같던 어린 시절의 두려움을 가지고 다니지는 않는다.

위의 두 예에 등장하는 여성들은 둘 다 아버지를 떠나오는 자신을 추방자로 여겼다. 다니엘은 직장 상사와 불화가 생겼을 때 문자 그대로 스스로를 사랑하던 회사 밖으로 몰아냈고 클레어는 꿈 속에서 암시한 것처럼 부족들이 그녀를 사막으로 추방했다. 탐색 중에 있는 여성에게 추방자라는 이미지는 매우 강력한 비유이며[2] 또 사막은 영혼을 되찾기 위해 떠나는 각각의 여성들이 출발해야 하는 그 불모의 땅을 상징한다.[3] 집단의식의 동의된 평안함을 떠나면서 〈아버지의 딸〉은 그녀를 아버지로부터 분리해내고 지금까지 그녀를 지배해 왔던 낡은 태도로부터도 벗어난다. 이제야 비로소 〈아버지의 딸〉은 아버지와 자신을 동일시하는 어린아이다운 생각들을 뒤로 하고 사막 한가운데에서 보다 깊은 자아의 뼈대를 찾는 어려운 작업을 시작하는 것이다.

내면의 아버지

딸들은 대부분 두 명의 아버지—현실의 아버지와 그들의 머릿속에 들어 있는 아버지—를 가지게 된다.[4] 현실의 아버지는 외면상 딸과는 독립적인 삶을 살아간다. 그는 신문을 읽고 직장에 나가며 사랑도 하고 기도도 하고 잠도 자며 운동도 하고 먹기도 하고 자리에 앉기도 하고 생각도 하며 또 꿈도 꾼다. 그리고 아버지는 차츰 나이를 더해 가다가 어느 날 세상을 떠나고 만다. 그러나 내면의 아버지는 이러한 인간적인 한계가 없다. 그는 언제나 존재하며 항상 감시하고 항상 기대를 하고 그리고 항상 판단한다. 그리고 내면의 아버지는 언제나 할 말이 있다. 그것이 경고이거나 기대이거나 또는 명령이거나 상관없이—나를 실망시키지 마라, 나를 무안하게 하지 마라, 내가 자랑할 수 있게 하렴. 착한 딸이 되라—내면의 아버지로부터 전적인 관심을 받기 위해서 〈아버지의 딸〉은 계속 아버지가 쳐놓은 그물에 머물러 있어야 한다.

사라는 「하나를 대가로 하는 둘」이라는 논문에서 다음과 같이 쓰고 있다.

> 내 머릿속에 들어 있는 아버지는 나에게 두 번 협박을 한다. 네가 내 말을 잘 들으면 나는 너를 귀여워해 줄 것이지만 못되게 굴면 벌을 줄 거라는…… 나는 보상과 처벌, 끊임없는 관심 등에 대한 교환 조건으로 강해야 했고 부지런해야 했으며 남편과 아이들을 잘 돌보아야 하고 그러면서도 유능하고 전문인이어야 했다. 나는 절대로 지나치게 화내거나 슬퍼하거나 열광할 수 없었다. 나는 스스로를 조절하는 능력과 좋은 예절과 매력 등을 연습해 나갔고 보름달이 뜨는 날에도 어린 돼지 새끼들처럼 뒹굴고 어린 늑대들처럼 소리를 지르기 위해 숲 속으로 뛰어가지 못했다. 그리고 나는 비명을 지르거나 진흙탕 속에서 뛰어놀거나 또는 아이스크림을 많이 먹기를 원하는 여자애들의 소망을 무시하거나 비웃어야 했다.[5]

내면의 아버지는 현실 속의 아버지와 원형적인 아버지가 합쳐진 것으로 그 안에는 원형적인 약속과 요구의 무게가 실려 있다. 또 내면적인 아버지는 어린 시절 딸의 주변에 있던 사람들의 개인적, 종교적, 문화적인 성격에 따라 각기 다른 다양한 인물과 그 기질 등을 드러내 보여주는 매개체 역할을 한다. 내면적인 아버지는 딸이 맺게 되는 다른 인간 관계들, 즉 남편이나 친구나 직장 상사나 심지어 신과의 관계에까지도 혼란스럽게 시도때도 없이 비집고 들어온다.[6] 또 내면적인 아버지가 존재하는 건 아니지만 그래도 그는 딸의 곁을 떠나지 않는다. 그가 침묵할 때조차 그는 거기에 있다. 딸은 내면의 아버지가 달래 주고 보호해 주며 관심을 기울여 주는 데 대한 보답을 두려움이나 죄의식, 그리고 자신은 불완전하다는 생각으로 답한다. 〈아버지의 딸〉은 의사 결정을 할 때 현실의 아버지에게뿐 아니라 그 가상적인 내면의 아버지의 요구와 약속에 대해서도 재차 생각해 보아야 한다.

우리가 앞에서 논의했다시피 〈아버지의 딸〉은 아버지가 그녀의 유능함과 재능, 지적 능력 등을 인정한다는 메시지를 아예 내면화한다. 그녀는 남자들과 자신은 동일하며 같은 여성보다는 우월하고 또 원하는 것은 모두 얻을 수 있는 특별한 존재라고 생각한다. 반면에 그녀는 그녀가 끊임없이 기쁘게 해드리려 노력하는 내면의 아버지가 주는 부정적인 메시지도 함께 내면화한다. 따라서 만약 내면의 아버지가 그녀에게 완벽하기를 요구하면 그녀는 결코 자신이 성취한 일에 만족할 수 없고, 만약 아버지가 식지 않는 사랑을 요구하면 현실 속의 애인과 깊은 관계로 나아가지 못한다. 또 만약 내면의 아버지가 흔들리지 않는 충성을 요구한다면 〈아버지의 딸〉은 그의 가치와 사상에 계속해서 헌신할 것이고, 만약 아버지가 계속해서 의지하기를 바란다면 그녀는 계속 기댈 곳을 찾아 다니는 정신적인 창녀가 될 것이다.

〈아버지의 딸〉을 내면의 아버지에 묶어 두는 실타래는 그녀가 자신의 머리에 들어 있는 아버지의 목소리를 구별해낼 때 풀릴 수 있다. 그녀가 가지는 어떤 특별한 느낌이나 어조나 어휘들은 내면의 아버지의 존재를 알려주는 것인데, 그녀는 다음과 같은 훈계들의 한가운데에 서 있는 자신을 발견할 때도 있다. "지금 멈추게 되면 너는 아무것도 이룰 수 없을 거야" "네가 아는 대로 행동해라" "그는 좋은 남자이지만 돈이 충분하지 않구나" "그런 식으로는 일처리를 하지 마라. 너무나 비실용적이잖니?" 등등. 그러나 〈아버지의 딸〉이 자신의 내면을 좀더 깊이 들여다보면 거기에는 아버지의 목소리와는 다른 목소리들이 있음을 알게 된다. 그리고 그녀는 자신을 더욱 깊게 성찰하는 과정 중에서 정말로 자신이 원하는 것이 무엇인지 또 그녀의 영혼이 원하는 대로 하려면 어떤 결정을 내려야 하는지를 깨닫게 된다. 이제 내면의 아버지의 목소리는 더 이상 그녀를 지배하지 못하게 된다. 아버지의 목소리가 들려올 때는 단지 정보 제공 등의 필요에 의한 것뿐으로 그녀를 잡아주는 중심 목소리는 바로 그녀 자신의 목소리가 된다.

일단 이 과정을 거치면 〈아버지의 딸〉은 그녀의 한계와 감정을 존중하는 보다 부드러운 목소리를 가진 내면의 아버지를 길러 나간다. 이 새로운 아버지는 비록 그 자신이 촉발시킨 갈망이라 할지라도 지나치다 싶으면 그녀로 하여금 '노우'를 외치라고 격려한다. 그리고 그녀가 이 새로운 아버지와 점차 친해질수록 실제로 그녀는 현실 속의 아버지와도 공감대를 넓히고 자기 자신에 대해서도 퍽 관대해지게 된다. 이제 아버지와의 관계에서 질곡은 사라지고 아름다운 완성이 시작되는 것이다.

〈아버지의 딸〉의 현실 속의 아버지가 만약 세상을 뜨게 되면 딸은 내면의 아버지와 좀더 유연한 관계를 가질 수 있다. 이는 현실의 아버지와 맺었던 언제나 똑같은 행동양식과 감정적인 줄다리기가 사라지고 존재하는 아버지의 긍정적인 점에 대한 재검토가 이루어져서 그 결과 내면적인 아버지에게도 좀더 상냥한 태도를 띠기 때문이다. 〈아버지의 딸〉과 내면의 아버지는 서로 보다 따뜻한 대화를 나누고 딸은 스스로에게도 보다 좋은 관계로 발전시킨다.

낡은 상처 치료하기

아버지에 대한 환상을 포기하는 과정에서 딸은 아버지를 평범한 남자로 받아들이게 된다. 그러나 아버지의 가치를 충분히 인식하기 위해서 딸은 그녀가 환상을 포기하면서 느꼈던 실망과 상실감의 상처를 충분히 인정해야만 한다. 그녀는 이런 감정들을 아버지에게 직접 표현할 수도 있고, 혹은 가족 중의 한 사람이나 남편에게 털어놓을 수도 있고, 아니면 예술 활동이나 정신 분석 치료를 통해 표현할 수도 있다.

아버지와 딸의 관계를 연구하는 여성들의 모임의 마지막 시간에 우리는 약간 상징적인 이별의 의식을 갖는다. 우리는 각자 아버지에게 받은 상처와 그것이 현재의 생활에 미치는 영향 등을 성토하고(대부분 분노와 함께) 종이에 적은 다음 모두 모여 그 종이를 의식적으로 태워 버렸다. 이런 식으로 각 여성 회원은 언제까지 딸로 있어야 하는 역할을 떠나 보내고 공유하는 부분이 보다 많은 다른 여성들이 지켜보는 가운데 자기 인생을 되찾게 된다.

다니엘은 아버지가 그녀를 하나의 독립된 인간으로 봐주지 않았던 점을 용서했다. 왜냐하면 이제는 그녀 스스로 자신을 인정하면 되기 때문이다. 낸시도 아버지가 그녀의 나약함과 외로움, 슬픔 등을 받아주지 않은 것에 대해 이해하기 시작했다. 왜냐하면 아버지는 자신의 그러한 점도 받아들일 수 없었기 때문이다. 그리고 낸시는 아무리 큰 저항에 부딪혀도 이러한 감정은 표현해야만 한다는 사실도 알았다. 클로우디아도 어머니로부터 자신을 보호해 주지 못하고 일찍 세상을 뜬 아버지를 용서했다. 그리고 더 이상 남자들로부터 버림을 받을까봐 두려워하지 않았다. 그녀는 이제 자신을 스스로 사랑할 수 있으니까. 예전의 상처를 치료하는 데에는 많은 시간과 노력이 필요하다. 또 우리가 함께 했던 이별 의식은 모든 걸 치료해 주는 마술의 알약은 아니다.

그것은 단지 딸에게 더 이상 그녀는 어린아이나 희생자가 아님을 가르쳐 줄 뿐이다. 어떤 여성은 아버지와 자신을 동일시하는 데에서 오는 콤플렉스와 어머니에게서 느끼는 낯선 감정을 삶의 이중성에 대한 철학으로 발전시켰다. "아버지와 어머니 사이에서 느끼는 그 긴장감은 나에게 인생에 대한 보석 같은 통찰을 남겨 주었지요. 나는 내 안에서 일어났던 그 갈등을 머리로만이 아니라 뼛속 깊이 새겨 넣었어요. 그 갈등은 바로 삶의 이중성을 축소해 놓은 것과 같았지요. 이제 나에게는 인생에서 이해하지 못할 일이란 거의 없답니다."

〈아버지의 딸〉이 자신의 갈망을 채워 주지 못했던 아버지를 일단 용서하게 되면 그때부터 그녀는 아버지로부터 쉽게 홀로서기를 해낼 수 있게 된다. 오래된 상처를 치료하면서 그녀는 본격적으로 자신의 인생을 살 수 있게 된다. 그녀는 이제 더 이상 자신을 증명해 보이느라 애쓰지 않아도 되고 더 이상 자신을 인정해 줄 남자를 필요로 하지도 않게 된다. 그녀는 이제 파트너나 남편을 열린 마음으로 대할 수 있고 스스로를 보호하기 위해 그녀의 상상력과 능력을 발휘할 수 있다. 그녀는 자신의 모습을 그때그때 솔직히 표현할 수 있고, 만약 어떤 꿈을 성취하고 싶으면 내면으로부터 그에 적절한 에너지를 충분히 끌어올 수 있다. 그녀는 이제 자신의 내면으로부터 들려오는 리듬에 귀 기울일 수 있고 쉴 때와 일할 때를 스스로 분별할 줄 알며 자신의 인생을 심각하게, 그러나 유머를 잃지 않은 채 바라볼 수 있다. 이제까지 언제나 책임감으로만 짓눌려 왔던 그녀는 이제 스스로를 풀어 놓을 줄도 알고 다른 이들에게 그들의 성별에 관계없이 도움을 구할 만큼 인간 상호간의 의존성에 대해서도 깊이 깨닫고 있다. 사람이란 오로지 혼자서는 절대로 세상에 창조적인 공헌을 할 수 없는 법이다.[7]

그녀는 이제 다른 여성의 지혜의 목소리에 귀 기울일 수 있고 자신의 영혼 깊은 곳에서 울려 나오는 소리에도 화답할 수 있다. 그리고 바로 이제야말로 그녀는 팔을 넓게 벌려 아버지를 진정으로 사랑할 수 있다. 그의 팔에 동동 매달리지 않고.

아버지의 선물

〈아버지의 딸〉은 아버지가 준 선물을 진정으로 이해할 때에만 아버지와 전적으로 화해할 수 있다. 그리고 역설적이게도 이러한 현상은 그녀가 더 이상 자신의 능력을 평가받기 위해 아버지를 필요로 하지 않을 때 일어난다. 그때에 이르러서야 딸은 그녀가 아버지로부터 받기를 원했던 것과 아버지가 주신 것을 구분해낼 수 있게 된다. 『선물』에서 루이 하이드는 선물이란 쓰여지고 먹어지고 소비되어야만 한다고 말한다. "사용되지 않은 선물은 유실될 것이고 사람들에게 널리 알린 선물은 더욱 많아질 것입니다."[8] 이처럼 아버지의 선물은 딸이 그것을 적극적으로 사용하려 하기 전까지는 그녀로부터도 숨겨진 채 남아 있는 경우가 많다.

노리코는 일본계 캐나다인으로서 사십대의 약제사이다. 그녀의 아버지가 최근에 세상을 떠났기 때문에 그녀는 이십 년 만에 처음으로 일본을 방문했다. 노리코는 아버지가 즐겨 만지고 중히 여기던 무언가를 정표로 간직하고 싶어했다. 그리고 그녀는 아버지가 쓰시던 나무로 만들어진 커다란 주판을 발견했다. 그 주판은 방앗간을 운영하던 아버지가 회계 장부를 정리할 때 늘 가까이에 두고 쓰시던 것이었고, 또한 그 주판으로 아버지는 그 지역 정당의 재정을 관리해 주었다.

노리코는 2차 세계대전 이후에 일본의 작은 부락에서 살고 있었다. 그녀는 방앗간 일을 도우며 자전거를 타고 아버지가 작성한 구매서 등을 나누어 주러 다니곤 했는데 그 무렵에 주판의 사용에 익숙해지게 되었다. 그녀의 작은 손가락이 주판의 알들 위로 오르내릴 때면 그녀는 어느새 몰입해서 작은 행복을 느끼곤 하였다. 그녀가 성장해서 약제사 일을 배울 때에도 어린 시절의 주판을 두던 습관은 약을 고르는 그녀의 손가락 끝에 묻어서 그녀를 따라다니곤 했다. 이제 그녀는 자신의 약국을 경영한다.

노리코의 아버지는 전쟁 이후에 결핵에 걸려 멀리 떨어져 살아야 하는 어머니를 자식들로부터 철저히 격리했다. 노리코는 아들이 없는 집의 맏딸이었기 때문에 자연히 아버지의 사업을 물려받도록 되어 있었다. 그러나 그녀가 이십대에 캐나다로 이민을 갈 것을 선포했을 때 아버지는 그녀를 막지 않았다. 노리코는 아버지의 의외의 반응에 오히려 혼란스러웠고 마치 버림받은 듯이 느꼈다.

그 당시에는 직업 보장은 고사하고 그 나라의 말도 잘 모르면서 외국으로 일본 여성이 혼자 나간다는 것은 그리 흔한 일이 아니었다. 그리고 집안의 맏이는 아버지를 돌보며 가업을 잇는 것이 일반적이었다. 노리코는 아버지의 승인도, 또 지지도 받지 못한 채 일본을 떠났다. 떠나면서 그녀는 자신의 유산도, 또 가족의 유대감도 모두 일본에 두고 떠났다. 오랜 세월이 지나서야 그녀는 아버지가 침묵했던 것은 그녀를 놓아 주려함이었다는 것을 알았다. 노리코의 아버지는 자신이 몸담고 있는 세계의 문화적인 관습상 떠나가는 딸에게 축복을 보내지는 못했지만, 그녀를 막지 않음으로서 진정한 선물을 보낸 것이다. 진정한 사랑이란 언제나 개인적인 희생을 포함한다.

열아홉 살 된 리디아가 아버지로부터 받은 선물은 지속적인 안정감이었다. 대학 입시를 일 년여 앞두고 마지막 고등학생 시절을 보내던 리디아는 몹시도 불안해 했다. 그녀는 선배들로부터 대학 입시가 매우 어렵다는 이야기를 많이 들었기 때문이다. 리디아의 아버지는 그녀의 불안과 두려움에 대해서 듣고는 그녀가 재학 중인 고등학교로 차를 몰고 와서는 교정에서 평범한 돌 하나를 주워 그녀에게 주었다. "나에게 아버지가 주신 돌은 마치 마술의 알약 같은 것이었어요. 그것은 언제나 나를 편안하게 해주었죠. 물론 그 돌에 특별한 무엇이 있었던 것은 아니에요. 나에게 중요한 것은 바로 아버지의 행동이었죠. 나는 내 감정을 추스리기에는 너무나 어렸고 항상 불안해 했는데 아버지는 나에게 안정을 준 거예요."

아버지는 자신이 딸에게 주는 선물의 진가에 대해 잘 모를지도 모른다. 딸도 마찬가지로 아버지의 선물을 받으면서 바로 그것이 의미하는 바를 다 아는 것은 아니다. 아버지 선물의 진정한 의미는 오랜 세월이 흐른 후에 특히 아버지가 돌아가신 이후에 더욱 분명해지는 경우가 많다. 아버지의 존재와 가치는 보통 당연한 것으로 여겨지니까. 그러나 더 이상 세상에 그가 없게 되어도 아버지는 언제나 자신의 신비를 드러내 줄 무언가를 남기곤 한다. 노리코의 주판이나 리디아의 돌 같은 것, 바로 사랑을 상징하는 것 말이다.

지난 여름에 다니엘은 부모를 초대해서 프랑스로 함께 여행을 갔다. 그녀를 외국에서 공부하도록 하기 위해 몹시도 절약하며 살았던 부모에게 삼십 년이 지난 지금 그녀가 받았던 선물을 돌려주는 것이다. 여든여섯 살의 고령으로 건강도 좋지 않은 아버지가 유럽을 다시 볼 수 있는 기회는 그리 많지 않을 것이다. 여행의 진정한 선물은 다니엘이 아버지의 어린애다운 모습을 발견했다는 점에 있다. 매일 아침 아버지는 떠오르는 태양을 보면서 정말로 즐거워했다. 그 모습은 아버지가 그녀에게 느끼게 해주었던 경이로움에 대한 그녀의 반응과 많이 닮아 있었다. 다니엘과 아버지는 서로를 많이 알게 되었다. "아버지가 돌아가시게 되면 나는 우리가 함께 보냈던 이 시간을 많이 떠올릴 거예요. 많은 위안을 줄 테니까요. 이제야 나는 영적으로나 감정적으로 의지할 수 있는 무언가를 가진 것 같아요." 다니엘의 말이다. 그녀도 아버지에게 무언가를 해드릴 수 있다는 생각을 갖게 한 여행 경험이 그녀로 하여금 아버지에 대해 더욱 깊은 감사를 느끼게 한 것이다.

　이 책에 대한 나의 생각을 최종적으로 정리하면서 나는 내 아버지와 나 사이를 깊게 살펴보았지만 그래도 여전히 부족한 게 많다는 생각을 했다. 내 스스로 〈아버지의 딸〉인 나는 아버지에게 헌신하는 가신이면서 동시에 아버지를 배반한 배반자이다. 나는 그로부터 나왔고 그에게 속해 있지만 그래도 나는 아버지의 전부에 대해서는 결코 알지 못한다. 내가 아는 것은 다만 그의 행동과 사랑 등을 통해 내게 보여진 것들뿐이다. 나머지는 여전히 미스테리이고.
　나는 아버지를 닮아 손이 크고 광대뼈가 약간 나왔고 잘 웃는다. 나는 아직 세상을 아버지의 미학대로 살펴보고 그를 닮아 미스테리 소설을 읽는 걸 좋아한다. 쉽게 잠들지 못하고 자연을 사랑하는 것이나 활동적이어야 한다는 생각에 집착하는 것도 아버지를 닮았고 사물을 바라보는 모든 가능한 입장을 이해해 보려 하는 것도 아버지와 비슷하다. 물론 때로는 아일랜드 카톨릭 교도답게 고집을 피우기도 하지만.
　아버지의 호기심과 창조성, 일에 대한 깊은 만족들은 나에게 감명을 주었고 나는 아버지의 열정과 집착을 가지고 내 아이들을 사랑하고 있다. 내가 아직 젊을 때 아버지는 다정하고 친절했지만 절대로 쉽게 기쁘게 해드릴 수 있는 그런 분은 아니었다. 내가 얼마나 그의 인정과 보호를 받고 싶어했는지! 마침내 나는 이 갈망을 포기했다. 그리고 아버지의 부재로 인해 받았던 상처는 아버지와 함께 했던 은혜로웠던 시간의 기억들로 모두 녹여 버렸다. 이제야말로 나는 아버지의 사랑을 전적으로 받아들일 수 있을 것이다.

나는 이 책을 아버지가 죽는 꿈으로 시작했었다. 그리고 나는 이 꿈이 내가 아버지와 나의 관계를 계속해서 탐색하면 일어날 수도 있는 불행을 알려주는 것이라고 두려워했다. 그러나 나는 아버지의 죽음은 왕의 죽음이 그렇듯이 정신 기제 속의 낡은 지배적 태도가 사라지는 걸 암시한다는 것도 안다. 이러한 죽음은 진정한 나를 찾아 떠나는 탐색에 절대적으로 필요한 것이리라.

그러면 내가 〈아버지의 딸〉로서 배운 것은 무엇일까? 나는 아버지의 감정을 상하게 할까봐 불안해 하고 그러면서도 아버지의 인정을 받고 싶어 안달하는 딸의 모습으로 이 글을 시작했었다. 아버지가 나를 제대로 보호해 주지도 않았고 내 꿈을 실현시키는 데 도움도 주지 않았다고 책망하면서.

그러나 이 책을 쓰고 난 이제 나는 아버지와 나 사이에 있었던 원형적인 약속의 실타래를 끊어 버렸다. 나를 보호해 주지 않고 나에게 끊임없이 무언가를 제공해 주지 않은 것은 아버지의 책임이 아니다. 그런 일들은 언제나 내 몫이어야 하니까. 결국 이 책을 쓰면서 나는 아버지를 죽인 게 아니다. 내가 죽인 게 있다면 그것은 아버지와 똑같이 되고자 했던 나의 부질없는 수고였으리라.

저자 머린 머독과 그녀의 아버지.
(사진 : 루시엔 울신 주니어)

에필로그
미래의 아버지들에게

> 만약 아버지들이 기존에 해왔던 방식대로 아이들을 잠자리로 인도한다면 그들은 도중에 아이들을 잃어버리게 될 것이다. 만약 어느 한 아버지가 진정으로 아이와 깊은 마음의 관계를 유지하고 싶다면 그는 아마 자신도 놀랄 만한 일을 해야 할 것이다.
> ― 찰스 스크울, 『아버지들』

나와 이야기를 나누었고 이 책에 등장하는 많은 여성들은 나에게 과연 이 책이 아버지들에게도 읽혀질까라는 질문을 던진다. 나는 진실로 그렇게 되기를 희망한다. 아버지의 역할은 시대와 함께 팽창해 왔고 그때마다 전세대의 역할들을 흡수통합해 왔다. 지금 내 딸들의 세대와 또 그녀들이 낳을 딸들의 세대는 우리가 생각만 했던 많은 일들에 직접 도전해 볼 것이다. 그리고 이러한 딸들은 아버지의 정체성을 반영한다거나, 혹은 남자들에게도 뒤지지 않는 경쟁력이 있다는 이유로서가 아니라 '여성' 그 자체로서 존중되기를 원할 것이다. 아버지들은 이런 그들을 도와주어야 한다.

사십이 넘어서까지 남자들과의 관계에서 항상 문제를 일으켜 왔던 에밀리는 그녀와의 인터뷰를 이 책을 읽을 아버지들에게 보내는 청원으로 끝냈다. "제발 아버지들에게 아내를 더욱 많이 사랑하라고 하세요. 만약 내 아버지가 나를 조금 덜 사랑하고 어머니를 많이 사랑했다면 내 문제는 그만큼 더 쉬워졌을 거예요." 나는 그녀의 의견을 존중해서 미래의 아버지들에게 몇 가지 제안을 하려 한다.

1) 아내에게 다정히 대하고 그녀를 사랑하십시오. 아이들이 보고 배울 수 있는 사랑의 모델을 제시할 것.
2) 딸에게 책을 읽어 주고 노래도 불러 주고 그녀의 어린애다운 환상의 이야기에 귀를 기울이십시오. 그녀의 꿈이 실현될 수 있도록 격려도 해주면서.
3) 딸에게 구체적인 기술을 가르치고 도구를 사용하는 방법을 알려주며 때로는 스포츠 팀의 일원으로 활약하는 그녀에게 코치의 역할을 해보십시오. 그러나 그녀를 강요해서 아버지의 시선을 끌기 위해 그 일을 하도록 시키지는 마십시오. 당신의 딸이 어린아이라는 사실은 받아들이지만 그녀의 여성성은 존중해 주십시오.
4) 딸이 그녀의 감정을 충분히 표현할 수 있도록 허락하십시오. 그녀의 이야기를 들어주고 절대로 그녀의 감정을 고정시키려고 하지 마십시오. 만약 그녀가 자신을 믿어 주는 아버지를 본다면 그녀는 스스로 충분히 해결 방법을 찾아낼 것입니다.
5) 딸과 함께 웃기도 하고 울기도 하면서 당신 스스로의 감정을 느끼십시오. 절대로 그녀가 당신의 감정을 돌보도록 시키지 말고, 그녀를 당신의 감정상의 아내로 만들지 마십시오.
6) 딸의 프라이버시를 존중해 주십시오. 그녀의 신체는 그녀의 것입니다. 그녀가 사춘기에 이르러 성적인 발달을 보이면 당혹해 하지 말고 당신의 감정을 적절히 다룰 수 있는 방법을 찾으십시오.
7) 딸로 하여금 스스로 배우자를 찾도록 하고 그녀의 선택을 축복해 주십시오.

8) 딸에게 세상에는 눈에 보이는 것보다 더 많은 것이 존재한다는 사실을 알려주고 그녀의 직관과 영감을 존중해 주십시오.

9) 세상에 긍정적인 공헌을 하고 싶어하는 딸의 소망을 격려해 주십시오.

10) 언젠가는 딸을 보내 주어야 한다는 걸 염두에 두고 서로의 지혜를 키우며 친구로 지내십시오.

『영웅의 딸』을 시작하며

1) 이름과 기타 신상에 관계된 내용은 고객과 그룹의 회원, 워크숍 참여자, 그리고 인터뷰 대상자의 익명성을 보존하기 위해 바꾸어 표현하였다. 어떤 여성들은 자신의 성적인 성향을 밝히기를 선택했지만 다른 여성들은 그렇지 않은 경우도 있었다.

제1장 아버지의 딸들

1) Definition of a "good enough" father from Dr. Marlin S. Potash, quoted in Victoria Secunda, Women and Their Fathers(New York:Delacorte Press, 1992), 101.
2) Adrienne Rich, Of Woman Born:Motherhood as Exprience and Institution(New York: W.W. Norton,1976), 249.
3) Mary Gordon, "The Parable of the Cave or:In Praise of Watercolors", in The Writer on Her Work, ed. Janet Sternburg(New York: Norton,1980), 31~32.

제2장 자아 정체성:
아버지의 딸이면서 여성이라는 상태는 무엇을 의미하는가

1) 1981년에 필라델피아에서 열린 제 12회 연례 마가렛 멜러 심포지움에서 발표된 것으로 시네 해머가 『열정적인 사랑』에서 인용함.
   T.Berry Brazelton: presentation at the 12th Annual Margaret S. Mahler Symposium, Philadelphia(1981), cited in Signe Hammer, Passionate Attachments(New York: Rawson Associates, 1982), 131.
2) Betty Carter, "Fathers and Daughters", in The Invisible Web: Gender Patterns in Family Relationships, ed. Marianne Walters(New York: Guilford Press, 1988), 99.
3) Elizabeth Mehren, "Cues from the Crib", Los Angeles Times, 20 May 1992, E1, E8.
4) Robert Johnson, Owning Your Own Shadow(San Francisco: Harper & Row, 1991), 26.
5) Carter, "Fathers and Daughters", 102.

제3장 아버지의 딸과 성

1) Hammer, Passionate Attachments(New York:Rawson Associates, 1982), 137~8.
2) Bruno Bettelheim, The Uses of Enchantment:The Meaning and Importance of Fairy Tales(New York: Vintage Books,1977), 307
3) Andrew Samuels, "On Fathering Daughters", Psychological Perspectives 21(Fall 1989):129.
4) Irene Gad, "The Couple in Fairy Tales: When Father's Daughter Meets Mother's Son," in Psyche's Stories, ed. Murray Stein and Lionel Corbett(Wilmette, Ill.: Chiron Publications, 1991), 40~41.
5) Julia Jewett, "'Allerleirauh' (All Kinds of Fur):A Tale of Father Dominance, Psychological Incest, and Female Emergence" in Stein and

Corbett, Psyche's Stories, 24.

6) Linda Schierse Leonard, The Wounded Woman(Boston:Shambhala Publications, 1982), 159.
레오나드는 아버지와 딸의 관계가 '너무나 긍정적' 이거나 또는 아버지가 계시지 않을 때 아버지가 '가짜 애인'의 역할을 대신하는 경우가 있다고 밝혔다. 그녀는 "아버지의 이상화는 대체로 그가 없을 때 무의식적으로 이루어진다"고도 덧붙인다.
7) Samuels, "On Fathering Daughters", 126~9.
8) Barbara Smith, "The Roy and Barbara Show", 캘리포니아의 산타모니카에서 1991년 6월 6일 공연됨.
9) Jewett, "'Allerleirauh'", 17~18.
10) Carter, "Fathers and Daughters", 99.
11) Lynda E. Boose, "The Father's House and the Daughter in It", in Daughters and Fathers, ed. Lynda E. Boose and Betty S. Flowers (Baltimore:Johns Hopkins University Press, 1989), 68.
12) 같은 책., 69.
13) 같은 책.
14) Connie Zweig, "Failing My Father, Finding Myself", in Fathers, Sons and Daughters, ed. Charles Scull(Los Angeles:Jeremy P. Tarcher,1992), 132.
15) 같은 책., 134.
16) 같은 책.
17) Ellen Bass and Laura Davis, The Courage to Heal(New York:Harper & Row,1988) 이외에 다수
18) Jane Carruth, The Giant All—Color Book of Fairy Tales(New York: Golden Press, 1971), 334~349
19) Jewett, "'Allerleirauh'", 24.

제4장 영웅으로서의 딸/운명으로서의 딸

1) Marion Woodman, Leaving my Father's House(Boston:Shambhala Publications, 1992), 13.
2) Daryl Sharp, Jung Lexicon(Toronto: Inner City Books, 1991), 29.
3) Carl Jung, Freud and Psychoanalysis(New York:Bollingen Series XX,1961), 323.
4) Carl Jung, Psyche and Symbol(New York: Doubleday, 1958), 135~136.
5) 영웅의 여정에 대한 보다 많은 논의는 조셉 캠벨의 아래의 논문에서 찾을 수 있다.
   Joseph Campbell, A Hero with a Thousand Faces(Princeton:Bollingen Series XVII, 1949).
6) June Singer, "Finding the Lost Feminine in the Judeo—Christian Tradition", in To Be a Woman, ed. Connie Zweig(Los Angeles:Jeremy P. Tarcher, 1990), 224~225.
7) 오늘날의 현대 여성이 자기가 버렸던 여성성을 찾아가는 과정은 이 책의 저자인 머독이 저술한 아래의 저서에 나타나 있다.
   Maureen Murdock, The Heroine's Journey(Boston:Shambhala Publications, 1990).
8) Dr. Augustus Napier는 1990년 10월 샌프란시스코에서 열린 "결혼과 가정의 문제를 치료하는 미국인의 모임"에서 강연을 한 바가 있다.
9) Sharon Olds, "Looking at My Father", in The Gold Cell(New York: Alfred A. Knopf, 1990), 31.
10) 같은 책., 31~32.
11) Mary Gordon, The Other Side(New York:Penguin Books, 1989), 357.
12) 아버지의 부재(Missing in action)에 대한 아이디어는 주로 아래의 피터슨의 글에서 얻었다.
    Brenda Peterson's essay, "The War That Fell to Earth" in Nature and Other Mothers(New York:Harper Collins,1992), 171~175.
13) Hammer, Passionate Attachments, 207.
14) Shirley Abbott, The Bookmaker's Daughter(New York:Ticknor &

Fields, 1991), 185.
15) 같은 책., 181.
16) 같은 책., 264.
17) Gilda Frantz, "Birth's Cruel Secret/O I am my own Lost Mother/To my own Sad Child", in Chiron:A Review of Jungian Analysis(Chiron Publications, 1985), 157~158.
18) Marion Woodman, The Ravaged Bridegroom(Toronto:Inner City Books, 1990), 115.
19) 같은 책., 112.

제5장 창조성을 길러 주거나 파괴하기

1) Arthur Colman and Libby Colman, Earth Father, Sky Father (EngleWood Cliffs, N. J.:Prentice-Hall, 1981), 78.
2) Gordon, "Parable of the Cave", 31.
3) 같은 책., 32.
4) Albert Kreinheder, "The Jealous Father Syndrome", Psychological Perspectives 2, no.1(Spring 1971): 45~46.
5) 같은 책.
6) Colman and Colman, Earth Father, Sky Father, 14.
7) The Brothers Grimm, The Complete Grimm's Fairy Tales(New York: Pantheon Books, 1994), 160~166.
8) 같은 책., 160.
9) 같은 책., 161.
10) 같은 책.
11) 같은 책.
12) 같은 책.

제6장 여성과 권력

1) Robert Moore and Douglas Gillette, King, Warrior, Magician, Lover(San Francisco:HarperCollins, 1990). 왕으로서의 원형적 아버지상에 대해서는 49~73에 걸쳐 자세히 토론되어 있음.
2) Karen E. Klein, "Low-Income Housing Was Dad's Dream", Los Angeles Times, 22 March 1992, K1.
3) Starhawk, Truth or Dare (San Francisco: Harper & Row, 1987), 66.
4) Quoted in Lynn Smith, "Protesting Patriarch", Los Angeles Times, 16 May 1993, E1.
5) Starhawk, Truth or Dare, 66.
6) Hammer, Passionate Attachments, 217.
7) Carol Gilligan, In a Different Voice: Psychological Theory and Women's Development. Cambridge:Harvard University Press, 1982.
8) Jean Baker Miller, "Women and Power", Journal:Women and Therapy 6, nos.1 and 2(Spring/Summer, 1987): 1~11.
9) 진 블록의 연구서가 니키의 위의 책에 소개되어 있는데 좀더 많은 자료가 필요할 때에는 진의 아래 논문을 참조할 수 있다.
  ① Nicky Marone, How to Father a Successful Daughter(New York: McGraw-Hill, 1988), 92.
  ② Jean H.Block, "Another Look at Sex Differentiation in the Socialization Behaviors of Mothers and Fathers," in J. A. Sherman and F. L. Denmark(eds.), Psychology of Woman:Future Directions(New York:Psychological Dimensions, 1979).
10) 같은 책. "학습된 무기력"에 대해서는 이 주제만을 다룬 "Journal of Abnormal Psychology, 87 (1)(February 1978)을 참조할 것.
11) Barbara Marsh, "Daughters Find That Fathers Still Resist Passing the Family Business on to Them," The Wall Street Journal, 14 April 1992, B1.
12) 같은 책.
13) 같은 책, B2.

14) Margaret Hennig and Anne Jardim, The Managerial Woman(Gardon City, N.Y.:Anchor Press/Doubleday, 1977).
15) Hammer, Passionate Attachments, 201.
16) Cantor and Bernay, Women in Power, 103~109.
17) Connie zweig and Jeremiah Abrams, Meeting the Shadow(Los Angeles:Jeremy P. Tarcher, 1991), 48.에 재인용되어 있음.
18) 같은 책, 49.
19) W. G. Clark and W. Aldis Wright, eds., The Complete Works of William Shakespeare(Programmed Classics), 759.
20) 같은 책.
21) 같은 책., 760.
22) 같은 책.
23) 같은 책.
24) 같은 책., 761.
25) James Kirsch, Shakespeare's Royal Self(New York:C. G. Jung Foundation for Analytical Psychology, 1966), 194.
26) Clark and Wright, Complete Works of Shakespeare, 791.
27) Starhawk, Truth or Dare, 10.
28) 같은 책., 21.
29) 같은 책., 10.
30) Cantor and Bernay, Women in Power, 28.

제7장 여성과 종교

1) Moore and Gillette, King, Warrior, Magician, Lover, 49.
2) 같은 책., 56.
3) Sherry Ruth Anderson and Patricia Hopkins, eds., The Feminine Face of God(New York:Bantam Books, 1991), 28.
4) 같은 책., 28~29.
5) Carol P. Christ, Laughter of Aphrodite(San Francisco:Harper &

Row,1987), 97~98.
6) 같은 책., 98~99.
7) Charlene Spretnak, ed., The Polictics of Women's Spirituality(New York:Anchor Press, 1982), xii.
8) Marija Gimbutas, Goddesses and Gods of Old Europe, 7000~3500 B.C.(Berkeley and Los Angeles:University of California Press, 1982).
9) Barbara Walker, The Skeptical Feminist(San Francisco:Harper & Row, 1987), 133.
10) Gimbutas, Goddesses and Gods와 Merlin Stone, When God Was a Woman(San Diego:Harcourt Brace Jovanovich, 1978).
11) Spretnak, Politics of Women's Spirituality, 394.
12) Barbara Walker, The Crone(San Francisco:Harper & Row, 1985), 19.
13) Barbara Walker, The Woman's Dictionary of Symbols and Sacred Objects(San Francisco:Harper & Row, 1988), 275.
14) Anderson and Hopkins, Feminine Face of God, 77.
15) Alice Walker, The Color Purple(London:Women's Press, 1983), 66~67.

제8장 더 이상은 아버지의 딸이 아닌 그녀들

1) Sharon Olds, "Last Words", in The Father(New York:Alfred A. Knopf, 1992), 23.
2) Carolyn G. Heilbrun, Writing a Woman's Life(New York:Ballantine Books, 1988), 64~65.
3) Victoria Secunda, Women and Their Fathers(New York:Delacorte Press, 1992), 365.
4) Diane Elizabeth Dreher, Domination and Defiance:Fathers and Daughters in Shakespeare(Lexington, Ky.:University Press of Kentucky, 1986), 166.
5) 같은 책, 43~44.
6) 같은 책, 44.

7) Abbott, Bookmaker's Daughter, 264~265.
8) 같은 책., 265.
9) 같은 책., 267.
10) Collette Dowling, The Cinderella Complex(New York:Snmmit Books, 1981), 18.
11) Gloria Steinem, Revolution from Within(Boston:Little, Brown & Co., 1992), 264.
12) 같은 책., 264~265.
13) 유대의 이 오래된 이야기는 1991년에 길다 프란츠에게 들은 이야기이다. 믿음과 배신에 대한 이이야기의 주제는 제임스 힐만의 아래 논문에 심층적으로 분석되어 있다.
James Hillman, "Betrayal", Spring:An Annual of Jungian Thought and Archetypal Psychology(Analytic Psychology Club of New York,Inc., 1965), 57~76.
14) Hillman, "Betrayal", 60.
15) 같은 책., 61.
16) 같은 책., 72.
17) 같은 책., 76.
18) Madonna Kolbenschlag, Kiss Sleeping Beauty Good-Bye(San Francisco:Harper & Row,1979), 169.
19) Iona and Peter Opic, The Classic Fairy Tales.(London:Oxford University Press, 1974), 139~150.
20) Larry Gates, "The Resurrection of the Body in Cocteau's Beauty and the Beast," Psychological Perspectives 23 (Spring 1991), 112~123.
21) 같은 책., 123.

제9장 아버지와 타협하기

1) Clarissa Pinkola Estes, Women Who Run with the Wolves(New York: Ballantine Books, 1992), 395.

2) 같은 책., 412.

3) Maureen Murdock, The Horoine's Journey, chap. 영적인 불모나 죽음에 대해서는 5장을 참조할 것.

4) Sara Maitland, "Two for the Price of One", in Fathers:Reflections by Daughters, ed. Ursula Owen(New York:Pantheon Books, 1983), 18~28. 내면의 아버지에 대한 부분은 주로 위의 논문에서 많은 영향을 받았음.

5) 같은 책,. 26.

6) 같은 책., 19.

7) Ellen Meredith, Listening In: Dialogues with the Wiser Self(Haydenville, Mass:Horse Mountain Press, 1993), 166.

8) Lewis Hyde, The Gift(New York:Vantage Books, 1979), 21.

해제
홀로 살아가야 하는 딸들을 위하여

하응백(문학평론가)

　마마보이란 말이 우리 사회에서 유행하게 된 것은 언제부터일까. 그 정확한 기원은 알 수 없지만, 핵가족 시대의 도래와 함께 가족 계획이 본격화되면서 이런 용어가 생겨났을 것임은 틀림없다. 마마보이는 어머니가 만들어낸다. 어머니는 아들이 안쓰러워 성인이 된 다음에도, 심지어 결혼을 한 다음에도 자식을 돌보아야 마음이 놓인다. 이렇게 자란 아들 역시 독립적이고 정상적인 사회 생활과 결혼 생활을 하지 못할 것은 당연하다.
　최근의 젊은 부부들의 아들 선호는 과거에 비한다면 그렇게 열광적이지 않다. "잘 키운 딸 하나, 열 아들 안 부럽다"라는 구호를 내면으로 받아들여 딸 하나 또는 딸 둘이라도 실망하지 않는다. 딸만을 둔 부모는 이렇게 말할지도 모른다. "어느 아들 못지 않게 잘 키우겠다"고. 바로 여기에 함정이 있다. 아들을 둔 부모가 아들에게 "어느 딸 못지 않게 잘 키우겠다"고 말하지는 않을 것이다. 딸은 넘어야 할 산(아들)이 있고 아들은 처음부터 그것이 없다.

현대 한국의 젊은 부모들은 대부분 남아선호사상과 남녀평등사상에 끼워진 샌드위치의 내용물들이다. 딸만을 둔 아버지의 경우 내면화된 남아선호사상에도 불구하고 외면적으로는 그것을 표현할 수 없다. 만약 그렇게 한다면 아내와 사회로부터 단번에 구시대적인 인물로 낙인찍힐 것이며, 아들이 없다는 공허감을 애써 위장하고 있는 자신의 내면에 상처를 줄 것이기 때문이다. 이런 아버지의 상당수는 딸을, 표면적으로는 딸로 키운다. 문제는 그 딸을 자신과 같은 평민의 딸이 아니라 왕의 딸로 키운다는 것이다. '공주병'이란 우스갯소리가 생겨난 것도 우연이 아니다. 이런 딸 역시 가족내에서 자신의 역할을 제대로 인식할 수 없고, 나아가 사회와 가정에서 제대로 적응할 수 없다. '공주병' 딸이 결혼하면, 친정에서는 여전히 '공주'지만 시집에서는 '하녀'가 되고, 핵가정내에서는 '보조자'이며, 심한 경우 한국적 상황에서는 '밥하고 빨래하고 청소하는 기계'로 전락한다.

현대의 아버지는 딸의 진로, 직업과 배우자 선택에 깊이 개입한다. 딸의 인수자인 사위가 나타날 때까지, 혹은 사위가 나타나서도 아버지는 자신의 임무를 포기하려 들지 않는다. 물론 전통 사회에서도 삼종지덕(三從之德)이란 말이 있듯이 아버지의 역할은 이와 비슷했다. 하지만 전통 사회에서 아버지는 딸을 딸로 인정하고, 여자로서의 삶만 강조했다면, 현대의 아버지는 딸에게 아들의 역할까지도 기대한다. 그리고 이렇게 말한다. "나는 딸밖에 없다. 현대 사회는 여자라고 못 할 게 없다. 나는 너에게 최상의 교육을 제공하고 경제적 지원을 하겠다. 결혼하고 아이 낳는 거야 여자의 본성이니까 너도 그렇게 해야겠지만, 그럼에도 엄마처럼 솥뚜껑 운전수로 전락하지 않으려면 야망을 가져야 하고 노력해야 한다. 영국의 대처 수상을 봐라, 그도 아니라면 황산성 변호사를 봐라. 사회적 성공이 여자의 성공이다. 이제 여자라는 이유 때문에 못 할 것은 아무것도 없다. 이 아빠가 끝까지 너를 밀어 주마."

이렇게 자란 딸들은 과거의 딸(어머니)과는 다르다. 공격적이고 적극적이고 활발하고 경쟁을 좋아한다. 동기만 부여하면 목표에 과감히 도전한다. 이런 딸들은 아버지와 어머니의 전폭적인 지지 아래 사회적 목표를 향해 돌진한다. 아버지가 끌고 어머니가 미는 것이다. 이런 딸은 보기에 독립적이고 진취적이지만 내면에는 아버지의 아들에 대한 기대치와 가치관이 그대로 투영되어 있다. 이런 유형의 딸을 '파파걸'이라 불러도 좋을 것이다. 이 파파걸은 현재의 한국적 상황에서는 성인이 되면서 두 가지 어려운 문제에 봉착한다.

하나는 아직까지 완고한 가부장제적인 사회체제에서 남성과의 경쟁에서 불이익을 당한다는 점, 즉 사회적 아이덴티티의 실현에 여전히 장애가 있다는 점이다. 다른 여성들과 마찬가지로 파파걸은 학교를 졸업하면서, 자신이 취업에, 그리고 취업한다 해도 승진이나 사회적 대우가 남성보다 훨씬 못하다는 것을 실감하게 되다. 파파걸은 다른 여성보다 이것을 훨씬 견딜 수 없어 하고, 이것이 거듭되면 깊이 좌절하면서 그들의 부모에게 배신감마저 느낄 수 있는 것이다. 그녀가 만약 성취 욕구가 남달리 강하면서도 뜻대로 자신의 일이 이루어지지 않는다면 슈퍼우먼 콤플렉스에 시달릴 수도 있다.

또 하나는 가정에서 봉착하는 문제이다. 파파걸의 남편은 대부분 그녀들의 아버지와 같은 후원자나 그녀의 지지자가 아니다. 상당히 많은 경우 남편은 아내가 보조자이기를 바란다. 대부분의 남편은 아내와 토론하거나, 사회적 지식을 공유하기를 원치 않는다. 그들은 그러한 모델을 가정에서 보지 못했을 뿐만 아니라, 사회에서 그러한 일로 충분히 지쳐 있기 때문에, 아내에게서는 위안과 휴식을 바라는 것이다. 파파걸은 사회, 남편, 자녀 모두로부터 외면당하기 쉽고, 따라서 정체성에 심각한 혼란을 일으킬 수도 있다.

미국의 정신요법 치료 전문가이자 융 심리학자인 머린 머독의 저서 『영웅의 딸 The Hero's Daughter』은 한국의 파파걸과는 비슷하면서도 조금 다른 양상을 보이는 미국의 〈아버지의 딸(father's daughter)〉을 임상적인 보고를 토대로 심층 분석하고 있다. 원래 〈아버지의 딸〉이란 개념은 미국의 저명한 신화학자 조셉 캠벨의 〈영웅의 아들(Hero's Sun)〉에서 빌려온 개념이다. 〈영웅의 아들〉이란, 신화에서 아들이 영웅인 아버지를 모방하면서 자신도 영웅의 길을 걷는다는 부권 승계의 개념을 갖고 있다. 예컨대 아버지 주몽이 남긴 수수께끼를 고생끝에 풀고 고구려로 찾아가 아버지의 왕위를 계승했다는 고구려 2대 임금 유리가 전형적인 〈영웅의 아들〉인 것이다. 머독은 〈영웅의 아들〉 개념에서 〈영웅의 딸〉 개념을 도출하고, 여기에 신화적인 의미를 제거하여 현대화한 개념으로 〈아버지의 딸〉을 만들어낸다. 아버지의 딸이 아닌 경우는 없지만, 머독은 특히 다음과 같이 〈아버지의 딸〉을 정의한다.

〈영웅의 딸〉이란 아버지와 자신을 동일시하고 성공을 추구하는 가운데 남성을 모방하는 여성을 일컫는다. 그녀는 어린 소녀였을 때 〈아빠의 딸〉로서 아버지를 이상화하고 어머니는 거부한다. 그녀는 아버지의 눈에 넣어도 아프지 않을 만큼 소중한 존재이며 그만큼의 특별한 대우를 아버지로부터 받는다. 그녀는 다른 가족에게는 시기의 대상이 되며, 때로는 아버지와 가까운 관계를 맺지 못하는 다른 친구들의 부러움의 대상이 된다[…중략…]전통적으로 〈아버지의 딸〉은 맏이이거나 무남독녀가 많다. 그러나 이는 필수적인 것은 아니어서 태어난 순서가 반드시 아버지와 딸 사이의 독특한 관계를 결정짓는 요인은 아니다. 〈아버지의 딸〉은 오히려 그녀가 아버지와 맺는 관계의 강렬함에 의해 결정되어진다. 〈아버지의 딸〉은 아버지를 영웅시하고 그와 똑같아지기를 원한다. 그는 아버지의 성품을 모방하며 아버지의 걸음걸이와 기호, 그리고 의견을 흉내낸다. 그녀는 아버지가 자신을 자랑스럽게 여기도록 하기 위해 열심이다.

〈아버지의 딸〉은 아버지를 자신의 삶을 전범으로 삶아 그를 모방하고 그의 가치관으로 아버지처럼 살려고 하는 딸을 말하는 것이다. 그녀는 나이가 들어서도 이러한 태도를 바꾸지 않는다. 아버지는 늙어서도 딸에 대한 영향력을 가지고 있으며, 그녀가 위기에 봉착할 때마다 그녀에게 해결책을 제시하고 아버지의 생각대로 딸에게 방향을 제시한다. 아버지가 죽는다 해도 여전히 아버지는 딸에게 영향력을 행사한다. 딸은 아버지가 살아 있다면 어떻게 하셨을까를 생각하고 그대로 행동한다는 것이다.

간단히 생각하면 아버지를 계승하는 딸에게 무슨 문제가 있을까 하는 생각도 할 수 있다. 그러나 정작 딸은 자신의 인생을 사는 것이 아니라, 아버지가 제시한 인생을 사는 것이다. 또한 어머니와의 관계에도 심각한 문제가 발생한다. 〈아버지의 딸〉은 어머니의 삶을 하잘 것 없는 것으로 간주하는 경향이 있기 때문에 어머니를 심리적으로 경원시하며 무시한다. 마치 아버지가 그랬던 것처럼. 어머니와의 관계의 부자연스러움 혹은 단절은 딸에게 여성적 삶의 가치, 예컨대 사랑, 임신, 육아 등의 문제에서 균형을 잃어버리기 쉽게 만드는 것이다. 또한 사회적 인간 관계에 있어서도 대립, 충돌, 경쟁, 성취 등의 공격적 성향을 중시하고 화해, 균형, 상호 이해 같은 평화적 속성을 무시하게 만든다. 즉 〈아버지의 딸〉이란 형식은 여성이되 내용은 남성으로 살아가는 여성인 것이다. 때문에 이러한 여성은 언젠가는 심각한 삶의 위기에 봉착한다. 주입된 남성적 정체성과 본성인 여성적 정체성이 내면에서 충돌하게 되고 이것은 그녀의 정체성을 혼란하게 만든다. 저자 머독이 상담한 대부분의 〈아버지의 딸〉들이 이러한 정체성 혼란을 겪는

다. 물론 이 여성들은 대부분 사회적으로 성공한 커리어 우먼이지만 그들은 여성적 삶의 상실감에 의해, 새로운 삶의 길을 찾아 나서는 경우도 허다했다.

대부분의 〈아버지의 딸〉은 결혼 생활에서도 심각한 위기에 봉착한다. 그녀는 배후자를 선택할 때 대부분 아버지를 이상 모델로 삼아 아버지와 닮은 남자들만 찾으려 한다. 하지만 이렇게 찾은 남자라 해도 아버지와 같을 리는 없다. 그는 아버지가 아니라 남편인 것이다. 때문에 상당히 많은 〈아버지의 딸〉들은 결혼 생활에 적응하지 못하고 이혼을 거듭하거나 아예 결혼을 포기하게 되는 경우도 있다.

머독은 당연히 이러한 〈아버지의 딸〉이 〈아버지의 딸〉이기를 그만두고 자신의 삶을 찾아 나서기를 권유한다. 자기 자신이 〈아버지의 딸〉이기도 하다는 머독은 아버지와의 심리적, 경제적 유대를 과감히 청산하고 새로운 삶의 지향점을 설계할 것을 권한다. 이것은 어려운 결단이겠지만 그만큼의 값어치가 있다고 강조한다.

『영웅의 딸』은 한국적으로 주제를 변용시키면 홀로 살아가야 하는 딸들이 부모로부터의 의존성에서 벗어나 어떻게 독립적인 삶을 추구해야 하는가에 대한 이론적 제시라고 볼 수 있다. 또한 딸을 키우는 부모에게 어떻게 딸을 딸답게 잘 키울 수 있는가, 혹은 인간답게 성공적으로 키울 수 있는가에 대한 참고서로 기능할 수 있다. 가령 머독이 제시한 다음과 같은 아버지 유형의 분류는 이 시대의 딸을 키우는 젊은 아버지에게 많은 생각할 거리를 제공해 준다.

- 모범형 아버지(good enough father)
- 부재형 아버지(absent father)
- 수동형 아버지(passive father)
- 애지중지형 아버지(pampering father)

- 유혹형 아버지(suductive father)
- 지배형 아버지(domineering father)
- 변덕형 아버지(addicttive father)
- 이상형 아버지(idealize father)

모범형 아버지는 딸을 사랑하지만 집착하지 않고, 딸이 자기 충족적인 여성이 되어 남자들 사이에서도 훌륭히 자기 자신의 역할을 할 수 있게 도와주는 가장 바람직한 유형이다. 이 유형의 아버지는 딸을 하나의 인격체로 사랑한다. 반면 나머지 아버지 유형은 정도의 차이는 있지만 다 바람직하지 못하다. 부재형 아버지는 딸을 감정적으로 내버려 두는 방치형 아버지다. 이때 딸은 아버지의 사랑을 간절히 바라게 되고 이것이 충족되지 못하면 딸은 여러 형태로 빗나갈 가능성이 농후해진다. 수동형 아버지는 부재형 아버지보다는 낫지만 제공자와 안내자 역할을 포기함으로써 딸이 스스로 알아서 하도록 거의 모든 것을 방치한다. 딸은 그 과정에서 아버지의 권위에 대한 존경심을 잃어버린다. 애지중지형 아버지는 딸을 항상 어린애 취급하고 딸이 원하는 모든 것을 들어주며 자라서도 딸이 아버지에게 의지할 수 있음을 확신시킨다. 유혹형 아버지는 비록 딸을 성적으로 대하진 않지만 그녀와의 관계를 에로틱하게 만들어 딸을 부당하게 자신에게 묶어 놓는 유형이다. 지배형 아버지는 딸에게 복종을 강요하는 폭군 형태의 아버지다. 이때 딸은 언제나 두려움에 가득 차 있어 정서적으로 불안정하게 된다. 변덕형 아버지는 그의 변덕대로 딸을 대하기 때문에 딸은 그의 변덕에 대응하기 위해 완벽함을 준비해 두려고 하지만 역시 정서적으로 불안정해진다. 마지막으로 이상형 아버지는 딸을 아내나 다른 아이들보다 특별히 사랑해서 딸이 스스로를 재능있는 특별한 존재로 느끼게 만든다. 이 딸은 아버지의 사랑을 독차지하는 〈아버지의 딸〉이 된다.

그러나 이 딸은 성장해서 아버지의 사랑에 대한 대가를 치르느라 어려운 시절을 맞게 된다.

이상의 아버지의 유형이 한국의 가정에서 완전히 적용되기는 어렵다 하더라도 아버지가 어떻게 딸을 대하고 교육시켜야 하는가에 대한 현실적인 지침은 될 것으로 보인다. 또한 이 책에서 문제삼고 있는 〈아버지의 딸〉이 있는 가족의 경우 어머니는 남편에게는 소외되고 딸에게는 배제당하는 이중의 아픔을 겪게 된다는 점도 유의해야 할 것이다. 하지만 어머니의 역할이 상대적으로 큰 한국적 상황에서는 〈아버지의 딸〉이 다만 아버지와 딸의 결탁으로만 가능하진 않을 것 같다. 완충지대로서 어머니의 역할이 제 기능만 발휘한다면 〈아버지의 딸〉 문제는 미연에 방지할 수도 있을 것이다.

여성학적 입장에서 본다면 이 책의 저자 머독의 태도는 정신분석학적 페미니즘의 지류에 서 있다. 프로이드의 엘렉트라 콤플렉스 개념의 연장선에서 융의 집단 무의식과 조셉 캠벨의 신화 분석에 힘입어 〈아버지의 딸〉 개념을 도출시킨 것이다. 저자는 〈아버지의 딸〉 개념을 통해 여성의 정체성(identity), 여성의 성(sexuality), 영웅적인 아버지에게 종속되는 운명적인 딸, 남녀의 권력 문제, 종교 속에서의 차별화된 여성의 지위 문제 등을 차분하게 분석하고 있다. 가령 이 책 6장 '여성과 권력'에서 다루고 있는 셰익스피어의 비극 『리어왕』의 분석은 경청할 만한 대목이기도 하다.

이 비극에서 셋째 딸 코딜리아는 부왕 리어의 강요에도 불구하고 아버지에게 평범한 사랑의 맹세만을 한다. 화가 난 리어왕은 왕국을 첫째와 둘째에게 나누어 주고 코딜리아는 지참금 없이 프랑스 왕에게 시집 간다. 왕국을 차지한 언니들은 아버지를 배신하고 코딜리아는 아버지의 복수를 위해 프랑스 군대를 이끌고 전쟁을 하지만 패배하고 교수형을 당한다. 리어왕은 막내 코딜리아가 죽고서야 그녀의 시체를 부둥 켜안고 울부짖으며 제정신을 차린다. 머독은 이 비극의 결말을 여성의 희생을 통한 남성의 구원으로 읽는다. 가부장적 세계 속에서 남성, 여성 모두에게 남성을 위한 여성의 희생 양식은 뿌리 깊게 자리잡고 있다는 것이다. 과연 아버지를 위해서 딸은 희생되어야 하는가. 이 문제는 우리의 고전 소설 『심청전』을 생각해도 쉽게 알 수 있다. 심청이 아버지의 개안(開眼)을 위해 상인의 제물이 되어 죽었어야 했을까. 물론 심청은 충분히 그 보상을 받지만, 또한 그것은 전통적인 효(孝) 사상의 강조이지만, 『심청전』을 효 사상에 앞서는 가부장적 사고체계의 직접적 드러냄으로 보아도 타당한 것이다. 이처럼 가부장적 이데올로기는 뿌리 깊게 모든 사회적, 문화적 요소에 도사리고 있다. 페미니즘적 시각에서 본다면 『영웅의 딸』은 보수적이지만, 비교적 쉽게 우리의 완고한 가부장적인 의식을 성찰하게 한다.

그러나 이 책이 비교적 성공한 커리어 우먼의 문제를 다루고 있고, 상담 대상이 일반적인 여성이 아니라 상담을 필요로 하는 문제적 여성이라는 점에서, 확고한 보편성을 가진다고 할 수는 없다. 이 책의 저자가 어머니의 역할을 지나치게 축소했다는 불평을 할 수 있는 것이다. 여성의 독립성을 강조하는 저자가 같은 여성인 어머니의 역할을 축소했다는 것은 자가당착처럼 보인다. 하지만 저자가 〈아버지의 딸〉임을 스스로 인정했다는 점을 생각한다면, 역시 〈아버지의 딸〉은 저자의 생각과는 다르게 어머니의 역할이 중요한 변수로 해서 탄생한다는 것을 알 수 있다. 〈아버지의 딸〉은 아버지와 딸의 문제만이 아니라 어머니가 함께 나서서 해결해야 하는 문제인 것이다.

한국 사회에서도 딸만을 가진 부모가 늘고 있고, 아버지의 야망을 딸에게 투사해 자신의 분신으로 만들려는 아버지 또한 늘어나는 추세이다. 여성의 사회적 진출 또한 더욱 활발해지고 있다. 이런 상황에서 파파걸을 비롯한 〈아버지의 딸〉이 증가할 것임은 자명하다. 사회적으로 성공했지만 여성으로서는 공허한 이 땅의 〈아버지의 딸〉들에게, 그리고 그 딸의 아버지와 어머니에게, 『영웅의 딸』은 그들을 비추는 거울로 기능할 것이다.

역자 후기

〈아버지의 딸〉에서 해방된 인간으로

머린 머독(Maureen Murdock)의 『영웅의 딸 The Hero's Daughter』은 지금까지 제대로 다루어지지 않았던 딸과 아버지의 관계가 각자에게 미치는 영향을 밝히는 저서이다. 특히 이 책은 아직 그 형상이 완성되지 않은 어린 딸의 정신적, 감정적인 세계가 아버지의 영향으로 어떻게 변화되며 그 변화가 딸의 인생 전체를 얼마나 지배할 수 있는지에 초점을 맞추고 있다.

먼저 〈아버지의 딸〉이라는 다소 생소한 용어로 지칭되며 어릴 때부터 아버지의 사랑을 독점하는 딸은 자신을 아버지와 동일시하게 되고 어머니를 적으로 간주하는 오류를 범한다. 어머니는 배척하고 오직 아버지의 사랑에만 매달리는 그녀는 또한 아버지를 무결점의 완벽한 인물로, 어머니는 결점투성이의 열등한 인물로 파악해서 자신은 사회적으로 아버지의 모델을 따라 성공할 것을 결심한다. 그녀는 아버지를 모방하고자 자신이 내면에 담고 있는 여성의 본연의 모습을 의식적으로 죽여 나가고 그녀에게는 어쩔 수 없이 생소한 남성의 모습을 덧입으려 애쓴다.

그러나 딸의 이러한 노력은 실패를 전제로 한 노력이기에, 이미 성인이 된 그녀는 남성의 세계에서 약간의 성공을 거머쥐긴 했지만 완전히 탈진되어 있는 자신을 발견할 수밖에 없다. 여성으로서 자아 정체성을 제대로 수립하지 못한 그녀는 남성들의 경쟁 사회에서 전혀 행복하지 않으며 다른 사람들과도 제대로 인간 관계를 형성하지 못하는 장애에 빠져 있다. 따라서 대부분 불행한 결혼 생활을 경험하는 〈아버지의 딸〉들은 그럼에도 불구하고 여전히 주위의 남성들을 자기가 아직도 간직하고 있는 아버지의 이상적인 남성 모델에 비교해 본다. 제우스의 머리를 뚫고 나온 미네르바 여신처럼 자신의 머리가 낳아 놓은 아버지의 이상적인 모델에 말이다.

그러나 『영웅의 딸』이 아버지와 딸 사이의 지나친 애정 관계로 인해 딸이 빠지게 되는 고착 상태만을 조명하는 것은 아니다. 『영웅의 딸』은 아내를 감정적으로 저버리고 대신 딸을 선택하는 아버지의 정신 세계도 그 원인과 함께 살피며 이러한 타입의 아버지가 겪는 사회적 정서적 장애들도 다룬다. 유독 자신이 선택한 딸 하나만을 지나치게 사랑해서 그녀의 인생에 적지 않은 악영향을 끼치고 다른 가족들에게도 슬픔과 열등감을 안겨 주는 아버지는 결코 바람직한 아버지와 온전한 인성의 소유자가 아니다. 그도 나름대로 정신적, 정서적 장애가 있는 인물이다. 비록 그 장애가 우리들 모두 아무런 생각 없이 쉽게 빠져들 수 있는 함정이긴 하지만.

아버지와 딸 어느 편에도 치우치지 않으며 그들의 미묘한 애정 관계의 원인을 추적하는 데 있어서 머독은 주로 융의 심리학과 원형이론에 도움을 받는다. 그 자신이 정신과 치료 전문가이며 서두에서 밝히듯이 자신도 〈아버지의 딸〉인 그녀는 따라서 감정적인 진실함과 지적인 세련미를 함께 아우를 수 있는 유리한 고지에 있다. 그리고 머독이 융합해낸 이러한 서술 방식은 바로 『영웅의 딸』을 불행한 여성들만의 넋두리에서 한 차원 높여 지적인 문제를 제기하는 역할을 하게 한다.

그렇다면 머독이 『영웅의 딸』을 통해서 궁극적으로 추구하는 바는 무엇일까?

이에 대한 대답은 각자 다르겠지만 역자는 감히 지적인 작업을 통한 인간 해방이라 답한다. 『영웅의 딸』은 단지 여성의 해방만을 부르짖고 있지는 않다. 〈아버지의 딸〉로 자라난 여성과 〈아버지의 딸〉을 길러낸 아버지 모두를 비판적 시각으로 바라보기 때문이다. 『영웅의 딸』에서는 각자의 위치에서 서로 다른 상황에 따라 〈아버지의 딸〉로 자라난 여성도, 또 서로 다른 이유로 인해 아내를 저버리고 딸 하나에게만 온통 사랑을 쏟는 아버지인 남성도 바람직한 모습은 아닌 것으로 제시된다.

머독은 아버지와 딸 사이에서 흔히 발생할 수 있는 감정적인 오류를 그 범상성을 인정하면서도 동시에 그것의 심각함과 그것의 뿌리 깊음을 정신적 분석을 통해 우리에게 알린다. 그리고 그녀는 자신의 이 경고를 통해서 딸을 키우면서 우리 모두 쉽게 빠질 수 있는 문제를 제대로 인식하고 극복해 나갈 것을 주장한다. 그래서 궁극적으로는 남성인 아버지와 여성인 딸이 각자 자신의 위치를 지키며 질곡에서 해방된 모습으로 행복을 추구하며 살기를 희망한다.

1999년 5월
옮긴이 신광인

지은이 머린 머독

머린 머독은 인간 성장과정과 가정 생활에 있어서의 문제를 치료하는 전문가로, 교육자로, 심리 치료사로서 이십 년의 경험을 쌓아 왔다. 화가이기도 한 머독은 『여걸의 여정:전인성을 향한 여성의 탐구』와 『내면으로의 여행: 아이들과 관계된 이미지를 사용하며』를 저술하여 베스트셀러 작가로 널리 알려지게 되었다. 현재 머독은 UCLA에서 열리는 작가 입문 프로그램의 공개강좌에서 강의를 하며 정신요법 치료사로 활동하고 있다.

옮긴이 신광인

1968년 춘천 출생. 연세대 영문과 및 동대학원 석사 졸업. 한림대학교 대학원 영문학 박사과정 수료. 현재 연세대 한국어 학당과 한림대 영문과 강사이며, 『크리스찬 월드』의 번역을 담당하고 있다. 주요 저서로 논문 『Shakespeare의 *The Tempest* 연구』와 번역서『쉰들러 리스트』등이 있다.

해제 하응백

1961년 대구 출생. 경희대학교 국문과 및 동대학원 박사 졸업. 문학평론가. 저서로는 『김남천 문학 연구』, 『문학으로 가는 길』 등. 경희대학교에서 페미니즘 문학 강의를 10여 년간 담당했고, 페미니즘 관계 저술『강의실에서 읽는 여성주의 소설』, 『저 살벌했던 날의 할미꽃』 등을 엮었다.